中英高校学生事务工作比较

——全国高校学生工作骨干英国研修班研修成果汇编

全国第十三期高校学生工作骨干英国研修班　编

天津大学出版社
TIANJIN UNIVERSITY PRESS

图书在版编目(CIP)数据

中英高校学生事务工作比较：全国高校学生工作骨干英国研修班研修成果汇编 / 全国第十三期高校学生工作骨干英国研修班编. -- 天津：天津大学出版社, 2021.11

ISBN 978-7-5618-6734-1

Ⅰ. ①中… Ⅱ. ①全… Ⅲ. ①高等学校－学生工作－对比研究－中国、英国 Ⅳ. ①G645.5

中国版本图书馆CIP数据核字(2020)第135247号

ZHONG-YING GAOXIAO XUESHENG SHIWU GONGZUO BIJIAO——QUANGUO GAOXIAO XUESHENG GONGZUO GUGAN YINGGUO YANXIUBAN YANXIU CHENGGUO HUIBIAN

出版发行 天津大学出版社
地　　址 天津市卫津路92号天津大学内（邮编：300072）
电　　话 发行部：022-27403647
网　　址 www.tjupress.com.cn
印　　刷 北京虎彩文化传播有限公司
经　　销 全国各地新华书店
开　　本 185mm×260mm
印　　张 13.75
字　　数 440千
版　　次 2021年11月第1版
印　　次 2021年11月第1次
定　　价 72.00元

前　　言

2015 年是特殊的一年，在中英两国开启外交合作“黄金时代”的标志性时期，全国高校学生工作骨干英国研修班迎来了第十个年头！

英国高等教育历史悠久、体系完善、质量上乘，牛津、剑桥闻名遐迩，英国逐渐成为最受国际学生欢迎的国家之一。对于我们——高校学生工作管理者而言，其先进的高等教育发展理念和卓越的学生事务管理模式值得学习和借鉴。

2015 年 9 月 21 日—12 月 18 日，第十三期高校学生工作骨干英国研修班（简称 CUAC13 期）的 40 名学员在英国雷丁大学接受了为期 3 个月的教育培训。培训的主要目的是了解英国高校学生事务管理的理念、政策、执行与趋势，结合中国高校的特点与实际进行思考和借鉴。

培训有期限，研修无止境。在短短的 3 个月里，40 名学员通过聆听专题讲座，参加教育考察，开展实地走访，实施问卷调查，组织个别访谈等多种方式，有的放矢地开展专题研修，每人都完成了独具特色的研修报告。我们也将通过这本书全方位展示本次研修的具体成果，为推进我国高校学生事务管理工作建言献策。其所涵盖内容大体如下。

一、关于学生事务理念与机制

此部分主要探讨了英国高校学生事务管理的理念、队伍建设现状和高校学生组织的主要特点。本部分的 6 篇文章集中对英国高校学生事务发展各阶段工作理念形成的背景、作用和意义进行了梳理，特别是对英国高校普遍践行的“以学生为中心”的教育与管理理念作了深入的剖析，以期对我国高校开展和有效推进学生事务工作有所启发和借鉴。具体从英国高校学生事务队伍建设、学生事务信息化建设、学生组织的特点等方面对英国高校的学生事务进行了调研和分析，并进行了中英高校的比较研究。

二、关于学习指导

学习指导是英国大学学生事务工作的重要组成部分，最早可以追溯到中世纪牛津大学创办的“导师制”，目前已成为英国高等教育、继续教育以及中小学的初等教育不可或缺的教育教学手段。英国大学在学业支持方面，尊重学生的个体独立性，从学业发展的需求和成长规律出发提供支持内容，主要方式有 3 种：一是牛津大学和剑桥大学采用的“导师制”为主体的学习支持服务；二是雷丁大学等高校采用的通过设立学习指导中心开展咨询式学习支持服务；三是以英国开放大学等继续教育学校为代表的“远程导师制”与远程咨询服务相结合提供支持的方式。本部分的 9 篇文章通过调研雷丁大学、牛津大学、剑桥大学、布莱顿大学，开展师生访谈以及学员间交流研讨等方式，从多个角度、多个层面对英国大学学业辅导的理念、内容、方式、要求等进行了较为全面的考察，并对雷丁大学的课程建设进行了研究和探索，提出了启示性的思考，希望能够对建立健全符合我国高校特色的学习指导体系提供有益的参考。

三、关于职业指导

英国高校以“提高学生自我发展和就业能力”为目标，把“以学生为本”和“为学生服务”作为学生就业服务管理制度设计的理念。其职业生涯规划和就业指导从大学生一入学就开始，注重对学生学习能力尤其是职业能力提升的培养，强调对学生个体独立性的尊重、对学生个体需要的重视，强调学生自由全面地发展。本部分的8篇文章从不同方面一窥英国职业生涯规划和就业指导的历史脉络、基本理论和主要做法，内容涉及英国就业指导的历史发展与工作理念、机构设置和队伍建设、工作体系、课程体系、指导方法、就业市场、评估机制、创业教育等方面，从不同侧面分析英国高校学生职业生涯教育和就业指导工作的基本框架、运行机制、基本成效，以及对我国高校大学生职业生涯教育和就业服务工作的参考借鉴。

四、关于校园文化建设

校园文化范畴由校园内众多的文化载体所体现，既包括显性的建筑与环境，又包含制度、机制，这些因素共同作用推进学校教育目标得以实现，并培养学生的学术修养和行为修养。本部分的5篇文章从不同的切入点与视角剖析了中英校园文化的异同，分别从雷丁大学学生会的建设、学生社团机构设置与活动的组织、校园标语的使用及特点、校园文化对学生主体性的培养以及校园文化的德育教育实践等方面探索校园文化的育人作用，并提出了对中国高校校园文化建设的意见和建议。

五、关于思想引导

英国高校的思想政治教育引导有其鲜明的特点，在潜移默化中教育和引导大学生认同英国主流价值观，并体现在各所大学的课程设置、导师教育引导、学生事务管理、学生社团活动、社会公益活动、宗教影响等与学生学习生活相关的各个方面，并贯彻大学学习生涯的始终。本部分的5篇文章从学员自身观察和研究出发，从导师制、新生入学教育、校园媒体、网络引导、学生社会公益活动等不同侧面，对英国高校思想政治教育引导的具体做法进行了较为系统的调查、梳理和分析，并对我国高校学生思想政治教育如何发挥作用提出了各自的建议和思考。

行前培训时，教育部思想政治工作司原司长冯刚的讲话为学员赴英研修指明了方向——“提高思想政治工作质量，需要从世界眼光、中国情怀和时代特征三个维度去深化理论与实践的结合”，我们要做的就是“用世界眼光去研究把握当前思想政治教育工作的新形势、新任务、新特点、新规律”，创造有效融合我们高等教育特点与要求的本土化的工作机制、模式，为本国和世界培养顶尖优秀人才，这样才能够造就真正意义上的世界一流大学。

在研修期间，学员以此为激励，结合自己的实际工作进行了学习和调研。本书共收集33篇调研报告。由于时间仓促，水平有限，本书内容还有需要深入探讨的地方，敬请您批评指正！

全国第十三期高校学生工作骨干英国研修班

2021年11月

目录

英国高校学生事务理念和机制

本部分内容主要探讨了英国高校学生事务管理的理念、队伍建设现状和高校学生组织的主要特点。本部分以学员研修的雷丁大学为个案,在深入了解英国高校学生事务管理脉络的基础上,集中对英国高校学生事务发展各阶段工作理念形成的背景、作用和意义进行了梳理,特别是对英国高校普遍践行"以学生为中心"教育与管理理念作了深入的剖析,以期对我国高校开展和有效推进学生事务工作有所启发和借鉴。此部分对英国高校学生事务队伍建设进行了调查研究,充分运用文献、个案、访谈和比较的研究方法,从学生事务工作机制、队伍构成、建设思路与特点等方面以中英高校为例进行了比较研究,分析指出两国高校在学生事务工作队伍建设方面的经验、不足及存在的问题,并就我国高校加强学生工作队伍建设,特别是在国家空前重视、全面部署、系统推进辅导员职业化和专业化发展进程中如何加强队伍建设给出了具体建议。同时,以英国高校学生事务管理从单一导师制、学业导师制、学生事务导师制和"学生事务模块服务与支持"的发展为切入点,探讨了英国高校学生事务工作内容专业化需求、人员构成专业化建设的现实特点,提出了我国高校学生事务工作专业化发展的具体建议。此外,本部分内容以英国雷丁大学学生会为研究个案,分析英国高校学生服务组织运作的理念、工作机制,提出对我国高校学生会组织建设的现实启示。

本部分内容还就学生事务管理的具体内容作了初步的研究。以雷丁大学为例,结合研修期间考察的牛津大学、剑桥大学等学校的工作实际,深入梳理、总结了英国高校学生事务工作信息化建设的情况,概述了英国高校学生事务信息化建设理念、思路与信息平台建设和使用情况,特别指出学生事务管理信息化建设要切实注重满足学生真实需求。

此外,还有学员就在英学习研修期间培训内容、学习方式、生活起居等作了概述,并谈及了自己的学习体会与收获。

英国高校学生事务管理的主要理念

东南大学 裴 锋

摘要：英国高等教育水平位列世界一流，探究其原因，学生事务管理是不可或缺的重要环节，而管理理念的内涵更是应得到充分的挖掘和借鉴。本文从高校学生事务管理的概念、内涵、外延出发，概括了英国高校在学生事务管理中商业化服务的经营理念、"一站式服务"的工作理念等主要理念，并简要分析了基于历史、文化、经济等因素影响下的管理理念的演变，以此剖析其成功之道。

关键词：英国高校；高等教育；学生事务管理理念

英国高等教育历经800多年的岁月洗礼，以其规范的管理、出色的质量闻名于世。学生事务管理作为英国高等教育的重要组成部分，在长期的发展过程中形成了理念明确、体系完整、专业化、科学化程度高的特点和职能多样化、工作标准化、人员职业化、管理法制化、服务人性化、学生自治化的特色，成为英国高等教育培养优秀人才不可或缺的环节。

一、高校学生事务管理的概念、内涵及其外延

概念指高校通过非学术性事务和课外活动对学生施加教育影响，以规范、指导和服务学生，促进学生成长成才的组织活动①。

内涵指本来就有的意思，因此，该内涵通常指向具有与"课外""学生活动""个人问题""情感生活"等事务相关的特有属性，也可以概括为高校针对学生在课堂外的学习、生活等的发展需要而提供的各类服务、管理、支持、帮助等。

外延指衍生出来的意思，因此，该外延通常表示与学生有关的各类事务的办理，既包括非学术性事务，也包括学术性事务，也可以概括为高校为学生一切可能事务提供的服务、管理、支持、帮助等。

二、英国高校开展学生事务管理的主要理念

（一）以"学生为顾客"，提供商业化服务的经营理念

英国高校把学生当作自己的顾客直接起源于1993年英国教育部门颁布的《学生宪

---

① 蔡国春. 中美高校学生事务管理模式比较研究 [M]. 北京：中国海洋大学出版社，2007.

章》,学生被赋予了顾客的角色,并具有享有学校服务的权利。近些年来由于政府不断消减对大学的财政支出,高校学费不断调整提高,这一理念显得尤为明显。在此种理念的支配下,英国高校能够在学生事务管理中充分尊重学生自主选择学习、生活的方式,这不仅体现在学生事务部门的名称上,如学生服务中心(Student Services Centre)、职业咨询服务中心(Careers Advisory Service)、学生学业支持中心(Student Academic Support),还显著地体现在服务过程的专业化标准和专家化水平上,能够做到:把尊重学生成长需要作为工作的前提,把深入了解学生状况作为工作的出发点,把发挥学生主体作用作为工作的着重点,把加强学生资助服务作为工作的关键点,把促进学生全面发展作为工作的落脚点,从而为学生这一"顾客"群体带来了相当高质量的服务体验。具体展开来,一方面,能够做到工作标准化,即保持工作的精细化(主要表现在学生事务管理中为学生量身打造从入学到离校的一系列工作内容)、规范化及系统化(体现在心理咨询、就业指导等学生事务管理的方方面面);另一方面,能够做到专业化、职业化发展,包括完善的专业训练——一套严格的资格准入制度和完善的专业训练体系,明确的职业标准,众多的专业协会(英国高校招生委员会 UCAS、英国学生贷款公司 SLC、英国咨询和心理治疗协会 BACP、全英毕业生就业指导服务协会 AGCAS、英国高等教育独立仲裁处 OIA),以及有利的社会环境——在校内拥有较高的独立性地位,得到学校其他部门的支持,在校外也得到政府部门和非营利性民间机构的广泛支持。

(二)以"学生为本",追求"集约、高效",提供"一站式服务"的工作理念

"我们头等重要的工作必须专注于为学生提供服务",这是在英国学生事务部门的文件中较为常见的用语。英国高校倡导以人为本,以学生为中心的工作理念,而集中体现"一站式"理念的就是以"学生为中心",将分散于校园、为学生提供服务的相关部门集中在一起,进一步提升为学生服务的质量。以雷丁大学为例,该校早在 2006 年启用的一站式大楼里就提供 10 项学生服务内容:前台问询处(包括住宿、注册、学生卡、财务、福利等)、学业注册办公室、残疾人事务办公室、就业指导处和工作区、职业管理技能服务中心、随时来访建议服务、国际学生事务办公室、朋辈支持协调员、学习建议团队服务、无线网络区等。因此,在具体的学生事务管理中,英国高校已经突破了单纯的学生管理工作,发展成为包括日常事务管理以及面向学生学习、发展过程中必要的辅导、指导、咨询工作,体现了对学生成长需要提供的全面服务。目前,英国高校的学生事务管理以学生在校期间的"学业支持"和"就业支持"为工作主线,重视开展在校生的辅导工作。具体到学生事务管理工作的各项制度设计上,则以"一对一"辅导为主,提供个性化服务,同时在软硬件设施等各个方面充分考虑到残障学生、国际学生、经济困难学生等特殊群体的特别需要,特别注意不因重视多数人的利益而忽视或影响少数人的利益,体现了工作中的人性化。

三、基于历史、文化、经济等因素影响下的英国高校学生事务管理理念的演变

（一）基于历史的因素

一直以来，英国政府与大学的关系是“国家监督模式”（State Supervising Model）①。高等教育成本较低，国家的主要角色是监督大学确保学术水平和素质，保持大学的问责性。在此模式下，大学以自我管理为主。这种模式的优点是大学具有灵活性、适应性、自主性和责任感。相应地主要体现在长期贯穿英国高等教育历史的导师制及其牧师精神关怀式的个人辅导理念上：导师与学生生活在一起，导师用自己所有的精力和时间替代学生父母，监督学生学习、生活的方方面面，教导其成长，同时也负有无限责任。直至进入 20 世纪 60 年代，英国因固守“精英教育”，面临高校规模小，适龄青年中全日制大学生仅有 5% 的入学率，且存在着严重的重文轻理情况等落后局面时，开始向美国及欧洲其他国家学习，对高等教育进行了大刀阔斧的改革，随后，逐步迈入了大众化发展阶段并形成了高等教育“二元制”（以大学为代表的自治部分和以理工学院和教育学院为代表的公共部分）。主要发端于理工学院建立起学生服务部门，学生事务正式从学术事务中分离出来，学生事务管理逐渐成为高等教育中相对独立的一部分。随之，学生事务管理的理念也从牧师精神关怀式的个人辅导转变为咨询、服务，学生的主体地位显著增强。

（二）基于文化的因素

英国文化传统——绅士文化、法制传统、契约精神、个人主义、宗教传统等有着持久的影响。绅士文化，以“贵族精神”为基础，追求“绅士风度”，反映在思维方式上偏向“调和主义”②，因此，在学生事务管理中表现为多元化的标准，对矛盾采取宽容、调和态度的折中主义。法制传统，来自人性恶的假设，自启蒙时代就以“法制”来治理国家，使“恶”受到最大程度的限制，法制化理念渗透到社会生活的方方面面，因此，学生事务管理中的法制化程度也相应较高。契约精神，特别是制度层面的契约意识，是英国近代以来的一个主流意识和精神理念，表现在高等教育中，学生入学即表明与学校形成了一种契约关系，双方都要承担自己承诺的权利和义务，都会尽可能地遵守契约，一旦一方破坏了契约，则由法律来保障契约的效力。英国民众注重个人自我负责，这种理念体现在学生事务管理中为只提供被动的服务，而无须主动要求提供服务，强调学生个体的主动性。

（三）基于经济的因素

英国高校与学生的关系体现为：高校被认为是教育市场的提供者，学生则被认为是消费者，高校的生存和发展主要依赖于大学及学生事务管理能否满足学生不同的多元化需求；在

---

① CLARK B R.The higher education system:academic organization in cross-national perspective [M].Berkeley: University of California Press，1983.

② 刘子真. 高校教学评估的文化逻辑 [J]. 辽宁教育研究，2008（11）：37-39.

“契约自由的原则”下，教育主体与客体间是平等关系，学校与学生在自愿、平等的前提下缔结契约：高校为学生提供教育服务，而学生交纳学费享受这种服务，这种“学生消费者”主张就是一直以来英国高校学生事务管理中“以生为本”（“以人为本”）理念的重要来源；在“自我负责的原则”下，充分体现学生“社会人”的主体地位，学生对自己的行为负责。

由于国情不同，我国高校与以上英国高校学生事务管理的主要理念显然不同，但同样处于市场经济的经济体制下，面对国际化办学的趋势加快和全球化的激烈竞争，我们可以学习英国及其他国家一流高校包括学生事务管理在内的有益做法，因地因时制宜，解放思想，实事求是，与时俱进，走出一条中国特色的学生事务管理之路，为创建一批世界一流大学，培养更多一流水准的杰出人才作出新的历史性贡献。

参考文献：

[1] 孙立军. 英国高校学生事务工作的基本情况及启示 [J]. 思想政治教育研究，2009，2（1）：115-118，125.

[2] 李永山. 英国高校学生事务专业化发展及其启示 [J]. 高教探索，2008（5）：66-70.

[3] 冯刚，赵锋. 走进英国高校学生事务管理 [M]. 北京：中国人民大学出版社，2008.

[4] 于冠华. 中英高校学生事务管理比较研究 [D]. 武汉：武汉大学，2013.

关于英国高校实践“以学生为中心”教育理念的观察思考

北京城市学院　苏克然

摘要：“以学生为中心”教育理念在英国高校的实践，主要体现在对学生基本权利的制度保障、对学校办学质量评价的主体参与、教学过程中的导师辅导和自主学习、学生事务满意度评价等方面。正是很好地在制度设计、组织架构、工作措施上坚持了这一理念，才使得英国高校育人工作更加具有针对性，学生成长更加体现差异性，人才培养更加富有创造性。

关键词：英国高校；以学生为中心；实践做法

最新修订的《普通高等学校学生管理规定》（以下简称《规定》）强调，高等学校要坚持社会主义办学方向，以人才培养为中心，要坚持育人为本，立德树人，将管理与育人相结合，不断提高管理水平，《规定》对新时期进一步加强和改进高校学生工作提出了明确要求，也进一步凸显了“以学生为中心”教育理念对提高学生工作水平、增强育人实效的重要作用。

2015 年 9 月 21 日至 12 月 18 日，笔者参加了教育部思想政治工作司举办的“高校优秀学生工作者赴英国雷丁大学（University of Reading）研修项目”，在为期 3 个月的研修学习过程中，通过参加各类专题讲座、学术研讨，参阅相关研究文献，并实地走访雷丁大学、牛津大学、剑桥大学、布莱顿大学等高校，笔者对英国高校实践“以学生为中心”教育理念的具体做法进行了观摩学习和研究思考。

一、“以学生为中心”教育理念的内涵

教育理念是指建立在教育规律基础之上、反映教育的本质和时代特征、体现办学思路和发展方向、体现追求的教育理想。“以学生为中心”教育理念是美国人本主义心理学家卡尔·罗杰斯于 20 世纪 50 年代提出的，体现的是人本主义心理学的原理，符合辩证唯物主义的基本原则，反映了教育学的内在规律，对于当代教育，特别是高等教育的改革实践具有一定的指导意义。

从内涵上看，“以学生为中心”教育理念强调学生是学习的主体，知识的学习是由学生在一定的学习情境下，在教师的有效指导和启发下，通过反思、讨论、交流、实验等师生互动活动，并借助必要的信息资源去主动建构而完成的。同时，该理念强调，学校既是学生学习

的地方,更是学生成长生活的地方,学校教育教学、管理服务活动应当紧紧围绕学生这个中心主体开展,从决策研究到政策制定、从制度设计到措施执行、从课堂教学到后勤保障,都应当切实保障学生的学习权利,基于学生的需求而进行最大限度的整合利用;所有部门和教职工都应当为学生的成长提供优质而高效的服务,让学生参与到治理过程中,保障学生权力的行使;教学活动、管理活动都应当以增强学生的满意体验为目标,基于学生的发展需求而设计,对学校办学质量、教学效果、发展成效的评价,学生都应当以适当的形式参与其中,并发挥主体作用。

二、英国高校对"以学生为中心"教育理念的认识

英国高校将学生视为独立主体,认为学生是学校以及教职工得以存在和运转的重要利益相关者,是高等学校的直接消费者,学校有责任为学生提供合格的学习条件和高质量的服务。把学生作为顾客、作为服务对象看待,不断满足他们的需求是高等教育改革与发展的出发点和归宿。这种消费者至上的市场观念在教育领域内的反映很好地体现了"以学生为中心"的教育理念在英国高校治理者中的共识。

20 世纪 90 年代,英国通过改革建立了统一的高等教育框架,政府将学生人数和财政拨款直接挂钩,使得学生像顾客一样受到重视。1993 年颁布的《学生宪章》规定了学生有权享有学校提供的多项服务,更是赋予了学生顾客的角色。2011 年,英国出台的高等教育白皮书中,提出的"Students at the Heart of the System"(把学生置于高等教育体系的中心),明确将学生置于中心位置,强化"以学生为中心"的服务理念,还提出要不断丰富和完善学生服务形式。

近些年来,英国高校更是一直坚持以学生需求为核心的服务理念,以服务学生发展为主线,以学生得到满意体验为标准,把尊重学生成长需要作为工作的前提,注重了解学生的多元化发展要求,充分听取学生的意见建议,以学生的需要来确定学校发展规划、管理政策,以学生的满意度来评估办学行为、改进管理策略、调整完善教学设计和学生事务管理内容和形式。此外,对"以学生为中心"教育理念的认识还表现在学校高度重视学生的主体作用,在大学生的自我管理、自我服务、自我教育等方面具备完善的制度化建设、顺畅的工作保障机制和支持体系。

三、英国高校实践"以学生为中心"教育理念的具体做法

(一)学校章程充分保障学生权利

尊重和保障学生权利是实践"以学生为中心"教育理念的根本基础,学校章程对学生权利的明确是实践"以学生为中心"教育理念的前提。

英国学校的章程是由大学理事会依据特许状制定,经过枢密院批准的有关学校治理结

构、机构设置、职责划分、相互关系、重要治理条例等基本问题的规范性文件。章程始终把学生看作最重要的利益相关者，充分尊重学生参与学校治理的权力，这也为英国高校实践“以学生为中心”教育理念提供了坚实的制度依据。

1993年英国教育部门颁布的《学生宪章》规定了学生应该享有的选择权、知情权、安全权、申诉权等基本权利，推进了“以学生为中心”的教育理念的发展。2011年英国高等教育白皮书明文规定，政府将支持和推行《学生宪章》中的有关规定，并赞成和推行每所高校必须出台《学生宪章》或类似的保障学生权利的文件。

很多英国高校的章程（Charter 或 Statutes）都明确规定，作为大学议事决策机构的理事会（或校董会），要有若干名本校学生代表作为组成人员，候选人一般由学生会提名，任期1年；作为大学最高学术权力机构的学术评议会，要有若干名学生成员代表，任期1年等。比如，在剑桥大学最高决策机构——董事会中，除校监和校长（主席）之外的19名成员中就有3名学生。通过设立学生代表席位的方式，使学生参与到学校事务当中，发挥学生的主体作用，从而保障学生权益。

（二）学校治理充分听取学生建议

学校治理的过程，也是检验“以学生为中心”教育理念贯彻落实是否有效的过程。治理具有科学性、合理性、规范性、实效性的一个重要标准就是学生积极参与、有效参与。

从治理架构上看，英国高校实行的是各类委员会决策、各级部门执行、第三方机构评价的机制。学生参与学校治理的途径是推选出学生代表加入学校董事会、学术评议委员会、教学委员会、质量保证委员会以及与学生相关的一些委员会等，参加重大事项的决策研究，提出意见建议，参加各类事件的处理，反馈信息。比如，在雷丁大学的治理结构中，从校务理事会（Council）到教学学术委员会（Senate）、再到学生体验委员会（Student Experience Committee），都有学生代表的席位，一般为学生会主席或相应的学生代表。学生参与学校治理、体现学生中心角色的平台就是各级各类委员会，尤其当研究涉及学生利益相关议题时，学校更是充分听取学生代表的意见建议，以确保相关决策、管理行为、制度建设等更加符合学生群体的利益诉求和发展需求。

另外，学生参与学校治理的另一个重要平台就是学生会组织。英国高校的学生会组织往往都是独立于学校治理机构之外的团体，对外是全英大学学生联合会的重要成员，对内则是学生自我管理、自我服务、自我发展、积极参与学校治理的重要平台。比如，雷丁大学的学生会作为独立运转于学校职能部门之外的学生组织，在参与学校政策制定、决策评估、质量评价、运转协调、学生意见建议收集提交等方面，具有举足轻重的作用。学生会组织的主要负责人都是由本校毕业生或休学一年的学生担任，全职带薪开展工作，参加学校各类委员会的管理活动，反映学生关于学校发展建设、权益保障方面的意见建议。

（三）质量评价充分重视学生参与

学校评价和排名是英国高校招收学生、获得资金支持、科研合作的重要依据，教学和学术质量的评价指标是学校评价的重要内容。对一所学校办学质量、学术能力、学生学习发展状况、毕业生质量等进行评价，受到多方面因素的影响，比如，有宏观层面的政治、经济、社会和文化环境等的影响，有中观层面的办学条件、专业设置、课程建设、资金保障等的影响，也有微观层面的治理结构、管理制度、教学方法、教师队伍、学生体验等的影响。

在质量评价体系中，学生始终被看作高校质量评估与保障工作的重要参与者，无论是负责全英各高校质量评价的高等教育质量保障署（The Quality Assurance Agency for Higher Education，简称 QAA），还是负责各高校资金拨款的英格兰高等教育基金委员会（The Higher Education Funding Council for England，简称 HEFCE），其组成人员中都有专门的学生代表席位，都非常重视学生在质量评价体系中的关键作用。各大学及院系层面，学校的教学委员会、质量保证委员会、专业课程建设委员会等组织机构中，也都有学生代表参与。

在质量评价过程中，高等教育质量保障署通过各种问卷调查、座谈访问等形式，听取学生对学校教学质量的意见建议，收集学生的利益需求与学习体验，学生代表也会与该组织的其他成员共同参与评价政策制定、评价指标编制和评价效果管理。各学校的学生代表也会参加校内的相关评价活动，就学生体验的满意度提出诉求，对质量评价结果提出意见建议，从而保障学生群体的权益，促进学校进一步提升教育教学质量，最大限度地满足学生们的发展需求。总之，学生不仅可以参与质量管理与决策，参加学校内部的定期评估，还可以在 QAA 评估时向其提交学生报告，出席评估组召开的学生会议，甚至还会以评估组成员的身份参加学校的审核或审查，处处体现了“以学生为中心”的质量评价观。

“以学生为中心”的质量评价理念，充分肯定了学生在质量评价中的主体地位，确保了各学校在教学质量建设、课程设置、教学过程管理、学生学业发展等方面，充分尊重学生权利、时刻关注学生需求、切实保障学生发展。

（四）教学活动充分给予学生机会

“以学生为中心”的教育理念在英国高校的教学活动中更是得到了集中体现。从教学大纲的编制到教学计划的设计，从教学活动的组织到教学效果的评价，都充分考虑学生的学习基础、能力现状、个性特点和发展需求。各高校都普遍认为，学生作为教学过程的主体，其学习态度、学习能力决定着教师选择的教学风格、教学方式等，能否坚持以学生为中心设计教学，直接关系到课堂教学效果能否成功转化为学生的学习效果。因此，很多高校都会在新生入学时发放学习手册，从培养计划到课程设置，从选课指导到导师的联系方式等，各项内容十分详细，以便学生能在一入学就逐渐形成本专业的学习认知，并制订系统的学习计划。

在教学组织上，英国高校特别强调培养学生的自学能力，教师的主要任务是为学生提供学习指导和咨询。一般课程都没有统编教材，教师会选择最前沿、对促进学生专业思考最有帮助的内容作为教学材料，同时，尽可能多地提供与教学内容有关的书籍与资料，给学生列出阅读清单，要求学生在听课的基础上进行广泛的课外阅读。教学三分之二的时间其实用于学生课外的自主学习思考，这种教学方法有利于激发学生的自主思考和系统思维能力。

在授课形式上，英国高校的课堂主要包括正式授课（Lecture）、主题演讲（Presentation）、课堂讨论（Discussion）、分组研讨（Group work）4种形式。尤其是后3种形式，学生需要在教师的指导下阅读大量的资料、进行深入的文献检索、开展批判性的思考构思和文稿写作，教学过程是学生自主学习的过程，也是推理能力、质疑能力、思辨能力、表达能力、协作能力和应变能力的训练和展示过程。教学活动围绕学生学习需求而推进，学生在自主学习和与教师互动的过程中学会了思辨，学会了聆听，学会了尊重，学会了团队合作。

此外，以牛津大学和剑桥大学的个人导师制为特色的本科生教育模式，更是"以学生为中心"教育理念典型的英国实践模式。在这种模式下，学校在本科生一入学时就给每名本科生配备了相应的学业、生活、心理咨询、学习发展等导师（Tutor），分别负责为学生的专业发展、在校生活等提供咨询帮助和支持服务，尤其是学业导师一般由相应专业的教授担任，主要负责学生正常授课之外的学业辅导。在剑桥大学，学生在完成相应学时的学习任务并进行足够的课后阅读后，会按照导师的要求撰写论文，然后与导师就论文思路进行一对一或一对二的探讨、质疑、讨论等，这种讨论活动一般每周1～2次，具体根据不同的课程进度而定。这种课后学业辅导形式有利于因材施教、个性化辅导，最大限度开发每一位学生的潜能，深化学生的所学所思。个人导师制模式下的教育活动，不是看教师能传授给学生多少已有的知识，而是看学生能对已有知识提出多少疑问和新的设想，能在多大程度上说服教师。因此，个人导师制的目的是因材施教，促进学生个性发展，挖掘每一个学生的潜力，培养学生自主学习、创造性学习、批判性学习的思维和能力，突出体现了"以学生为中心"的教育理念实践。

（五）支持服务充分达到学生满意

学生满意度是评价一所英国高校办学质量的重要指标，也是英国高校排名的重要依据。在学生管理服务过程中，英国高校践行"以学生为中心"的教育理念，最核心的就是不断强化服务至上的工作原则。在英国高校学生事务管理过程中，很少有管理的说法，更多强调的是服务，把学生看作客户，学生工作部门都是在了解学生相关需求的基础上，向学生提供周到细致、体贴入微、个性化差异化的服务。

英国各个大学的学生事务部门，通常将自身定义为服务提供者、发展支持者和建议咨询者，而非以部门为中心的行政管理者，在组织机构名称上，也更多采用了类似客户服务公司的称呼，比如学生服务中心、学习支持中心、成长发展中心、职业咨询服务中心等；在人员配置上，也是设置了前台服务咨询、客户中心经理、咨询服务经理等职位，高度体现了服务至上的工作原则。比如，在雷丁大学，为了更好地确保服务学生的质量和效率，专门建立了"一站式"服务大楼，将学业注册、就业指导、残疾人事务、国际学生事务、朋辈支持、心理咨询等与学生学习生活密切相关的多项服务进行了有机整合，还专门设立了服务前台，第一时间应答学生的各类咨询,提供准确高效的服务支持和帮助。

由此可见,在英国高校,以学生为中心,尊重差异性、多元化和个性化,了解学生的学习、发展、成长需求是学生事务开展的根本前提,确保学生获得服务和支持的便捷性是学生事务运行机制设计的基本目标,重视学生的满意体验是学生事务工作者的价值追求。在服务学生的过程中,广泛听取学生的意见建议,切实保障学生的基本权益,确保学生获得更好的在校学习和生活体验。

四、小结

以"学生为中心"教育理念是"以人为本"理念在教育领域的反映。随着我国高校教育改革的不断推进,如何更好地将这一理念内化在各级教育管理者和教师的价值认同中,外显到具体的教育教学、管理服务制度设计、措施制定和活动执行中,仍然是摆在我国高校管理者,尤其是学生工作者面前的一项紧迫任务。

通过对比英国高校实践"以学生为中心"教育理念的具体做法,立足我国高校育人工作实际,结合不同层次、不同类型、不同区域高校的实际状况,吸收借鉴其有益的价值观念和理念思路,将有助于我们解放思维模式,启迪工作智慧,改进工作方法,更好地通过有形的制度设计、有效的政策措施、有力的工作抓手,让这一教育理念在我国高校实践得更具特色。

参考文献:

[1] 郭镭. 中英两国高校学生事务之比较 [J]. 西南民族大学学报(人文社会科学版), 2011(3):222-224.

[2] 郑丹,刘明维,王俊杰. "以学生为中心"的英国高等教育理念浅析 [J]. 教育教学论坛,2011(20):23-25.

[3] 王正良. 英国高等教育理念对我国高等教育的启示 [J]. 商洛学院学报, 2009, 23(3):39-42.

[4] 余逸男. 英国高等教育以学生为中心的教学理念浅析 [J]. 东华大学学报(社会科学版), 2008,8(1)82-84.

[5] 吴亚玲. 英国高校学生事务概况及启示 [J]. 中国高教研究,2005(5):54-55.

[6] 孙立军. 英国高校学生事务工作的基本情况及启示 [J]. 思想政治教育研究, 2009(1):115-118,125.

[7] 范文曜,张家勇. 大学章程的治理意义:英国大学章程案例研究 [J]. 理工高教研究,2008,27(6):1-8.

[8] 顾明远,梁忠义. 世界教育大系:英国教育 [M]. 长春:吉林教育出版社,2000:520-545.

[9] 胡子祥. 英国高等教育评估中的学生参与机制研究 [J]. 比较教育研究, 2011, 33(9):

26-31.

[10] 吕西欧. 英国高等教育评估中的学生参与 [J]. 吉林省教育学院学报(上旬), 2014（12）:90-92.

[11] 吕治国,李辉. 英国高校学生观及对学生事务管理的影响 [J]. 中国高等教育, 2012（C3）:78-79.

[12] 陈莉. 感受英国高校学生事务管理 [J]. 高校辅导员学刊,2009,（1）:92-95.

中英两国高校学生事务队伍建设调查比较研究

哈尔滨工程大学　吕开东

摘要：在英国高等教育发展历程中，学生事务管理队伍作为人才培养队伍的重要组成部分发挥着不可替代的作用。尽管中英两国国情、高等教育体制机制等方面存在一定的差异，但是英国高校切实“以学生为中心”的教育管理模式，对我国探索建立全面发展的育人机制具有借鉴和启示作用。基于此，借雷丁大学研修访问之机，从中英两国高校学生事务队伍建设的调查比较研究着手，对中英两国高校学生事务工作机制及机构、学生事务队伍建设的特点、存在的问题进行研究和分析后，提出我国高校学生工作队伍职业化、专业化、专家化创新发展的建议。

关键词：中英高校；学生事务队伍建设；辅导员专业化；辅导员职业化

在《关于进一步加强和改进新形势下高校宣传思想工作的意见》（中办发〔2014〕59号文）中明确指出“立足学生全面发展，努力构建全员全过程全方位育人格局，形成教书育人、实践育人、科研育人、管理育人、服务育人长效机制，增强学生社会责任感、创新精神和实践能力，全面落实立德树人根本任务，努力办好人民满意教育”是加强和改进新形势下高校宣传思想工作的主要任务之一。专职学生工作干部队伍是高校宣传思想工作的重要力量，大力推进高校学生工作队伍的职业化、专业化、专家化发展是加强宣传思想工作的重要保障。而在英国高等教育发展历程中，学生事务作为人才培养的重要组成部分发挥着不可替代的作用，高校学生事务队伍建设也随着学生事务的发展变化而不断地发展变化，为高等教育的繁荣和发展作出了重要贡献。尽管中英两国国情、高等教育体制机制以及学生事务队伍建设等方面均存在一定的差异，但是英国高校切实以学生为中心的教育管理模式，或许会对我国高校落实立德树人基本任务，探索建立全面发展的育人机制具有重要的借鉴和启示作用。基于此，借助于到雷丁大学研修访问之机，从中英两国学生事务队伍建设的调查比较着手，笔者试图探求学生工作队伍职业化、专业化、专家化发展的长效机制和有效形式，使学生工作更加有利于促进学生的全面发展。

一、研究对象与方法

（一）研究对象及数据源

本次研修目标学校是英国雷丁大学。本次研修在研修课程内容上专门安排了与学生事务队伍建设相关的内容，涉及全英高校学生事务队伍建设的一些共性问题，具有一定的代表性。同时，雷丁大学又组织研修班同学赴牛津大学、剑桥大学、布莱顿大学针对学生事务管理及队伍建设情况进行了实地考察。牛津大学、剑桥大学两所国际知名大学的学生事务队伍彰显了其独特的风格。本期研修班 40 名同学分别来自全国 20 个省市的 40 所高校，40 所高校的学生事务队伍建设情况基本可以代表国内高校的一般状况。除将上述 44 所中英高校作为研究对象外，笔者又选择了冯刚、赵锋主编的《走进英国高校学生事务管理》（CUAC 第一期学员研修成果）中的"英国高校学生事务队伍建设"作为参考信息，对 10 年来中英高校学生工作队伍建设的发展变化和差异情况进行了比较研究。

（二）研究方法

1. 文献研究法

从本次访学研究方向——中英两国高校学生事务队伍建设调查比较研究出发，在出国前笔者通过《走进英国高校学生事务管理》、武汉大学于冠华的博士论文《中英高校学生事务管理比较研究》基本了解了十年前英国高校学生事务的整体状况，又通过中国知网（CNKI）及其他学术研究文献资源查阅研究了许姝、孙立君、陈澄、李永山等学者对英国高校学生事务管理及其队伍建设的相关研究，对英国学生事务队伍建设有了基本的了解，为开展本次调查研究奠定了良好的基础。

2. 个案研究法

本次研修课程主要集中在雷丁大学，故将雷丁大学的学生事务队伍建设作为个案进行调查研究。同时，笔者深入雷丁大学学生事务管理相关部门进行了实地考察，观察学生事务管理人员的工作状况、工作方式及其与学生交流互动的状态等，为进行个案研究与分析提供了现实依据。

3. 访谈研究法

研修课程中系统地讲授学生事务队伍建设的内容并不多，尽管笔者亲临雷丁大学相关部门进行了现场考察，但是对于学生事务队伍建设内涵、工作效果等方面的了解还是不能够满足此次调查研究的要求。于是，笔者分别对雷丁大学的华裔老师、雷丁大学中国学联主席、帝国理工大学中国学联主席，以及曼彻斯特大学、赫特福德大学、萨里大学的三名中国留学生进行了面对面或书面访谈，使所做的中英两国高校学生事务队伍建设的调查比较研究更加真实、准确。

4. 比较研究法

通过指定的授课内容、实地考察、访谈、查阅文献等方法获得基本信息，然后进行系统的归纳和分析，全面比较了中英两国高校学生事务管理及队伍建设的基本状况、差异特点、存在的问题等，从中得以启发，为进一步加强我国高校学生工作队伍职业化、专业化发展提供普适化的建议。

二、中英高校学生事务队伍建设比较

（一）中英高校学生事务工作机制及队伍构成比较

学生事务工作机制是学生事务队伍建设的前提和保障，决定着队伍建设的发展方向。在英国没有统一定义学生事务管理的概念，但从各高校相关的机构设置看，对具有学生事务管理职能的部门有称学生事务中心的，有称学生服务中心的，也有称学生帮助与支持中心的，大部分工作内容与我国高校学生工作所涵盖的学生思想政治教育与管理、学生帮扶与服务、心理咨询与发展指导、社会实践、创新创业教育、就业指导与服务等内容相当，所以英国高校学生事务工作与我国高校学生工作具有相近的范畴。作为高等教育的重要组成部分，学生事务工作同样在人才培养的整体框架下运行，但是，两国学生事务工作机制却有着很大差异。英国的高校管理治理机构分内外两部分，其中学生事务工作是非政府职能在英国高等教育质量保证署（QAA）提出的要为学生提供最好的高等教育体验的方针下进行的，QAA 主要是对高校教育进行监督、管理和评估，为了更好地完成相应的工作要求，各高校负责学生事务工作的领导，自发成立了高校学生事务领导人协会（The Association of Managers of Student Services in Higher Education，简称 AMOSSHE），负责高校学生事务的发展指导。在高校内则是由校务理事会（Council）下设的学生体验委员会（Student Experience Committee）完成内部治理的，学生体验委员会由校外人员、副校长、学术人员代表、不同职能部门代表、学生代表等组成，其中校外人员通过招聘的形式确定，由其中一人担任该委员会主席。而执行管理职能的则是学生事务服务中心（Student Services Centre），雷丁大学刚刚将学生事务中心改为客服中心（Customer Services Centre）以"用最好的方式为学生提供最好的学习体验"为目标，体现学生与学校处于平等的地位。客户服务中心主要设有学生接待服务、财务支持、学术指导、毕业工作指导等职能办公室，同时与心理咨询服务部门、就业和职业指导部门、学习顾问（设在图书馆）、宿管中心等部门协调共同为学生体验提供支持。除学校的学生事务管理人员外，在学部或学院（系）中还有领导及专门人员负责学生事务管理工作，有的高校从事学生事务工作的专职人员有 80 人以上，有的有 40～80 人，还有的不足 40 人，在全英高校中以上三种情况各占三分之一。在我国，学生工作有着自己特有的机制和模式。在教育部的指导下，各高校党委领导学生工作部门统筹各自的学生工作及队伍建设，二级院系设有党委（党总支）共同指导学生工作，由辅导员负责具体工作。无论是运行机制还是队伍建设，都已经形成比较完整的组织架构及工作链条，对高校教育质量的提升发挥了重要的作用。在英国学生事务工作中起着重要支持作用的还有一支骨干队伍——学生会（Students Union），英国高校学生会（学联）是一个非营利性的学生组织，由学生选举产生，独立于学校，自主运行。学生会有5位全职学生会主席、8位兼职学生干部、2位学生代表，还有2位学生会指定的学生代表和4位校外代表。学生会成员也是学校各个委员会的成员，他们可以质疑任何组织或任何人，在代表学生维护自身利益的同时，也在为改善育人环境、让学生充分得到体验而努力。

（二）英国高校学生事务队伍建设特点

英国的几所高校的学生事务队伍建设各有其特色，但也存在很多共性。一是规范化的引导机制。好的教育质量能给学生更好的教育体验，能保持和促进大学更好地发展。为了使高校的教育质量得到保障和提升，英国高等教育质量保证署（QAA）的一项重要工作就是对照标准进行教育质量检查，主要考查学校是否达到QAA所期望的程度，使学生能够得到相应的发展等，所以学生事务队伍建设自然按照高等教育质量保证体系的要求，为促进学生能有更好的高等教育体验而规范有序地发展。二是专业化的职业要求。尽管在英国有的学校学生事务工作的重心在学院，如牛津大学、剑桥大学，有的学校学生事务工作的重点在学校，如雷丁大学，但是对学生事务管理人员的选聘、培训、管理和考核的要求却是一致的。英国各高校学生事务工作者的流动性是比较大的，主要原因有两个：其一是所有学生事务工作岗位对应聘者都有相应的专业要求和职业资格要求；其二是对工作经验的要求也非常严格，除非有极强的潜在能力。三是全员化的协作分工。从治理结构上看，英国高校学生体验委员会每年会通过4~6次委员会议，了解、沟通、商议学生事务，评估学生体验教育程度与高校教育质量保证标准的符合度等，将学校教学、科研、学生事务服务等有机地联系在一起，来自社会的成员参与也架起了学校与社会联系的桥梁。从管理机制上看，不论专职管理人员、学习顾问、个人导师、心理咨询师还是就业指导教师，每个人都非常清楚自己的岗位职责，遇到自己解决不了的问题，他们会寻求更专业的帮助，遇到超出自己职责范围的问题，也会巧妙地转交给相关人员处理，使得全员化的工作实现了无缝对接。四是个性化的支持系统。英国高校各学生事务管理与支持部门对岗位资格和职业能力有严格的要求，工作人员都具有相关职业协会的职业认证，他们会得到组织上的关怀和支持，使每一位工作人员在获得帮助的同时愿意适当帮助别人，形成“雨滴效应”，而个性化的支持和帮助可以让师生更好地融入工作氛围，发挥“瀑布效应”。五是人本化的考核体系。无论过去还是现在，英国高等教育以人为本的教育理念都获得诸多赞誉，一方面给予每个人一定的职业发展空间，另一方面通过有效的考核激励队伍成员的发展。在英国的教育质量考核体系中对不同的人有不同的岗位要求，如对专职、兼职人员采用不同的考核标准和多样化的考核方式，结合自评、学生评价、实绩考核、访谈等形式对学生事务工作者进行客观评价。同时需要指出的是，英国高校对于学生事务队伍中从事同一岗位工作时间过长且无工作创新者，将劝离该岗位以保证新生力量的补充。而我国高校对这方面还没有明确的要求和办法。

三、中国高校学生工作队伍建设建议

（一）坚持以社会主义理论体系为指导，构建促进学生全面发展的育人环境

高等教育的根本任务是立德树人，中心工作是人才培养，学生工作干部是人才培养队伍的重要组成部分。要在深化教育领域综合改革、推进教育现代化、提升人才培养质量的进程中解放思想，更新观念，将学生的全面发展作为教育工作的出发点和落脚点，紧密围绕落实“立德树人”根本任务和“提高人才培养质量”这一永恒目标，遵循人才成长和发展规律，统筹谋划学生工作队伍建设机制。在社会主义核心价值观的引领下，努力构建全员、全过程、全方位的育人体系，将思想政治教育放在人才培养的大局中，使每一位教职员工明确自己在育人、育才过程中的职责，修身立德、言传身教，最大限度地发挥教师的主导作用。对于高校人才培养，师资队伍建设至关重要，师德建设是首位，在大学生中培养坚定的马克思主义者，首先必须用马克思主义理论和中国特色社会主义理论体系武装教师头脑，全面加强教职员工的思想政治工作建设，引导每一名教职工都成为学生成长发展的引路人。然后要给予教师广泛的空间，无论是在课上还是在课外，师生随时随地都可以进行思想和学术交流，实施“个人导师制”或“学习顾问制”，从制度上保证师生之间“一对一”或“一对多”的面对面交流，为学生提供更具有针对性的指导。教师在满足学生需求的过程中会随时了解自己的不足，从而自主地充实自己，进而更好地满足学生的需求，以达到师生教学相长。其中学生工作队伍的角色定位至关重要，如何协调好各方面的关系，不但要促进各职能部门之间密切配合，还要随时关注学生的需求，使相应的教职工及时准确地了解到学生的需求，并能够及时对学生给予必要的支持和帮助，从而形成促进学生全面发展的育人环境。

（二）严格执行辅导员职业能力标准，畅通学生工作队伍职业化发展渠道

我国高校政治辅导员制度自建立起来，经 2004 年中央 16 号文和 2006 年中华人民共和国教育部令第 24 号两项政策的落实得以加强和改进。2014 年教育部又出台了《高校辅导员职业能力标准（暂行）》（简称《能力标准》），标志着我国高校辅导员队伍建设已经走向成熟。《能力标准》对辅导员职业化、专业化发展和建设提出了具体的要求，目前对照《能力标准》解决辅导员队伍数量不足、队伍不稳定、科研能力不强、专家型辅导员匮乏等问题是队伍建设的主要任务。为此，各高校要针对《能力标准》制定具体的工作推进方案，逐一落实各项规定，不仅要加大辅导员业务培训力度，激发其工作投入的自觉性，还要强化辅导员的职业规划意识，增强其对辅导员工作的职业认同感，有序推进辅导员职业化、专业化发展。遵循“立足职业、突出专业、典型引路、提升能力”的方针，统筹谋划辅导员选

聘、培训、培养、实践等工作措施，以落实学生思想政治教师岗位聘任政策为牵引，构建辅导员职业化和专业化发展通道，按照专业化发展方向，指导专职辅导员做好职业生涯规划，激励辅导员正确规划自己的职业愿景，强化职业自信心和归属感并为之奋斗不息。在《能力标准》的基础上，健全学生工作质量保障体系，建立和完善提升思想政治教育工作的针对性和实效性的长效机制、推进机制、保障机制和评价机制，系统推进思想政治教育质量提升工程。

（三）健全和完善专业队伍协会组织，引领学生工作队伍专业化发展方向

近年来，中国高等教育学会辅导员工作研究分会（简称"全国高校辅导员工作研究会"）作为全国唯一一个学生工作干部队伍的专业协会组织，贯彻党和国家的方针政策，团结带领各高校辅导员，不断加强学生工作的理论探索和学术研究，通过辅导员职业能力大赛、辅导员年度人物评选活动、创办《高校辅导员》会刊、辅导员优秀论文评选、辅导员职业能力培训、岗位交流等活动将全国高校优秀的辅导员定期组织在一起交流工作经验、总结工作规律、展示工作成果，有效地提升了高校辅导员的学术研究水平和职业胜任能力，为打造政治强、业务精、纪律严、作风正的高校辅导员队伍做出了重要的贡献。但对于全国近 13 万辅导员这样一个庞大的群体来说，研究会的工作惠及面远远不够，这就对研究会的工作提出了新的要求，一方面挖掘和培育专家型学生工作领军人物，储备学生工作队伍专业化发展力量，充分利用已成熟的学生工作专家在所在学校或区域带领年轻学生工作干部组建学术研究团队，帮助和指导其确立相对固定的学术研究方向；鼓励辅导员工作交流，不断提高辅导员的研究能力和工作水平，不断培育更多的专家型学生工作干部。另一方面，坚持《能力标准》，推进辅导员职业能力认证工作。辅导员既是干部又是教师的双重身份，在一些学校并没有得到认可，辅导员职称单列根本没有得到落实。鉴于国外专业协会一些切实可行的做法，我国高校辅导员工作研究会可以设置专家委员会，对辅导员进行职业能力等级认证，进一步增强辅导员专业发展的主观能动性和自信心。

通过对英国高校学生事务工作队伍建设的机制体系、工作理念、运行状态、工作效果的实地考察、比较研究，立足我国国情和学生工作队伍建设的实际，以提升思想政治教育质量为牵引，在促进学生全面发展的视角下，明确学生工作队伍的岗位职责、找准工作定位，打通辅导员职业发展通道，通过辅导员工作职责具体化，育人本领能力化，考核指标科学化，评价方法合理化，增强辅导员工作的实效性，不断推进辅导员的职业化、专业化、专家化进程。

参考文献：

[1] 冯刚，赵锋. 走进英国高校学生事务管理 [M]. 北京：中国人民大学出版社，2008.

[2] 于冠华. 中英高校学生事务管理比较研究 [D]. 武汉：武汉大学，2013.

[3] 许姝，肖湘江. 中英两国高校学生工作队伍建设的比较及其启示 [J]. 当代教育论坛，2010(34)：126-127.

[4] 孙立君. 英国高校学生事务工作的基本情况及其启示 [J]. 思想政治教育研究，2009(1)：115-118，125.

[5] 陈澄. 中英高校学生工作比较研究及经验启示 [J]. 教育教学论坛，2015(23)：256-258.

[6] 李永山. 英国高校学生事务专业化发展及其启示 [J]. 高教探索，2008(5)：66-70.

学生事务工作队伍专业化发展思考
——以中英高等教育对比为例

西南大学 何定龙

摘要:英国高等教育的发展历史悠久,以学生为本和服务学生的理念贯穿整个办学理念和学校事务处理过程中。从很早实行的“导师制”到当今“学生事务工作模块服务与支持”,从本土学生的在校服务到国际学生来校的提前服务,从普通人的个人负责制到专业人士的团队负责制,英国高校始终有着一支学生事务工作队伍。随着学生事务内容的增多和发展,学生事务工作队伍工作内容的专业化程度也在不断提高,从最初学生日常学习、生活、实践等方面的“导师制”到现在涵盖“法律、财务、签证、心理健康、就业指导、实践活动”等多方面内容的学生事务工作体系。英国高校学生事务工作队伍的专业化在不断提高。随着我国社会分工的细化和高等教育的发展,我国高校学生事务工作也呈现出“多样化、复杂化、信息化”等特点,我们可以借鉴英国高校学生事务工作的某些经验,特别是学生事务工作队伍的专业化发展的经验,实现我国高校学生事务工作队伍“专业化、职业化、专家化”。

关键词:学生事务;队伍;专业化

英国高等教育发展历史悠久,1167 年建立的牛津大学(University of Oxford)、1209 年成立的剑桥大学(University of Cambridge)都已成为世界顶尖高校。高等教育的发展在英国已经走过了近千年,学科发展和人才培养都取得了巨大成功。在高等教育和高校的发展过程中,以学生为本和服务学生的理念贯穿整个办学理念和学校事务具体操作处理过程中。从很早实行的“导师制”(Tutorial System)到学生事务模块服务与支持(Services and Support),从本土学生的在校服务到国际学生来校的提前服务,英国高校学生事务工作都在不断创新和发展。英国高校始终有着一支专门的学生事务工作队伍,随着学生事务内容的增多和发展,学生事务工作队伍的专业化也在不断发展,从最初学生日常学习、生活、实践等方面的“导师制”到现在涵盖“法律、财务、签证、心理健康、就业指导、实践活动”等多方面内容的学生事务工作体系。从以前普通人的个人负责制到专业人士的团队负责制,特别是负责学生事务工作人员的专业水平不断提高,例如处理财务事务的人员一定是财经专业的并获得相应财经资格证书的专门人才,处理法律事务的人员一定是法律专业的并获得法律资格证书的专门人才,英国高校学生事务工作队伍的专业化在不断提高。这种专业化的发展对于我国高校学生事务工作队伍的专业化发展具有一定的借鉴意义。

一、英国学生事务工作专业化发展的概略

（一）英国高校学生事务工作历史简介

“我们头等重要的工作必须是专注于为学生提供服务”，这是在英国高校学生事务部门中较常见的用语，以人为本和服务学生的理念始终贯穿于学校的办学理念和学校事务处理的操作过程中。早在19世纪，牛津大学就实行了导师制，导师制是一种教育制度，与学分制、班建制同为三大教育模式。导师制由来已久，其最大特点是师生关系密切，导师不仅要指导他们的学习，还要指导他们的生活。“导师制”能够更好地贯彻全员育人、全过程育人、全方位育人的现代教育理念，更好地适应素质教育的要求和人才培养目标的转变。这种制度要求在导师和学生之间建立一种“导学”关系，导师针对学生的个性差异，因材施教，指导学生的思想、学习与生活。最初的“导师制”是单个导师指导单独的学生或者几个学生，定期和学生见面，指导他们的学习和生活。

随着高等教育的发展，学生人数的增加，“导师制”发展成为专业学习和其他事务分开的“导师制”，即专业学习部分有专门的“学业导师”，生活、工作、实践部分有专门的“学生事务导师”。学生事务工作得以细化，工作形式从面对面的了解、座谈、建议到现在面对面的座谈、随时问题的邮件解答等等都进入专业化时期。工作的内容从校内的学习发展到“财务、法律、签证、校外住宿、人际交往”等多个方面，所以需要学生事务工作人员的专业化水平不断提高。

随着学生事务工作内容的拓展，英国高校学生事务实现了“导师制”和学生事务模块服务与支持相结合的工作状态，学生事务工作专业化程度得到进一步提高。现在，学生事务工作人员在导师的指导下到专业团体处去学习如何处理和解答问题。而且，专门的团队也不再仅仅局限于学校的教职员工，更有兼职的专门人才从事这项工作。

（二）英国高校学生事务工作现状简介

目前英国多数高校建立了学生事务模块服务与支持（Services and Support），与学生的学术研究（Research）、课堂教学（Teaching and Learning）组成学生在校学习、日常生活、实践活动的平行工作模块。学生事务模块服务与支持包含非常多的部门：学生录取（Student Recruitment and Admissions）、心理咨询（Psychological Counseling）、法律服务（Law Services）、签证服务（Visa Services）、出国学习（Study Abroad）、宿舍服务（Accommodation Services）、校友服务（Alumni Services）、职业服务（Careers Services）、学生咨询服务（Student Counselling Service）、学生会（University Students' Association）、国际学生办公室（International Student Centre）、学生残疾服务（Student Disability Service）等。这些专业的模块服务与支持由专门的人才组成，这些人才需要具备一定的资格，热爱学生事务工作，同时也有兼职人员，例如律师、心理专家、医生、签证官，等等。

学校有一个学生管理部（Department of Student Administration）负责给所有在校学生提供服务，属于学校专门的建筑楼群，能够使学生迅速地找到和获得支持，学生管理部还支持各个二级学院工作和其他学生服务工作，其主要工作内容有：分配学生宿舍、调配专门团队、安排考试、收取学费、安排毕业典礼和签证手续、出具官方学生文件、申请和发放助学贷款和奖学金、预订学生社团、预订学生学习场地等，以便让学生能享受高质量的学习。学生管理部下分三个部门，分别为奖学金和学生自助服务（Scholarships and Student Funding Services）、课程定制（Timetabling）、学生管理服务（Student Administration Services）。学校为每位注册入学的学生提供一个独一无二的网络账户，让学生以可在网上系统中处理住宿、注册、学生卡、财务、福利、奖学金、咨询等事务。

英国高校重要的学生活动事务工作机构是学校学生会。英国高校学生会（Students Union）具有很强的对立性，有专职带薪的负责人，可以是中途休学的学生，也可以是毕业后找工作的学生，属于专业人员，专门从事学生事务工作。学生会主要负责人实行选举制和任期制，学生会分财务部、活动部、国际部、文体俱乐部，管辖各个学生社团，学生会有独立的财务预算，全程参与学校的事务管理，举办各种学生活动，同时给学生提供免费咨询服务和朋辈支持服务。学校有专门的机构对学生会的工作进行指导和监督，由此可以看出学生会的学生事务工作也趋向专业化和专门化。

二、英国高校学生事务工作队伍专业化情况分析

英国高校学生事务工作在不同时期有不同的内容和体制，从开始的单一“导师制”过渡到学业“导师制”和学生事务“导师制”混合体制，再过渡到学生事务“导师制”和学生事务模块服务与支持混合体制，可以看出学生事务工作的专业化在不断提高，工作人员的专业化程度也在不断提高。

（一）英国高校学生事务工作内容专业化分析

首先，以学生为本、为学生服务的理念始终没变，不管是单一“导师制”，还是学业“导师制”和学生事务“导师制”混合制，或者学生事务“导师制”和学生事务模块服务与支持混合制，都反映了大学办学始终以学生为中心、以学生为本、为学生服务的理念。这一理念始终贯穿于英国近千年的高等教育办学过程。

其次，学生事务工作内容的专业化发展随着学生事务工作内容的增多而发生变化。以前的“导师制”教师被称为学生的德育导师，对学生具有明确的道德教育职责，有的教师既是牧师，也是学生的生活指导者，严格把控学生的道德和行为。随着学生人数的增多，全面负责的“导师制”已经不能满足学生的需求，所以将学业导师和学生事务导师分开。学生事务导师虽然不知道怎样解决学业问题，但可以告知学生如何去找学业导师解决问题。随着学生的心理、法律、财务、签证、住宿、实习、求职等多方面问题的出现，单一学生事务导师已经不能满足学生的需求，所以就产生了学生事务模块服务与支持，以专业的团队对学生的需

求进行服务和支持,所以英国高校学生事务专业化水平的提高是与学生事务与日俱增的需求息息相关的。

再次,学生事务工作内容的专业化发展随着高校学科专业的发展而发展。英国高校的学生工作每一方面都有专业人员负责,其中不乏经济学、心理学、法学、医学等专业的博士和专家,他们中有律师、心理学家、经济学家、会计师、签证官、医生等,同时,他们中很多人并不是大学固定的教职工,而是外聘的兼职人员。这更体现了专业学科发展后专门人才服务大学学生事务工作的机制,提升了高校学生事务工作的专业化水平。

(二)英国高校学生事务工作人员专业化分析

英国高校学生事务工作人员的专业化水平很高,学校聘请的部分社会人员在社会上都有自身的专业知识,是专门的人才,如心理学家、律师、医生、会计师、作家等。这些人具备从事学生事务工作的资质和热情,在应聘学校学生事务工作时要经过资质考核。学校自身学生事务工作队伍是由具有各种专门知识的长期从事学生工作的人员构成,这部分人员还经常接受培训和监督,可以由学校学生事务工作主管对其培训,也可以由专门的高校学生事务工作机构和团队进行培训。

英国高校学生事务工作队伍具有很强的稳定性,这与英国的就业保障和就业文化有很大关系。学生事务工作人员都是对学生事务工作非常有兴趣和热衷于从事学生事务工作的人。学校根据个人工作年限的长短,考核合格后会给予不同的待遇。在学校师生整体的评价和认识中,学生事务工作和学术科研、后勤管理等人员不存在差别,实现了平等待遇和评价,所以稳定的学生事务工作队伍也成为英国高校学生事务工作专业化发展的有利条件。

三、中国高校学生事务专业化发展的思考

随着我国社会分工的细化和高等教育的发展,我国高校学生事务工作也呈现出“多样化、复杂化、信息化”等特点,可以借鉴英国高校学生事务工作的某些经验,特别是学生事务工作队伍专业化发展的经验,实现我国高校学生事务工作队伍“专业化、职业化、专家化”。

(一)我国高校学生事务工作内容专业化的发展方向

随着高校学生工作的开展,我国高校学生事务工作必须以育人为本,需要在学生事务工作内容上突出专业化。特别是根据现今学生的需求,将学生事务工作进行模块划分,可以分为思想政治教育、心理健康、学生财务指导、社会实践、职业生涯引导、党团组织建设等方面。而涉及安全问题、宿舍管理等方面的可以依托社会力量,例如警察、宿舍管理人员,而不再将其作为学生事务工作的主体内容。学生活动也可以依托学生组织自行开展,只需专门人员进行监督和指导即可。这样就能将学生事务工作重心放在大学生思想政治教育和对学生的服务上。

（二）我国高校学生事务工作专业人才的需求方向

我国高校建立以来也有专门的学生事务工作体系和工作机构，一般来讲，我国高校的学生工作由学校、学院两级构成，学校一般由党委副书记、副校长主管学生工作，并设有学生工作部；院系一级设有学生工作办公室，并按照学生人数设立学生事务专职人员，包含负责人和专职辅导员。从目前我国高校的学生事务工作任务来看，学生事务工作团队中需要思想政治教育学、金融学、心理学、教育学、管理学、法学、医学的专业人才。

目前部分高校学生事务工作队伍中的人员构成单一，特别是有些岗位的工作人员专业不对口。很多人认为学生事务工作就只是一项工作，不需要专门的知识背景，所以有可能学历史的负责学生财务工作，学农业的负责学生法律工作，特别是这些工作人员在上岗前还没有经过专门的培训。随着学校工作人员的流动性增大，专门的学生事务工作团队构成很容易被打破。

（三）我国高校学生事务工作专门人才的培养

我国高校学生事务工作专门人才的培养，应该针对我国高校学生事务的实际需求情况。我国高校学生事务工作的重要内容是大学生思想政治教育，所以思想政治教育学科人才的专门培养是必需的，同时涉及学生事务工作的内容还包括心理健康、财务管理、就业指导、法律咨询、社会实践活动等，需要相关人员进行专业的培训。同时根据学校的专业性质和学院的专业性质，学生事务工作人员的专业知识应该和工作单位的学科性质有一定的相关性，这样才能更好地和学生进行交流和服务，也才能更好地指导学生开展就业和实践活动。

首先，思想政治教育学的专业培养。为了保证我国高校人才培养的方向和质量，思想政治教育必须得到加强和深入，所有的学生事务工作人员都应该学习思想政治教育学科知识。思想政治教育会把对学生整体素养的培养做在前面，具有引导性和前瞻性，而不仅仅是为了单纯的工作和服务。

其次，专门人才的选拔和使用。我国高校专业众多，各个高校应该结合本学校、本学院的专业特色，选拔和任用学生事务工作人员。在学校层面应该拥有涵盖心理健康、财务管理、就业指导、法律咨询、社会实践活动等多方面知识的专门人才，组成专门的学生事务工作团队。在学院层面学生事务工作人员的选拔和任用中也必须考虑到学院的专业特色、学科性质，尽量使学生事务工作人员理解学生的学习、心理、工作等，使学生事务工作人员的工作能做到想学生所想、急学生所急，使工作能引导到位、服务到位。

再次，发展机制的完善。为了避免专门人才的流失，需要队伍具有一定的稳定性，所以学生事务工作队伍就必须有自身的发展机制。建议我国高校学生事务工作队伍可以建立以下发展机制。一是行政职员制，这需要学校对学生事务工作队伍有专门的政策和指标，使工作人员在工作年限到达后经过考聘可以获取更高的工作平台，例如部分高校正处级、副处级非领导学生事务工作岗位的设立，或者行政职员制高职级（如 5、6 级）职员的设立，都会使高校学生事务工作人员能安心工作，实现队伍的稳定。二是学术评价体制完善，高校学生事务工作人员由于本身具有自身的专业，所以在学术评价体制中也必须有一定的政策和指标，为可以从本专业晋升的学生事务工作人员提供相应的机会。三是外聘人员的引进，高校学生事务工作可以引进专门人才，从事学生事务工作，特别是金融、矿业、农业、艺术等专业性强的高校，学生事务工作队伍中需要有社会专门人才的加入，才能促进学生职业指导、社会实践等工作的开展，当然这部分专门人才必须拥有从事学生事务工作的资质和能力。

关于英国高校学生成长服务信息化建设的思考

北京航空航天大学　刘科生

摘要：英国是近现代高等教育的发源地，不仅拥有当今世界一流的高等学府，教育信息化同样处于世界领先地位。本文将概括介绍英国高校学生成长服务信息化建设的现状，并针对我国“互联网 +”背景下的学生工作信息化建设谈几点思考。

关键词：英国高校；学生成长服务；信息化

英国是近现代高等教育的发源地，不仅拥有当今世界一流的高等学府，教育信息化同样处于世界领先地位。从 20 世纪 90 年代中后期开始，英国政府就将信息技术的发展视为教育变革的核心，从政策和经费上重点支持教育信息化建设，并取得了良好的效果。

笔者有幸于 2015 年 9 月至 12 月在英国雷丁大学（University of Reading）开展为期 3 个月的访学活动，亲身体会了英国高等教育的信息化程度。本文将概括介绍英国高校学生成长服务信息化建设的现状，并针对我国“互联网 +”背景下的学生工作信息化建设谈几点思考。

一、英国高校学生成长服务信息化建设的现状

英国高校视学生为客户，秉承“客户至上”的理念，这与互联网“用户至上”的理念高度契合，所以英国高校在服务学生成长的信息化建设方面，顶层设计即充分体现了以学生需求为导向的思想。这集中表现在以下三个方面。

一是，学校拥有强大的信息服务系统，并且以学生需求为接口提供指南链接。例如，各大学的网站，均提供“搜索”功能，可供查询包括学术机构、职能部门、工作人员等多种维度的信息。再如，以雷丁大学为例，在学校网站的“学生”页面内，包括学生培训实践计划、学生服务新闻、通知、可用计算机信息、在线学生手册等五大内容。其中“在线学生手册”栏目，涵盖了所有的学生成长服务指南，学生可以通过“要点网站”按主题找到自己想了解的内容，也可以通过“在线手册”按首字母 A—Z 检索自己想了解的内容，还可以通过“快捷链接”按用户身份（校友、残疾生、准毕业生、国际生、新生、未来的学生、研究生）、常用程度（新闻、一卡通、密码找回、用户名找回、地图、校历、网上礼品店）和其他内容（课程中心、邮件系统、信息技术服务、图书馆、网上缴费、综合信息系统、日程表）等多种入口方式来解决自己

的问题。

二是，学校网站与社会媒介和平台高度对接融合，给学生以全媒体的信息传递和全方位的服务体验。如，牛津大学、剑桥大学、帝国理工学院、伦敦大学学院、伦敦政经学院 5 所高校均在 Facebook、Twitter、YouTube 等至少 6 家社会媒介上有官方主页，并且与学校官网建立链接，方便用户在不同平台上切换以享受全方位的信息服务。再如，以牛津大学为例，其官方开发了官网移动客户端、官方向导、《今日牛津》校友杂志、“探索牛津大学博物馆”等多款手机应用程序，为师生、校友、游客等各类人群提供全方位的资讯服务。还如，以伦敦大学学院为例，其官网移动客户端中的日程表功能，能够实现直接将日程安排一键导入手机的日历中，从而最高效便捷地支撑学生进行时间管理。

三是，英国高校全部覆盖 eduroam 无线网，任一学校学生用在自己学校注册的个人用户名和密码登录后，到其他学校时均可自动连接 eduroam 无线网，享受高速便捷的网络服务。

二、我国“互联网 +”背景下学生工作信息化建设的思考

目前，我国正实施网络强国战略，积极推进“互联网 +”行动计划。在教育领域，国家以教育信息化全面推动教育现代化，大力推进信息技术与教育教学、创新创业的融合发展。这无疑为高校进一步加快学生工作信息化建设提供了难得的发展良机，以更好地服务互联网时代成长起来的广大学生。我国高校学生工作信息化建设主要包括以下两个方面。

一是要全面加强学校信息化建设的顶层设计，逐步实现服务系统结构体系的科学化。过去，我国高校普遍存在多个职能部门拥有多个彼此孤立系统的现象。近些年，这种局面逐步得到改变，借助升级改造旧系统和开发建设新系统的机会，高校内不同服务系统之间的兼容性越来越强，数据共享的比例也越来越高。但随着大数据时代的来临，高校迫切需要掌握大量的统计数据开展相关研究，从而更科学、更好地服务广大学生，所以对基于系统产生的数据质量要求越来越高。各高校只有全面加强信息化建设的顶层设计，自上而下进行系统性规划和设计，才有可能达到互联网时代对服务系统结构体系科学先进的要求，才有可能更大程度地满足师生用户对服务系统高效便捷的需求。

二是要进一步激发学生参与信息化建设的积极性，实现自我服务。当前，我国高校由学生自主开发设计的服务系统和手机应用非常多，一方面解决了高校服务学生过程中的具体问题，另一方面培养了学生相关的科技创新创业实践能力。

参考文献：

[1] 刘晖. 从《罗宾斯报告》到《迪尔英报告》：英国高等教育的发展路径、战略及其启示 [J]. 比较教育研究，2001(2)：24-28.

[2] 冯刚，赵锋. 走进英国高校学生事务管理 [M]. 北京：中国人民大学出版社，2008.

[3] 于冠华. 中英高校学生事务管理比较研究 [D]. 武汉：武汉大学，2013.
[4] 孙立军. 英国高校学生事务工作的基本情况及其启示 [J]. 思想政治教育研究，2009（1）：115-118，125.

关于英国高等教育学生事务工作的几点思考

西北农林科技大学　王文博

摘要：英国高等教育经过近900年的发展，已经形成了一整套非常完善和具有英国特色的制度。英国不仅是一个高等教育大国，更是一个高等教育强国。特别是英国高校个人导师制的做法、依法办学的理念、视学生为顾客的思想、国际化的视野以及学生事务工作的精细化程度，都值得我们借鉴和思考。

关键词：英国高等教育；学生事务；思考

英国是世界上高等教育最发达的国家之一。英国目前共有160多所高等学校，其中有不少国际著名大学。2014—2015年世界大学排名榜单中，排在全球前10名的高校英国就有4所；进入前200名的高校英国有29所，在世界范围内仅次于美国。英国不仅仅是一个教育大国，还是一个教育强国。英国高等教育800多年积累的经验和做法值得我们学习和借鉴，特别是个人导师制的做法、依法办学的理念、视学生为顾客的思想和国际化的视野等。

一、英国高等教育的市场化改革使高等教育成为一种商品

在20世纪90年代之前，英国高等教育和中小学教育一样，基本都是全免学费的（我国高等教育收费改革也始于20世纪90年代，国家开始实行高校学费分担办法），英国本土学生攻读第一学位的全部学费几乎都由政府承担。但1997年，英国政府发表了题为《学习社会的高等教育》的咨询报告（又称《迪尔英报告》）结束了英国学生免费接受高等教育的历史，每人每年的学费不分专业、不分学校统一为1 000英镑。2004年，《高等教育法案》宣布从2006—2007学年起，各高校可根据自身情况收取每年不超过3 000英镑的学费。至2011年底，由于英国经济遭受重创、财政赤字压力增大，英国政府宣布大幅削减高校经费。从2014年秋季开始，英国各大学将本科生学费上限提高至每年9 000英镑。目前英国所有大学不分专业，英国本土学生的学费都是每人每年9 000英镑。这使得英国成为全球高等教育学费较高的国家之一。这种市场化改革使得高等教育成为一种“商品”，高校是这一特殊“商品”的提供者，作为“顾客”的学生在“交易”双方的关系中占据主导地位。这就要求各高等学校必须视学生为顾客，必须为自己的顾客提供最优质的教育。

二、英国高校学生事务工作构架清晰，责任明确

（一）学生事务部（Student Services Directorate）

学生事务部作为学校常设的6个行政部门（教务部、资产分配部、财务部、审计部、学生事务部、学部）之一，下设各种与学生学习生活相关的中心或办公室，内部机构健全、职责明确。学生事务部集中在一栋楼里，实行“一站式服务”，学生有任何问题都可以来这里咨询和解决。学生事务部下设有：前台咨询部、财务支持中心、残疾人服务办公室、就业指导中心、心理咨询办公室、同辈支持办公室、国际学生服务部、宿舍管理中心等10多个中心或办公室，涵盖方方面面的学生事务，真正体现以学生为本、为学生服务的意识。学生服务的精细化不仅仅体现在学业辅导、心理健康、就业指导、助学贷款、残障服务、朋辈支持、住宿事务、学生福利、签证移民，甚至孩子托管等也包含在内。目前，让学生拥有完美的大学成长体验已取代帮助学生顺利完成学业，成为英国高校学生事务的新主题。

英国高校学生宿舍管理隶属于学生事务部。大学生住宿可以自己租私人公寓或租住在居民家里，也可向学校申请学生公寓。学校会提供部分学生宿舍。大一学生只要申请学生公寓，基本可以保证有宿舍提供；大二、大三的学生也可以申请学生公寓，但是学生公寓要优先满足大一学生，学生公寓不论房间大小都是一人一间宿舍。每栋学生公寓一般设一名舍监，由教师或学校行政人员兼任，职责是分配和安排住宿名额，以及处理与住宿有关的其他事宜。每栋学生公寓还有宿舍管理员，负责宿舍的日常管理、安全及卫生清扫工作等。

（二）个人导师制（Personal Tutorial System）

个人导师制就是学校从教学科研队伍中选拔一批人员，为每位学生在校期间提供“一对一”的辅导，导师可为学生提供学业发展、专业发展、生活关怀和社会发展等方面的服务。学生个人导师属于兼职工作，它不是一种个人岗位，但是大学教师和科研人员都有担任学生个人导师的职责。每学期个人导师最少要和自己辅导的学生进行一次“一对一”当面辅导授课（牛津大学和剑桥大学要求每周一次），师生之间可以就学业和生活等问题做一对一的交流和探讨。师生见面的时间并不长，但是效率和强度都很高。牛津大学和剑桥大学的导师每个星期布置的阅读任务和授课时要讨论的论文，学生都得在下一次辅导授课之前按时完成。学生不仅要消化应该消化的阅读内容，同时还得对所阅读的典籍做深入独到的思考，然后写出一篇短论文。下一次辅导授课时，学生得带着论文去见导师。师生就这篇论文的主题、论点和论据展开讨论，相互切磋。一个多小时的授课接近尾声时，导师将布置下一周的阅读任务和论文的主题。每周如此，从专业上的一个主题转到另一个主题，从一个名家的经典著作读到另一个名家的作品，从而打下最为坚实的专业基础。个人导师制在学业反馈及发展、个人福利与支持、引荐进一步信息及支持等方面都发挥着极其重要的作用。目前英

国大部分高校每个导师担任 3~15 名学生的个人导师。

（三）学生联合会（Students Union）

英国高校学生组织的自治性集中体现在学生联合会，他们拥有独立的办公场所和活动场所，可以为学生提供包括学业辅导、心理健康、就业指导、助学贷款、残障服务、朋辈支持、住宿事务、学生福利、签证移民等一系列服务。学生联合会独立于学校，对外是全英大学学生联合会的一个重要成员，对内则是学生的自治组织和维权机构，其使命是代表学生、支持学生和优化学生在校期间的体验。学联主席和副主席由专职带薪的人员担任，但不是学校正式员工，由已经毕业的学生通过竞选产生，任期一般为一到两年，可参加学校相关会议并定期与大学高层管理人员见面。

学生联合会与学校的学生事务部是合作互助的关系，以不同的服务内容和工作方式共同服务于学生的成长。大学充分尊重学生成长的主体性和学生组织的自治性，通过学生联合会这个平台鼓励学生自主解决问题，实现自我管理和自我服务，让学生的潜能得到完全开发和利用，促进学生不断成长和发展。

三、英国高等教育学生事务工作需要批判吸收，继承创新

虽然英国高校在学生事务工作方面积累了不少的先进理念和经验，值得我们学习和借鉴，但是英国高校学生事务管理也存在一定的局限性，需分析性借鉴，不可盲目照搬。

（一）强化服务意识，提高服务能力

英国高校的服务意识和服务能力值得我们借鉴，在学生需要帮助的时候，能更及时地给予科学、可靠的帮助和服务。特别是在新生教育、心理咨询、职业规划、就业服务、经济困难学生资助、学生社团活动等具体工作中要进一步强化服务意识和服务水平。对各项服务的内容细化，使之有操作性；不断提升工作人员的职业素养，使服务能力不断增强；让学生更多地监督和评价，使服务质量不断提高。通过这些工作，力争提升学生对学校工作的满意度，更好地在学校完成学业。

（二）强化学生自理能力、公民意识和法律意识

英国大学生普遍具有比较强的独立意识和公民意识，个人自理能力较强，自觉地对自己的言行负责，这对学生毕业后快速适应社会非常有用。目前我国的大学生中由父母、老师、学校包办一切的情况还比较多，这些学生在面临重大问题或关键时刻时自我判断、采取措施的能力比较弱，因此我们在学生事务工作中要有意识去强化学生的自理能力，树立学生的公民意识，让这些学生以更加强健的心智去迎接未来的挑战。

（三）完善的高校质量保证体系，确保人才培养质量

为了适应高校学生规模迅速发展的需要，英国成立了高等教育质量保证署（QAA）。QAA 从 2006 年起每六年循环一次教学评估，评估结果与高等教育拨款委员会经费分配直接挂钩。通过评估检查，进一步强化了学校办学的质量意识，从而保证了人才培养质量，提升了高校自身的竞争力。

（四）高校的学费不断上涨，国内矛盾不断升级

对英国本土学生而言，英国高校学费从改革之初的每年 1 000 英镑涨到目前的 9 000 英镑，国际学生的学费则更高，从 1.4 万英镑到 4 万英镑不等（国际学生因学校、专业不同而收费不同，但英国本土学生不论学校和专业，收费标准都一样，而且通常有 97% 的英国本土学生通过申请贷款缴纳学费，毕业之后当年薪达到 2.1 万英镑后才开始偿还贷款）。截至笔者撰写这篇报告之前，英国是世界上学费较高的国家之一，英国学生及民众就学费上涨进行过多次抗议。

（五）市场化导致高校的公益性受到质疑

高等教育不仅在收费问题上引入市场机制，在专业设置、招生就业等领域都推行市场化改革。以雷丁大学为例，出于适应市场的需要，学校停办了历史、音乐、物理等学科和专业。教育的完全市场化使得高校的社会公益性质受到质疑。

（六）学生服务工作缺乏主动性

英国高校的学生事务服务近似于商店售货，等待顾客上门采购，基本都是被动地等待学生自己上门寻求帮助，缺乏主动地去关注和深入了解学生。对于那些主动意识不强的学生来讲，这种服务形同虚设。从有关数据来看，走进学生事务管理中心接受服务的只是少数，在学生中所占比例不大。

参考文献：

[1] 金顶兵. 英国高等教育评估与质量保障机制：经验与启示 [J]. 教育研究，2005，26（1）：76-81.

[2] 易红郡，缪学超. 英国高等教育市场化趋向：经费筹措视角 [J]. 清华大学教育研究，2012，33（3）：89-97.

[3] 吕治国，李辉. 英国高校学生观及对学生事务管理的影响 [J]. 中国高等教育，2012（C3）：78-79.

[4] 童静菊. 英国高校学生事务的特点及启示 [J]. 高等教育研究（武汉华中科技大学），2009，30（1）：106-109.

[5] 吴亚玲. 英国高校学生事务概况及启示 [J]. 中国高教研究，2005（5）：54-55.

[6] 孙立军. 英国高校学生事务工作的基本情况及启示 [J]. 思想政治教育研究，2009(1)：115-118,125.
[7] 吴惠,汪庆华. 英国高校学生事务管理考察及启示 [J]. 思想教育研究,2008(10):50-52.
[8] 李永山. 英国高校学生事务专业化发展及其启示 [J]. 高教探索,2008(5):66-70.

英国高校学生学习指导

2015年9月21日—12月18日,教育部第十三期高校优秀学生工作者英国研修班成员在英国雷丁大学接受了为期3个月的教育培训。培训过程中,除关注英国高校学生事务管理与服务的情况之外,部分学员重点关注与考察了其学习指导方面的经验与做法。

英国高等教育有着悠久的历史传统和鲜明的发展特色,在世界高等教育界享有极高的声誉。在英国大学学生事务工作中,一个重要的优良传统就是为学生提供支持服务。学习指导是英国大学学生事务工作的重要组成部分,最早可以追溯到中世纪牛津大学创办的“导师制”,目前已成为英国高等教育、继续教育以及中小学阶段的初等教育不可或缺的教育教学手段。学习指导,也称为学习支持、学业辅导,指的是“大学为帮助学生完成高等教育学习而提供的各种帮助”。英国大学在学业支持方面尊重学生的个体独立性,从学业发展的需求和成长规律出发提供支持内容:一是对高等教育的正确理解,包括独立思考、批判精神、学术规范、学术资源管理能力的培养;二是学习能力养成,包括时间管理、资源运用、学术写作等;三是学术活动高阶技能培养,包括考试准备、演讲展示和团队合作等。学习指导的主要方式有三种:一是以牛津大学和剑桥大学为代表的“导师制”为主体的学习指导;二是雷丁大学等高校所采用的通过设立学习指导中心开展咨询式学习支持服务;三是以英国开放大学等继续教育学校为代表的“远程导师制”与远程咨询服务相结合的方式。

近年来,我国高校也在加强学习指导的研究与实践,以解决大学生的学习困惑。尽管以往多种形式的教育培训中有对此内容的多种研究与讨论,但本次赴英研修的学员通过调研雷丁大学、牛津大学、剑桥大学、布莱顿大学、雷丁大学亨利商学院,开展师生访谈以及学员间交流研讨等方式,从多个角度、多个层面对英国大学学习指导的理念、内容、方式、要求等进行了较为全面的考察,并提出了启示性的思考,希望能够对建立健全符合我国高校特色的学习指导体系提供有益的参考。

英国高等教育的育人特点思考
——以雷丁大学为例

中国地质大学　吴小勇

摘要:本文以英国雷丁大学为例,对英国高校教育的育人理念及实践进行了探究和分析,并结合目前我国高校育人的实际情况,从教育理念到教育实践进行了剖析,以期能对现行体制下我国高等教育尤其是高校学生学习指导工作给予一定的启发和建议。

关键词:英国高等教育;育人理念与实践;学习指导

在英国雷丁大学短短3个月的学习中,通过课堂授课、参观访问、实地走访、座谈讨论、查阅资料等方式,我们对英国高等教育有了大致的了解和体会。总体感觉英国高校(主要以雷丁大学为参照)在教育管理服务上呈现的特点是:教育上有的放矢,管理上无为而治,服务上量身定做。

一、英国高等教育理念

英国高等教育的前提是肯定学生是独立的自由个体,是自己行为的主人,需对自己的行为负责,学生是为自己学习的,别人不强加干涉。在管理模式上,注重学生的主体意识,学校提供高质量的各种支持服务,但学生为自己的行为负责,学校基本不会对学生的个人行为进行干涉,学校对学生行为的约束很少,学生可以充分地自我思考和自我约束。在教育模式上,贯彻"以学生为中心"的教育理念,重视学习过程。英国大学在学生的培养和教育上,重视获取知识的方法的培养,而不是简单的知识输送。重视科学的思维模式和有效的研究方法的培养,提倡进行批判性思考,任何创造性的想法都会得到肯定和鼓励。重视学生自主学习,调查实践,很多课程的导师都会在课前给出相关的阅读书单,让学生们提前进行阅读、思考问题。

二、英国高等教育实践

(一)课堂内

课堂教学是学生在大学期间获取学业知识的首要途径。英国高等教育的课堂教学与我国高校有较大区别，其特色主要通过教师、学生、教材以及课堂形式等来凸显。

1. 教师

教师在课堂上给学生带来最新的想法、先进的专业知识，把最近最新的研究成果与学生分享。他们会把要讲的内容以及需要自行准备的资料提前告诉学生。在教学中，教师设计丰富多彩的学习活动，鼓励学生想问题、提问题和发表见解。教师会充分肯定学生在课堂教学中闪烁的智慧"火花"，增强解决问题策略的可操作性，对问题进行纵深探究。同时顺应学生的求知欲，预留课后进一步拓展、提高的空间，如向学生推荐书籍，以最新研究成果启发学生独立思考和解决问题。教师对学生的评价也是全方位的，会根据学生在整个课程中的综合表现来评判。如果学生有任何问题或想法，他们非常鼓励你与他们约见交流。可以说在英国高校，教师不仅是个传授者，更是个启迪者。

2. 学生

作为学生，在英国大学学习的重点是独立学习研究，或者叫自学，这应该是英国教育体系里最具优势的方面。所有和你学习有关的人（包括导师、同学、家人、朋友或你的雇主）都是支持你学习的各个因素，而你才是学习的主人。独立学习研究的含义指的是在个人和课堂教学之间的那一部分，其中包括寻找学习材料、阅读、思考或尝试在专业实践中检验理论、和同学讨论你正在研究什么、为下一阶段课堂教学做准备。当然，独立学习研究也指巩固课堂所学的知识，包括上课、提出问题、参与讨论、做笔记、在听课的同时思考。在英国大学的教学体系里没有过多的授课时间，但无论学习哪个专业，学生都应该有更多的时间独立学习。独立学习，你需要仔细考虑自己的选择，并有效地管理自己的时间，寻找出一个适合自己的学习方法。可以说英国学生真正学的是如何去学习、去思考、去寻找问题的答案。

3. 教材

英国大学没有统一的教材，学生也没有课本，课本是整个图书馆里的书。导师通常会为学生列出一个推荐书单，以供学生选择使用，这样非常有效地提高了学生的阅读量，拓展了学生的知识面，而不是仅仅限于一两本教材之上。导师总是千方百计地选择最新的、最有前瞻性的内容来教。教学内容由导师来安排，而不是学校，更不是教委，在治学方面给予老师非常大的权力，这样教师有比较大的发挥创造性的空间，有利于教师百花齐放、百家争鸣。

4. 课堂形式

课堂教学采用各种形式，如讲座、探讨、个别指导、研究室、讲习班、小组研究等。英国大学的授课看上去不是那么正式，老师会鼓励学生积极参与到课堂中。课前，老师会发给学生一些有关课程的提纲和讲义。课上，老师主要是帮助学生整理思路，并解释一些复杂的概念，同时也会给出针对该课程的阅读参考或者建议。研讨会是以小组形式进行的，学生需要在研讨会之前阅读专业书籍或准备一个简短的演讲。老师将监督或指导讨论，但有的情况下，在学习到更深层的专业后，学生需要以演讲的形式公布讨论后的结果并回答问题。研讨会以鼓励学生积极参与讨论为宗旨。个别辅导通常是安排一位讲师与个人或小组会面，辅导通常围绕特定的阅读或任务开展。讲习班通常会布置一些要求你和其他同学合作完成的任务，学生自己组织开展活动或讨论，在此过程中讲师给予监督或指导。

不管什么课堂形式，最重要的都是提前按照要求做好准备，这会极大地促进学生的学习主动性和自学能力。

（二）课堂外

除了丰富多彩的富有启迪性的课堂教学，在课堂外也安排了细致的学习辅导内容。其中导师制、小组学习、学习环境和测验评估等比较具有特色。

1. 导师制

学生个人导师制是英国高等教育的一个传统做法，英国很多大学为每名学生都指定了个人导师（一般从新生入学到毕业），为其在学习和生活上提供个别指导，每学期至少见面两次，定期检查学生的学习情况。个人导师都是专业教师，根据个人经验为学生提供帮助。导师的主要责任是：为学生的专业学习提供帮助，为与学业相关的其他事项如生涯规划提供帮助，为学生在生活方面提供咨询与建议，作为学生与学校之间的沟通桥梁等。同时英国高校把担任学生导师作为对教师的基本要求，是其本职工作的一部分。只要从事高校教师这一职业，就必须承担指导一定数量本科生的义务，学校也不会因此给予另外的工作酬劳。所有从教人员、研究人员、与教学科研有关的人员都被要求做导师，他们要不断积累与导师这一职业相关的知识背景，积极参与各类与学生事务相关的培训，在学生事务领域不断提高、发展自己。

2. 小组学习

在英国学习的一个重要内容是与同学一起进行小组学习，一个学生在校期间将参加各种不同形式的小组学习。在小组学习的过程中你的个人成绩将被别人评估，同时你也要对其他同学的成绩进行评分。在英国大学里，学习过程的一个重要元素是合作，学校鼓励同学之间相互借鉴地学习，这样可以帮助同学之间互相交流学习经验，拓展思维。通常情况下是由 2~6 个学生组成小组一起完成某个任务。比如说写论文，老师会给一份清单，让学生找自己有兴趣的话题，而选择同一个话题的人一般就分到一个组。然后，老师会给学生一大沓相关的资料，学生要自己分工回去阅读并做笔记，看完后同一小组的人相互讨论这个话题。这样做最大的好处在于，每个学生可以节省下不少阅读时间，同时，每个学生在向他人转述资料的过程中锻炼了总结和概括大意的能力。这种方式也是学习过程中提高沟通技能最好的方式。

但这并不意味着学校教育不注重独立性。英国的老师经常说的一句话就是：“小组讨论是多人完成的，但是论文必须独立完成。”所有的学生都要从小组讨论中提炼出自己的观点。同小组的学生之间观点近似没有关系，但是论述的理由必须是自己独立思考的结果。英国老师非常注重学生自己的观点。

3. 学习环境

英国大学的学习环境非常宽松，学习场所按照安静场所、讨论场所、体验场所等类型分布在学校各个楼宇的一些楼层、走廊、转角等地方，让人随时随处都可以进行学习。在学习场所旁边往往会配有一些咖啡吧，以供学生自由讨论，这也让学习成为一件比较有趣的事情，让学生乐于去做。这样的学习环境让学习随时随地可以进行，并让学生乐在其中。

4. 测验评估

测验是课程的一部分。测验形式有小论文、考试、课外考试、开卷考试、论文（小组或个人）、演讲、实验报告、报告、文章评论等。通常情况下一门课程会有超过一种形式的测验评估模式。有时小组测试也是考试的一种模式。测试的结果根据你和同学一起完成任务的情况评定，可能所有的小组成员获得同样的成绩，也可能根据小组成员的努力程度不同而获得不同的成绩。

在严格的同时，英国大学测试评分也有"温情"的一面。首先，不论是什么成绩，老师一定会单独告知学生，要么发邮件，要么当面给成绩，所以除了老师和学生自己，其他人一般都不会知道考试结果；其次，不论最终的分数是多少，评分表上一定密密麻麻地写满了老师的评语；最后，老师都会从论文中找出学生的优点，积极评价，所以一般就算学生总分不高，也会看到评分表上为数不少的赞美之词。这很有利于鼓励学生积极学习。

三、英国高等教育启迪

（一）导师制与全员育人（解决学习指导人员问题）

英国大学的导师制，最大限度地调动了所有老师积极参与到学校的育人教育环境中来，使学校确实回归到教书育人为首要任务的社会职责，而且能很好地明确细化每位导师的责任，也让导师对学生的各方面的辅导更有针对性、更具体，也确实让高校的全员育人制度落到实处。

（二）尊重和强调学生个人主体资格（解决提高学生学习自主性和动力问题）

英国高校学生必须对自己的学习负责，碰到问题主动寻找帮助，学校会提供全方位的服务，但具体学不学是你自己的事，达不到相关的要求就不能毕业，就会被退学（这已被大家认同和接纳）。学生主体资格的强调必然引导其对自己的行为具有高度的责任感，这对调动其学习的主动性和积极性具有强大的推动作用，结果往往是"我要学"。

（三）启发式教育和接受性教育（解决学习指导学习方法问题）

英国的课堂更多的是启发式的教育，而目前我们的接受性教育比较多，启发性教育、方法性教育比较少。这样对学生的创造性思维会有比较大的约束，接受性教育做得再好，也仅仅是个完美的复制品，而启发性教育会使每一个受教育者成为独一无二的全新的自己。有的教师在教学过程中容易操之过急，急于将"锦囊妙计"告诉学生，觉得这样省时、省力，但同时也省去了培养学生自主探究、独立思考能力的机会，学生没有探究的习惯，没有思考的能力，就无法创新。因此，大学教师应该转变教育观念，通过课堂多给予学生一些机会，多提供一点时间，重视学生独立思考、自主探究以及创新思维的培养。在课堂教学中，教师要鼓励学生进行独立思考，让学生深入思考课堂内容，通过提问题、交流、变换角度阐述并给出证据，鼓励学生注重思考的过程，而不是结果。课堂上，教师引导学生积极参与教学过程，充分发挥其主体作用，目的并不仅仅在于传授知识，更重要的是挖掘学生的创造潜能。

（四）全方位提供支持与全天候的介入服务

英国学校提供的是全方位的、周到的服务，尤其是在学生成长方面的支持性服务，但他们很少主动介入到学生的自我空间中去，而是给予学生更多的自主权。我们的学校介入服务比较多，往往学校很主动，有时候学生却比较反感，究其原因，很多情况都是学校对学生不放心，深层次的原因是学生对自己的行为所负的责任比较少，如果出问题都需要学校来买单，所以学校才不放心，从而导致介入服务比较多。英国高校是社会的一部分，学生出什么事情都是按照社会人员对待。

（五）预约制度

英国高校采用的预约制度首先让学生很珍惜约见的机会，其次见面前学生必须有所准备，不能盲目会面，再次师生之间是一种平等开放的关系，所以一般来讲会面辅导都会比较成功。

（六）竞争机制和淘汰机制

英国读大学的人越来越多，但辍学的大学生也逐年增加。英国高等教育统计局（HESA）的资料显示，英国大学淘汰率达21%，由技术学院转型的大学当中学生辍学率更是高达30%至40%。英国很多大学是国家的，但大学下面的学院却是私有的，必须要在社会上自我存活下来，所以很多教育都是产业化的，必须计算投入和产出，精打细算，物尽其用。

英国高校学习指导体系探索

——以雷丁大学为例

中央财经大学　姚逍

摘要：本文以英国雷丁大学为例，对英国高校的学习指导体系进行分析。从学习指导体系的类型、主要内容、优劣势以及雷丁大学学习指导体系的几个特色模块进行介绍，从中发现英国高校较为成熟的学习指导体系的普遍性经验，以期能对我国高校的学习指导体系建设给予一定的借鉴。

关键词：英国高校；学习指导体系；学业咨询

学习指导，也可以称之为学习支持，按照 Thomas(2002)的定义，指的是“大学为帮助学生完成高等教育学习而提供的各种帮助”①。英国的学习指导最早可以追溯到中世纪牛津大学创办的“导师制”，而如今这一举措则覆盖到了英国高等教育、继续教育以及初等教育，各个阶段的教育都开展了学习指导，这已经成为当今英国教育界不可或缺的重要手段。近年来，我国众多教育工作者也从不同角度进行了研究与实践，认为加强对大学生的学习指导是解决大学生学习困惑的有效途径②，同时也有助于解决当前高校学生学习情况低质化发展的问题。因此，对英国高校较为成熟的学习指导机制进行分析研究，有助于建立符合我国高校特色的学习指导体系。

一、英国高校学习指导概述

在英国的高校中，学习指导是学生管理工作中的重要部分，不同学校学习指导的主体方式也有着较大的差别，在具体操作方式上也都有着自己的特色。目前英国高校学习指导主要方式有三种：一是以牛津大学和剑桥大学为代表的“导师制”为主体的学习指导；二是雷丁大学等高校所采用的通过设立学习指导中心开展咨询式学习支持服务；三是以英国开放大学等继续教育学校为代表的“远程导师制”与远程咨询服务相结合的方式。

---

① THOMAS L. Student retention in higher education: the role of institutional habitus[J]. Journal of Education Policy, 2002, 17(4): 423-442.

② 张维，傅奇丹. 英美大学生学习指导系统比较分析及启示 [J]. 河南职业技术师范学院学报 (职业教育版), 2007(6): 62-65.

（一）英国历史悠久的“导师制”

以英国牛津大学和剑桥大学为代表的“导师制”久负盛名，两校作为精英式教育的典型代表，培养了无数的政治家、哲学家、文学家、科学家、社会活动家及其他各类专家。两校能够成为科学的殿堂、英才的摇篮，其中有其特有的导师制的一份功劳[①]。

英国传统的“导师制”是在学生入学时，为每一位学生指派一名导师，而这位导师会伴随学生整个大学期间。导师的职责从学业到生活，可以说是面面俱到。这些导师从课上到课外再到生活中，都会利用各种机会来对学生进行指导，包括且不限于课程的内容、学习技巧、发展建议等等，基本涵盖了前文中对学习指导的定义。通过导师的指导，学生能够顺利地完成高等教育学习。

（二）高度专业化的学业咨询体系

以雷丁大学等高校为代表，较多的英国大学则采用了专业化的学业咨询体系对大学生进行学业支持。

专业化的咨询体系作为英国高等学校学生事务管理的重要组成部分，不同的大学会将其设立在不同的部门，根据学校的实际情况而定。有的高校设立独立的学生学业指导中心，有的高校将其与心理咨询中心相结合，还有类似英国德蒙福特大学这样的将其放在图书馆的藏书与学习服务部门。专业化的咨询体系主要包括以下三个方面：自主学习体系、工作坊或座谈会形式、一对一快速咨询。三个方面基本能够满足大部分学生的学习指导需求，高校通过提供不同层次的学习指导服务，帮助在学习上有不同程度困难的学生完成大学学业。

（三）基于远程技术的综合式学习指导

以英国开放大学为代表的继续教育，主要借助于现代网络技术开展高等教育，即远程教育。这种教育模式不但扩大了教育机会，也让终身学习的理念更容易实现。由于这种教育相对于牛津大学、剑桥大学的精英教育而言，属于普及型高等教育，其入学门槛较低，因此生源质量也就千差万别。很多学生不清楚学什么和如何学，因此需要更加明确无误的指导[②]。而且由于远程教育并不在校园进行学习，前述两种学习指导方式并不完全适用，因此开放大学这一类的远程教育高校，则更多的是采用了基于远程技术的导师制与学业咨询体系相结合的方式。这种综合式学习指导主要包括：配备远程导师、提供培养相关学习技能的网络课件资源、非专业性的通用技能学习资源（如电脑、就业、财务管理等）、个人学习发展规划服务等。通过远程教育的大学生在线学习这些资源，并结合导师的远程或者面授指导，保证学生能够顺利地开展并完成高等教育学习。

---

① 刘丽芳. 牛津大学和剑桥大学导师制略述 [J]. 交通高教研究，2004(1):26-27，30.

② 帕特·阿特金斯. 探索一流的个性化综合学习支持 [J]. 中国远程教育（综合版），2013(13):12-22，95.

二、英国高校学习指导方式的优劣比较

英国高校目前采用的这几种学习指导方式各有优劣,对于不同的高校情况,其适用程度也不一样。

(一)传统精英教育的经典之作

传统的"导师制"应该说对学生的学习指导可以实现个性化、专业化与全程化的完美结合,能够最大限度上实现因材施教,且其学生最终顺利毕业的比例能实现最大化。但缺点在于只适用于牛津大学、剑桥大学这一类定位于精英教育、严格控制学生人数、保证师生比例的高校,不适用于高等教育的普及。

(二)当代高等教育的普遍选择

专业学业咨询体系,对于大多数高校来说更为适用。其优势在于能够为生源数较多的高校提供专业的学习咨询指导。近年来,全球高校的招生规模大都保持着一定的增长,且本国和国际生源都在不断增加,这种情况即便在英国的高等教育学费大幅上涨的情况下,也没有改变。学生数量的增加,促使专业的学业咨询体系能够发挥出更大的作用。但这种咨询体系相对于导师制而言,其较为明显的劣势在于:第一,这是一种被动式的咨询,即需要学生主动寻求指导,才能够真正发挥作用;第二,虽然在不断改进咨询体系,但仍然不可能满足所有学生的需求,不能够像导师制一样为每一位学生量身定制,因此其学习指导的效果也会因人而异。

(三)普及高等教育的有力手段

基于远程技术的综合式学习指导产生于远程教育,也主要服务于远程教育。其优势在于能够满足远程教育的主要特点,为不同层次的学生提供较为专业的服务。其缺点在于全程线上指导对学习支持的成效很难保证,远程导师也是针对多个学生进行指导,很难实现传统导师制所带来的成效。

三、雷丁大学的学习指导体系

笔者在雷丁大学访学 3 个月,通过讲座、体验、与相关师生交流,对该校关于学习指导的理念、体系以及具体做法都有了一定的了解。现就该校学习指导体系的基本内容和特色进行介绍和分析。

(一)雷丁大学学习指导体系概述

雷丁大学的学习指导主要从两个方面入手:一是直接面对学生开展的学习指导服务;二是通过与校内外部门合作,协助设计课程、特殊学生学习计划以及适用于就业的学习技能培

训等。

直接面对学生开展的学习指导由雷丁大学学习服务中心为全校学生提供服务，其提供的服务主要由以下四个部分组成：一对一保密性的学业咨询服务、实时快速学业咨询服务、小组教学或讨论式学习指导服务、自助式的咨询服务。

学习服务中心在雷丁大学曾属于学生服务机构，近年来经过一次调整后，目前从属于图书馆。其提供的服务主要包括论文指导、学术讲座和学习方法指导等，服务的对象覆盖全校所有专业的本科生、硕士生以及博士生。

部门合作式学习指导则主要是与校内各系部的学术团队、图书馆文献管理团队、学生事务中心、学生福利中心、学生联合会以及就业服务中心合作。

（二）雷丁大学学习指导的基本理念

雷丁大学对大学生学习的指导思想是将其视为一种学生发展的体验，其原则是让学生学业有成，但不是为学生代办事情，而是告诉学生学习技巧。雷丁大学认为学习技巧的发展是一个反复的过程，希望学生在不同的阶段持续地发展。在学习指导过程中，不是单纯地给学生指令，而是给他们一些建议。其最终目的是培养学生独立学习的能力。无论是本土学生还是国际学生，雷丁大学都需要他们对学校的教学原则和学校期望有所了解，必须知道在英国的教育体制内，雷丁大学的工作标准是什么，老师对学生的期望是什么。

（三）雷丁大学学习指导中心的主要工作

1. 一对一保密性的学业咨询（One-to-One Confidential Sessions）

在英国大部分采用学业咨询体系的高校一般都提供一对一的咨询服务。并通过预约来开展，类似于心理咨询服务。这种一对一的咨询服务，更贴近于传统“导师制”中的学习指导，因为一对一服务的学生都是不同的个体，个体经验也不一样，服务中心的学习顾问能够根据个体的情况，提供相对个性化的建议。

在这种咨询服务中，前来咨询的学生多数都不愿让同辈或者导师知道。因此，一对一咨询对个人的保密性要求非常高。在咨询过程中，专业的学习顾问会帮助学生了解导师以及专业对他的期望，而淡化谈论具体学习，其主要目的更侧重于让学生敢于寻求学习指导，以便能够持续性地通过学习指导来实现个人发展。

这种咨询服务的优点是可以与学生深入地探讨学习中遇到的问题，并提供有针对性的建议；弊端在于占用了工作人员大量的时间。

2. 实时快速学业咨询服务（Drop-Ins and Quick Queries）

除了需要预约的咨询服务以外，雷丁大学学习服务中心还为学生提供实时的快速咨询服务。无论是学生的数学学习问题，还是论文写作中的文献引用问题等，都可以到相关的服务中心寻找老师进行快速咨询。但这种咨询只针对学生的问题做简单有效的回答，不会提供深入的有针对性的建议。由于这种咨询服务既简单又快捷，且在开放的空间中会给人较轻松的氛围，因此更适合大部分学生作为寻求学业指导的开端。不过这项服务的缺点也很明显，一是不能够为学生提供更多的专业建议；二是学生的咨询种类繁多，对学业顾问人员的要求也非常高。

3. 小组教学或讨论式学习指导服务（Study Seminars and Teaching within Subject Modules）

这项服务主要是在学校各系部中开展，一般是由系部提出要求进行预约，学习服务中心的老师前往系部开展小组教学或者讨论。人数可以是 3~4 人，也可以是上百人，课程内容既可以针对系部的全体学生，也可以针对具体专业或者具体阶段（年级）的学生。

在系部开展这种学习指导服务，一般都是作为系统教学计划的一部分来实施。由系部的专业老师负责教授专业课程，而学习服务中心的老师则负责教授学习技巧。

这种类型的学习指导服务，其优势在于受众面广、效率高，并且有利于学生在这种小组教学或讨论会上开展互动，相互分享经验。同时，通过系部开展此项活动，能够让学校的学习服务中心进一步获得学生的信任，有利于学生主动寻求学习服务中心的帮助。但这种形式的指导仍然是普及性的，深度有限，建议的适用性也因人而异，相对而言，对于新生开展这项指导更为有效。

4. 自助式的咨询服务（Self-Help Resources）

自助式的咨询服务主要是通过网络或者手册等形式，为学生提供自助学习的资源，包括学习建议的清单、视频和教务信息等。雷丁大学的自助式咨询服务除了学习指导手册以外，还有专业的网络系统，也为学生提供了丰富的资源，包括 STUDY ADVICE 网站、Blackboard 系统、SACLL 语言学习中心等。

自助式咨询服务的优势在于学生不用到现场就可以得到服务，且可以随时使用，一次不行，可以反复学习，直到熟练运用到实践中为止；劣势在于无法保证学生参与到自助式咨询服务中来，且无法保证学生能够正确地判断自己的问题所在，以自助寻求到真正的帮助。

（四）雷丁大学部门合作式学习指导的主要内容

雷丁大学学习服务中心除了直接为学生提供学习指导以外，最重要的工作就是与校内外各部门合作，以实现服务内容的扩大化以及服务人群的个性化。

合作式学习指导包括与图书馆之类的部门合作，我们可以协助这些部门指导学生如何有效使用这些部门所提供的资源，例如如何有效地使用图书馆提供的文献；与学生事务中心的合作，则可以帮助该部门为有焦虑、劳累等学习障碍的学生设计学习指导计划；与学生联合会这种独立机构合作，则有利于不愿意直接寻求学习服务中心指导的学生获取帮助；而与就业服务中心的合作，则可以将学习技能的提高与帮助学生提高就业能力相结合等。

（五）雷丁大学学习指导特色模块

雷丁大学学习指导体系虽然与大部分采用学业咨询体系的高校一样，但在具体工作模式中，雷丁大学也有独具特色的部分，特别是在自助式咨询服务方面，很有借鉴意义，下面就这部分内容进行详细地介绍。

1. STUDY ADVICE 网站

在这个自助学习指导的网站上，除了有各种学习技能、方法和建议以外，最有特色的是他们制作的咨询视频。咨询视频并不是单一枯燥的 PPT，而是真人配合真实的场景、音乐，且视频总长度不超过 5 分钟，学生可以利用烧水、等公交、吃早餐等碎片时间观看 1 至 2 个视频，充分体现了网站的快捷、便利。

2. BlackBoard 系统

BlackBoard 系统是雷丁大学自行研发的一个网络虚拟学习环境，在这上面学生可以查询到一切与学习相关的信息，同时有着属于自己的专业课程和可以选修的其他课程。每一门课程不但包含学习资料、预期成果，还能够允许学生在线测试并与同学、老师讨论，最终可以通过提交材料得到一份关于课程学习质量的评估。这个系统虽然是自助式咨询，但由于有测试、讨论和反馈，对这种自助行为实现了实时评估，有助于促进学生对自己进行合理评价并不断改进。

3. SACLL 语言学习中心

SACLL 语言学习中心是雷丁大学内部一个实体与网络结合的独立机构，专门为雷丁大学国际学生和其他更广泛的社区大学提供学术和语言课程。该中心为学生提供英语和其他外语书籍、光盘和媒体材料。

SACLL 的网络资源为所有学生提供 EAP 和 IWLP 项目。EAP 项目是由英国南安普敦大学开发的一个英语学习系统，在这个系统中，学生可以利用专业的课程扩展自己的学术英语技能和语言，特别是倾听技巧、演讲录音、问题理解，另外还有写作、阅读能力的专项扩展。IWLP 项目则是与图书馆合作，为有其他外语学习需求的同学所提供的资源。通过该系统，学生可以找到不同程度的世界各国外语的学习资料，包括但不限于中文、法语、德语、意大利语等。

4. Red award 评价体系

Red award 并不是雷丁大学做的一个学习指导服务，而是一个与就业紧密相关的学生评价体系。这个体系涵盖了一部分学习指导的内容，也从另一个角度有力地保证了学生积极参与学习指导，特别是自助式学习咨询的成效。

Red award 是通过引导学生参与课外活动，并对其参与活动情况进行记录与评价。这个评价在雷丁大学可以算是学生读大学的就业技能证书，能够在学生申请工作时提供很大帮助。这个体系并不难完成，其中一部分就是学生训练与体验项目，包括语言技能的学习、社会实践和志愿者等。

由于该体系对就业有着实质性的帮助，因此雷丁大学的学生很乐于完成该体系所设计的项目。

四、对我国高校学习指导工作的启示

在我国，高校学业指导曾是一个非专业化的工作，可以由辅导员、班主任或其他任课老师进行不确定、无固定思路的指导,而系统性的学业咨询是一个新兴的领域。近年来,越来越多的高校意识到学生工作对学生学业咨询的重要性[①]。

以雷丁大学为例,英国高校的学习指导工作已经非常成熟。对于中国的高校而言,雷丁大学这种学业咨询体系有不少值得借鉴的地方,因此我们更应该加强我国高校系统性学业咨询体系的建设,特别是在咨询师的培养、网络资源的开发和建设上,只有有了足够的指导资源,才能够推动大学生积极参与到学业指导咨询体系中来。

① 于冠华. 中英高校学生事务管理比较研究 [D]. 武汉:武汉大学.2013.

英国大学导师制的观察与启示

中国农业大学　王勇

摘要：英国大学导师制，对于学生的学术发展作用是非常显著的，尤其是牛津大学与剑桥大学有很强的代表性。尊重学生个体特点、体现学术自由的导师制是英国大学高质量精英教育的保障。本文通过分析英国大学导师制的特点与优势，结合中国高校现状，提出关于促进中国高校学业指导的建议。

关键词：英国；导师制；启示

2015年9月21日，第十三期全国高校学生工作骨干英国研修班成员抵达英国雷丁大学，接受为期3个月的教育培训。笔者除关注英国高校学生事务管理与服务的全面情况之外，尤为关注其学业支持方面的经验与做法，印象极为深刻的是英国大学导师制。

关于英国大学导师制的情况，作为世界名校的牛津大学与剑桥大学是极具代表性的。牛津大学与剑桥大学均已历经800多年的发展，究其学生培养的成功经验，极为重要的一点是两所学校自创建以来始终施行着尊重学生个体特点、体现学术自由的导师制。2015年11月，我们访问了牛津大学圣安妮学院与剑桥大学丘吉尔学院，考察导师制施行情况。接待我们的牛津大学的罗伯特·查德（Robert Chard）博士是一位汉语水平极高的、对中国高等教育与文化有深入了解的教授，剑桥大学的袁博平教授是该校的校长助理，听着他们的汉语讲解，不仅亲切，而且极大地提高了我们的理解速度。

经由如上的考察与观察，得以有如下认识与启示。

一、导师制的特点

英国大学导师制起源于牛津大学，经历了原始导师制、古典导师制和现代导师制三个不同的发展时期：原始导师制，导师的主要职责是对学生进行经济监管与纪律监督；古典导师制，导师的主要职责是除了对学生经济、生活予以指导之外，开始注重学习指导；现代导师制，成为现代意义的卓有成效的本科教学制度。其特点主要有以下两点。

（一）个别化指导

导师制是一种一对一的个别化指导，无论是否出于自愿，学生都有充分的机会或者被要求独立思考、表达自我，其学术思维、表达能力、研究能力会得到快速而高效的提升。基于对学生个体不同学术能力的考察与重视，导师通过对学生的交流、指导与合作，促使学生对学术知识主动地独立思考与理解，事实证明个别化的指导成效是极其显著的。目前因为学生规模等因素的影响，也出现了一对二、一对三的辅导形态，但是指导的质量保障要求是非常严格的。每次指导课程结束后，导师要在网上提交指导报告，包括学生的主要问题、解决问题的方案与建议、对学生学术问题的评估等。学生要在指导课程之前做细致的准备，查阅资料、提交报告，辅导结束后要向导师的主管者提供辅导反馈。这样的反馈，尤其有助于个别化指导的精确与效率。

（二）规范化实施

导师制的程序化、规范化的指导模式是导师课。规范化的导师课指导程序或者指导过程，包括学生每星期与导师见面 1~2 次，根据科目确定时间，每次约一小时；辅导前学生认真准备；辅导中学生汇报研习成果，导师对学生的学术研究进行评议，师生共同交流与讨论，导师根据学生的学术需要布置书目及论文题目，为下一次导师课做好准备。牛津大学与剑桥大学的导师制基本坚守这样的程序、过程及要求。由此可见，学生的学习压力是很大的，但学习的成效是显而易见的。制度化实施的另一个效果显现是，英国的大学教师几乎都在担任学生导师。而且，学院的管理设计中有着完备的导师管理、考核、奖酬体系和制度。

二、导师制的优势

导师制是英国高等学校融合英国教育传统，秉承学术研究的批判精神，以学术养成为目标，以导师指导为核心，以师生交流为方式，培养学术精英的本科教学制度。其主要优势有以下几点。

（一）因材施教，有助于学生个体发展

学生每周都要接受至少一次导师的辅导，导师会根据每个学生的特点为其指定所读的书目，单独批改学生作业，个别问题还与学生单独探讨。因此，导师有充分的时间与精力了解每一个学生，掌握每一个学生的优缺点，据此提出有针对性的指导建议。个别化指导倡导自由的学术氛围，易于激发学生的思考意识和学术兴趣，非常有助于学生的个体发展和创新能力培养。

（二）交流互动，有助于学生学习效果

在导师课上，学生向导师汇报自己的学习情况以及其他方面的一些状况，导师予以评议，师生共同讨论、辩论。导师还帮助学生寻求其他教授的指导，利用各种资源查找学习资料。学生通过与导师的交流，明晰自己的缺陷，并根据导师的意见和建议，努力加以改进和提高。导师制的另一个方面，就是对担任导师的教师提出了很高的要求，要正确解答学生提出的问题，导师必须对问题有更加深入的了解和研究。从这一点来讲，导师制的确做到了教

学相长。

（三）循循善诱，有助于学生思维培养

导师制对于学生思维能力的培养不仅至关重要，而且成效明显。导师要求学生在课前通过查找资料对问题形成自己的认识或者答案，之后在课上与导师讨论，因此学生必须主动去发现问题、寻求方案、形成见解。导师引导学生对问题进行讨论，给学生以充分的自由思考、独立探究空间。在了解学生的思考结果之后，导师在讨论与评议中会给出自己的意见、建议和必要的提示与帮助，学生就会得到跃升式的思维能力锻炼。

（四）教育兼顾，有助于学生全面成长

导师制主要是导师与学生个别交流来指导学生的学术发展，除此之外，导师还对学生的福利及纪律负责。笔者访问过的英国高校，关于学生事务管理与处理，无一例外都提及导师在学生成长发展中的重要地位与价值。除学术指导之外，导师的价值观念、人生态度、道德修养和人格魅力等都会对学生产生积极影响。访问期间，我们始终提出同样的问题：英国高校如何开展思想教育？他们没有给出我们期待的答案。我的理解是，英国大学的教育取向、制度、体系设计，无形地影响和教育着学生。导师们其实就是其教育设计的重要执行者。

三、导师制的启示

所谓启示，主要在于如何从导师制中汲取先进而必要的营养要素，继而实施于我们对于学生教育的改造。关于借鉴，英国比较教育学家萨德勒的“最好先从总体上去研究外国教育制度所蕴含的精神，然后再从别国对待所有熟习的教育问题的不同解决办法中获得间接的启发，而不应期望从外国教育制度中直接发现有许多可供模仿的东西”是最好的诠释。

借鉴导师制，我们如何探索并创造适于我国高校的学生学术发展的教育模式呢？

（一）比较导师制的实施条件，明晰我们可依托的教育基础

牛津大学与剑桥大学的导师制是与其住宿学院制联系在一起的，个别教学是在住宿学院完成的，大学的专业院系只提供课堂和实验教学。具体做法是，每个住宿学院从专业院系聘任教师作为院士。每个学生进入学院后，学院从院士中为他指定一名导师。每位导师负责指导 20~30 个不同年级的学生。导师每周给这些学生提供至少一次 1 小时的指导，参加的学生以 1~3 名为一组。导师是有辅导酬金的，目前的酬金是 50 英镑 / 次，其费用是非常昂贵的。

国内高校的学院设置基本是按照学科门类划分设定的，虽然近些年在开始书院制的探索，但是以学科设置学院的组织架构原则并没有改变。就目前的学术组织体系与教学组织体系、人才培养体系而言，我们主要要做的就是，在现有的学科、专业门类设置之下，如何调配相应的教师资源，针对相应的学院、学科、专业所属的学生，进行类似导师制的教学指导。国内高校现行的导师制主要应用于研究生的教育，侧重于学业方面的辅导，而英国的导师制主要面向本科生。近年来，国内有些高校在进行本科生导师制探索，尽管问题与障碍还很多，但这种尝试非常有意义。

（二）比较导师制的施行效果，探索创新学生学术发展的指导模式

1. 改进发展指导方式

施行导师制可以有效地解决两个问题：一是有效地改进学生学习方法与学习能力，改进学生思考能力与创新能力；二是及时发现学生的生活、情感、心理、身体以及家庭等个人问题，继而更加有效地与学生事务服务体系联通，妥善解决问题并促进学生的健康成长成才。

2. 完善导师主体作用

所谓导师制，导师的作用是主体性的、引导性的，学生的进步是在导师的引导下完成的。因此，施行导师制的一个重要前提就是教师或者导师的积极参与、积极投入，这也包括他们对于自身的不断完善。接下来的问题是，怎样让教授、教师乐于成为导师，乐于为学生的发展予以指导。制度、待遇和氛围，三者缺一不可。

3. 强化制度实施模式

导师制的"制"仅是一种模式、方式而已，如果探索、实践或者施行这样的本科教育模式，必须要有相对明确的制度设计。牛津大学与剑桥大学的导师制对指导时间、频率、过程等程序化的要求，具有很强的借鉴意义。就制度设计本身而言，一是完成这样的制度设计并不难，参考、消化、吸收即可形成试行的样本；二是尚无必要实行大一统的规划予以推行，可以由高校自行设计与施行。

对于英国大学学习指导的考察，雷丁大学是不可或缺的，也是研修课程的内容之一。雷丁大学学生学习咨询辅导师、英国高等教育学会会员金·沙哈巴丁（Kim Shahabudin）博士向我们介绍了该校的学业支持系统：一是指导学生提高论文写作、考试辅导、会议演讲等学术技巧，培养学生独立学习的能力；二是提供提前预约、一对一的见面辅导，提供电话快速咨询服务，提供丰富的自助式网络资源以及网络视频咨询，提供学业指导手册，开展小组学术教学与讨论，开展与其他部门（包括学生联合会）的合作，不断改进学业发展支持；三是学业支持的参加者，包括教师、研究生等。事实上，雷丁大学的学业支持包含了导师制与朋辈支持。

英国大学导师制虽历史悠久，但并未故步自封，始终保持着强大的生机与活力，牛津大学、剑桥大学等英国大学始终置身于世界一流大学的前列是由很多因素造就的，导师制的贡献必不可少。

中英高校本科生学业辅导研究

北京服装学院　李飞跃

2015 年 9 月 21 日—12 月 18 日，在教育部思想政治工作司和国家留学基金委的大力支持下，笔者有幸入选教育部全国第十三期高校学生工作骨干英国研修班，与 39 位国内兄弟院校同人前往英国雷丁大学进行了为期 3 个月的学习生活。通过全面了解雷丁大学，走访调研牛津大学、剑桥大学、布莱顿大学、雷丁大学亨利商学院，与个别学生访谈，学员间切磋交流等，笔者在学生事务管理及学生服务方面有了较大的收获。

学生事务管理是高校中一项重要的基础性工作，涉及内容广泛且部门较多。中英高校的学生事务管理各有特色，有许多值得相互比较借鉴之处。笔者深感 3 个月的时间有限，想面面俱到地展开宏大的研究无异于走马观花、浅尝辄止，因此只能把握学生事务管理工作中的某一点进行重点研究。笔者就职于北京服装学院学生处，因此对英国高校本科生学业辅导的相关内容兴趣浓厚，在学习调研和走访中格外关注这些方面，掌握了一定的研究资料。笔者就中英高校在本科生学业辅导方面的情况进行了初步分析。

一、国内本科生学业辅导开展情况

北京市是国内首先提出和推动大学生学业辅导工作的省市，在部分北京高校试点取得一定成果的基础上，2014 年年底，北京市委教育工作委员会、北京市教育委员会联合下发《关于全面推进北京高校学业辅导工作的意见》，对北京高校学业辅导工作作出部署。北京各高校将建立由主管学生、教学工作的校领导牵头，教师、学生、人事及各院（系）协同推进的学业辅导工作机制，成立学业辅导中心，设立专项经费，配备专职人员，建立由学校辅导员、班主任、专业教师、学业咨询师、学生骨干等组成的学业辅导工作队伍，为学习困难的学生提供学业帮扶，为学有潜力的学生提升个性化指导，有针对性地为首都大学生成长成才做好服务。

2015 年 1 月 17 日，北京市委教育工委、市教委在清华大学举行北京高校学业辅导工作会议。北京各高校主管学生、教学工作的校领导和学工部部长、教务处处长共 220 人参加。会上，清华大学、北京化工大学、北京工业大学、首都师范大学交流了过去几年开展学业辅导工作的经验。

会议指出，学业辅导是深化高等教育综合改革、实现立德树人根本任务的客观要求，是提高高校人才培养质量、服务国家及首都经济社会发展的现实要求，是拓展思想政治教育内涵、促进学生健康成长的内在要求，意义重大。会议强调各高校在开展学业辅导工作中，要准确把握学业辅导的思路原则、灵活选择学业辅导的工作模式、切实加强学业辅导的工作保障，同时要加强组织领导，加强统筹整合，加强督查指导，扎扎实实地推进工作，为满足学生学业发展和成长成才需求、提高首都高等教育人才培养质量作出贡献。

目前，北京市高校基本都成立了校级大学生学业辅导中心。此外，北京市还多次组织了高校学业辅导的专题培训班和专题报告，对学业辅导的相关理论和北京高校大学生学习、发展状况进行介绍，对国内外高校在学业辅导方面进行的探索与取得的经验成果进行展示，并结合北京市委教育工委、市教委联合下发的《关于全面推进北京高校学业辅导工作的意见》文件精神，对推进高校学业辅导工作科学发展提出了意见与建议。特别强调要把学业辅导作为学生工作部门的重点工作来规划和推动，以“全面覆盖、突出重点、分类指导、协同推进”为原则，做好“两个定位”，即把学业辅导作为大学生思想政治教育的重要切入点，把指导学生学业发展与引领学生的思想成长结合起来；实现“三个推进”，即从无到有、从点到面、从规范到长效，将学业辅导工作纳入人才培养计划和教育综合改革，尽可能挖掘学生的最大潜力。

二、英国高校本科生学业辅导情况

英国是现代大学制度的起源地，牛津大学、剑桥大学等知名高校已经有 800 多年的历史。经过笔者调研考察，英国高校也非常注重本科生学业辅导工作。概括而言，就是为学习困难的学生提供学业帮扶，为学有潜力的学生提升个性化指导，但英国高校涉及此项功能的校内部门不仅仅局限于学生事务和教学部门，而是包括二级院系、学生事务部门、教学部门、图书馆、信息中心、学生会、学生社团等众多机构。以下分别简要介绍。

二级院系（英国高校差异较大，按不同学校，可能是学院、系部、学部等）最为重要的就是为学生配备个人导师并负责导师的考核管理。导师制在英国具有深厚的历史传统和特色。一般是一个导师对应一至数人，负责学生本科期间的学业和其他咨询，要求定期与学生面对面沟通，对学生的在校学习和生活进行指导和评价，为他们在就业和继续深造时出具推荐信。导师制很好地解决了多数学生的学业辅导工作，但也有其他的一些机构和个人提供针对性的补充辅导。

学生事务部门。英国高校非常注重以人为本，例如在雷丁大学，学生事务部门就不叫学生事务，而是叫客户服务。根据学校的不同情况可能分散为几个机构，但核心内容包括：心理健康中心、职业发展中心、食宿服务、医疗、学生福利、注册、保险、财务、签证、公平（反歧视）等。其中新生入学教育、学业压力下的心理辅导、融学业和职业为一体的职业生涯教育等为大学生学业辅导提供了多元化支持。

教学部门主要为学生提供通识化的学业辅导，如新生适应性教育、论文写作指导、学习规划指导、学生学术性团体的指导以及对学生个人导师的督导和培训等。

图书馆、信息中心等部门主要为学生提供学术资源查询指导、阅读辅导和为写作困难学生辅导、信息化和现代教育技术辅导、语言学习，同时提供丰富的网上课程资源，学生可以很方便地接受辅导和服务。

学生会和学生专业学术团体。学生会在英国高校是一个完全独立的学生组织，学生代表广泛参与学校各级委员会和机构，由5~6名专职人员（领取学校薪水，一般由刚毕业的本科生通过竞选担任）和大量的学生兼职人员构成，其中有专门负责大学生学术的专职副主席，为在校本科生提供朋辈支持和帮助。同时，高校内成立了众多学生学术团体，如数学、语言、演讲、信息技术等社团，为学生提供针对性的学业支持。

三、对国内本科生学业辅导工作的建议

（一）要更加重视以人为本地开展大学生学业辅导工作

英国高校从2012年开始实行学费制度改革，本科生年学费为9 000英镑。学费改革后的生源危机促使英国高校更加重视学生的在校体验和国际化进程。英国高校自觉地意识到学生是客户，必须提供有竞争力的教育以适应时代的变化。除了个人导师提供的辅导外，各个学校都设立了学习顾问，聘用专业的教育人士帮助学生分析和解决学业问题。尽管一个人的所知有限，但学习顾问承担了一站式服务的功能，将学生引导到合适的组织和个人。同时，积极发挥学生组织的主动性，依托学生会和高年级学生以及学习类社团，有效地弥补了工作中的空点和盲点。国内高校要切实改进工作，提供更加有效的和有针对性的服务。

（二）要更加注重顶层设计，全校一盘棋做好学业辅导工作

学生在学习中可能存在学习态度、学习方法、学习技能、学习心态、专业知识等一个或几个方面的问题，这就决定了学业辅导工作涉及学校的众多部门和多个工作性质，学工、教学、院系和教辅部门必须形成合力，集体联动，才可能提供更加优质高效的服务。同时，必须意识到专业教师是学业辅导工作的主力军和专业队伍，只有充分发挥和调动专业教师队伍的积极性和参与性，为学业辅导工作提供更加有力的保障措施和政策支持，学业辅导工作才可能达到理想的效果。

（三）要注重现代教育技术的运用和教学反馈工作

我们必须认识到当代大学生掌媒、网媒、纸媒的实际使用情况，借助移动终端、网络终端等新媒体形式，以大学生善于和乐于接受的形式开展学业辅导工作，切实改进网络课程和服务的质量，以学生的使用和浏览量作为工作实效的重要衡量标准。同时，要改变从教到学的单一通道，在学业辅导的进程中了解学生需求和集中存在的问题，反向推动和改进我们现有的工作。

（四）要进一步将学业辅导与职业生涯教育相结合

当前正处于大众创业、万众创新的时代，大学生创新思维的培养和创新能力的提升是中国高等教育亟待解决的问题。我们应将学业辅导工作与新生入学教育、大学四年规划、职业生涯教育等工作紧密衔接，及早让学生明晰专业背景、知晓行业现状、了解未来需求，将大学生学业辅导工作推向更高台阶，为社会主义建设培养更多的高水平人才。

英国高校学生支持服务的发展及其启示

武汉大学 杨亚萍

摘要:学生支持服务是英国高等教育的传统和特色。本文在研究英国高等教育的背景下,将学生支持服务的历史背景、服务类型和方法,以及对我国高等教育的启示等作一简要分析。

关键词:英国高等教育;学生支持服务;发展;启示

英国高等教育具有悠久的历史传统和发展特色,其规范的管理、出色的质量在世界高等教育界享有广泛的声誉。在英国高校学生事务工作中,一个重要的优良传统就是为学生提供支持服务(Student Support Service),通常又被称为“牧师般的关怀”(Pastoral Care),这种传统在牛津、剑桥大学建校之初确立并延续至今[①]。在英国,学生事务管理没有一个被广泛接受的模式,也没有支持服务范围的规定。一般来说,住宿、职业指导、心理咨询、健康关怀、经济资助和残疾人服务已确认为学生支持服务的核心服务。在研究英国高等教育的背景下,本文将学生支持服务的历史背景、服务类型和方法以及对我国高等教育的启示等作一简要分析。

一、英国高校学生支持服务的历史背景

当前,英国高校学生事务管理在其历史发展的基础上形成了以学生为中心的理念,并具体体现在学生事务的实践中。

(一)英国高校学生支持服务的工作思路是其教育传统的结果

英国高等教育历史源远流长,举世闻名。在悠久的高等教育历史发展过程中,孕育出了许多世界著名的教育思想家,如培根、罗素、A.S. 尼尔等。在这些教育家的思想中,都蕴含了“以学生为中心”的思想。此外,在英国的教育实践中也有诸多“以学生为中心”的典范,如享誉世界的“导师制”及尼尔的“夏山学校”。

(二)英国高校学生支持服务理念受国际趋势的影响

20 世纪,“以学生为中心”的教育思潮开始兴起,并在世界教育领域内掀起了一股浪潮。

---

① WARNER D, PALFREYMAN D. Higher education management: the key elements[M]. Buckingham: Open University Press,1996:166.

1998年联合国教科文组织在世界首届高等教育大会宣言中提出“高等教育需要转向‘以学生为中心’的新视角和新模式，要求国际高等教育决策者把学生及其需要作为关注的重点，把学生视为教育改革的主要参加者，并预言‘以学生为中心’的新理念必将对21世纪的整个世界高等教育产生深远的影响”。因此，“以学生为中心”必将是21世纪世界高等教育发展的一个重要趋势，作为高等教育强国的英国深受这一国际趋势的影响，提出了“以学生为中心”的高校教学质量建设思路。

（三）英国高校学生支持服务模式受英国高等教育现状的影响

20世纪80年代，英国高等教育由“福利制度”走向了“市场化改革”。市场化后的英国高等教育陷入了财政危机，为筹措经费，英国高等教育开始了学费制改革。通过四届政府的学费制度改革后，学费在高等教育经费的比例逐年上升。根据市场竞争机制、高等教育利益相关者理论及成本分担理论，在市场化了的高等教育中，学生的地位上升，加之公众对高校教学质量产生了信任危机，因此高校服务学生的意识增强。在这种背景下，英国提出了“以学生为中心”的高校教学质量建设思路。

二、英国高校学生支持服务的类型和实施方法

由于英国各个高校在规模、结构和任务等方面不尽相同，因此它们也没有一个共同的学生支持模式[①]。从工作理念和表现形式来看，大致有传统辅导模式、学生服务模式、课程模式、福利模式、朋辈辅导模式等5种。其中，前两种是目前英国高校普遍并列实行的两种模式，而后三种则是部分高校实行的模式。

（一）传统辅导模式（The Traditional Tutoring Model）

传统辅导模式也称牛津剑桥模式，是英国高等教育的传统，起源于道德的责任。其主要理念是牧师所给予的精神援助、道德责任是教学不可分割的功能，是具有强烈宗教色彩的中世纪大学特征的延续。学校为每一位新生指定一位导师，每位导师一般负责3~5位学生。导师负责指导学生学习、自修、写作论文，并负责监督日常行为和道德教育。导师每周为他的学生上专业课，指定学生阅读书目，撰写心得报告。随着英国高等教育的发展，特别是进入大众化教育阶段以后，传统辅导模式面临新的挑战。一位导师负责学生所有问题的模式开始发生变化。一方面，导师制度更加细化，出现负责学生一门课程学习的“课程导师”（Course Tutor）、负责学生一年课程学习的“学年导师”（Year Tutor）、负责学生个人工作与进步的“个人导师”（Personal Tutor）、负责安排和监督工业或专业实习的“实习导师”（Placement Tutor）[②]。另一方面，随着学生服务专业化的发展，个人导师的功能则更侧重于学

① EARWAKER J. Helping and supporting students: rethinking the issues[M]. Philadelphia: Open University Press, 1992:45-46.

② EARWAKER J. Helping and supporting students: rethinking the issues[M]. Philadelphia: Open University Press, 1992: 119-120.

生的学习，而对于非学习方面的帮助则是起着转介功能。导师的职能被重新界定为：促进学生发展，监督学生的进步，充当学生与学校管理人员、任课教师的联系人，在学校代表受辅导的学生并维护其权利，在他们的能力范围内给学生提供指导与帮助，当帮助超出自己的能力范围时负责把学生转介到校内或校外的专业服务机构[①]。

（二）学生服务模式（The Service Model）

学生服务模式则基于专业化、专家化的工作理念，通过建立集中、综合化的学生服务机构，雇用具有专业技能的专业人员，面向全体学生开展顾客式服务的支持模式。一般来说，住宿、职业指导、心理咨询、健康关怀、经济资助和残疾人服务已确认为学生支持服务的核心服务。根据学校的组织结构，学生支持服务模式在不同高校也有所不同，从总体上讲，主要有被动反应模式、有限联系模式、主动服务模式、顾客服务模式等4种典型模式[②]。随着高等教育的发展，学生服务模式越来越适应现代大学办学规模大、松散和多元的特点。

（三）课程模式（The Curriculum Model）

课程模式是基于通过课程提升学生生活技能的教育观念。它是20世纪80年代末、90年代初发展起来的通过学生所选课程提供学生支持的一个模式。典型的实例有新生研讨课和课堂教学中围绕课程指导而非咨询开展的学生支持。这种通过课程本身建立的学生支持，与传统的学生支持形成鲜明的对比。无论这种模式是由教师，还是由专业人士实施，其本质都是课外模式。英国高校通过课程本身给学生提供支持与帮助，其目的是发展学生的学习技能、反省他们的学习过程、理解他们自身的优势与弱势[③]。1993年以后，随着政府部门对大学生可转移技能的重视，英国高校开始普遍重视通过课程本身培养大学生的可转移技能。

（四）校园福利模式（The Workplace Welfare Mode1）

校园福利模式源于企业个人管理的理念。企业认为娱乐和运动设施能够确保员工有好的士气，顾客关怀计划可以促进共同的关心，而满足员工培训和发展的需要能够为他们拓展新的发展方向。企业为提高管理效益必须重视职工工作场所的福利。而高等学校也认为，作为一个大型机构也应像企业一样需要好的管理实践。把校园福利纳入学生服务给学生支持带来了“哥白尼式的革命”。这种模式要求解决：教师怎样为学生提供最好的支持；学校怎样确保为每一个人在他们需要时为他们提供最好的支持。从动员一部分人、帮助另一部分人到为所有人提供有效帮助的措施，不是因为他们特殊的角色、地位和位置，而是因为他

---

① WHEELERS BIRTLE J. A handbook for personal tutors[M]. England: Society for Research Into Higher Education. 1993:15.

② EARWAKER J. Helping and supporting students: rethinking the issues[M]. Philadelphia: Open University Press, 1996: 173-176.

③ EARWAKER J. Helping and supporting students: rethinking the issues[M]. Philadelphia: Open University Press, 1996: 115-119.

们在现在的工作场所[①]。

（五）朋辈支持模式（The Peer Support Model）

朋辈支持是指一些学生对另外一些学生所提供的支持与帮助。其基本理念是人们遇到问题往往倾向于优先寻求朋辈支持，因此应把学生之间的相互支持作为学生支持服务的重要资源。担任朋辈支持的学生经过挑选后需接受高质量的综合培训以及培训后的指导，以确保这种支持便利、安全、有适当的界限并得到专家指导，同时也保证担任朋辈支持的学生有能力充当该角色。培训之后，他们便可在规定的时间接待其他学生，应用培训期间所获得的技能，尽可能地帮助那些寻求帮助的同学。朋辈支持往往归心理咨询或其他生活服务机构管理，因此也可以说是心理咨询服务的一种延伸或补充。

英国高校学生支持服务的实施方法归纳总结有：反思性问卷、日志、博客、档案等反思活动；讲座、研讨会、实验室工作、网络学习、项目培训等培训项目；案例学习、重大案例分析活动、工作本位学习、实习等实践活动；导师指导、小组讨论等辅导活动；诊断性、生成型、终结性评估等。

三、英国高校学生支持服务对我国高等教育的启示

英国高校学生支持服务获得较大成功是因为它不仅抓住了高等教育培养的规律，而且发展出一套极富特色的培养方法，形成了丰富的理论和实践成果。当前，我国高等教育总规模列世界第一，已成为名副其实的高等教育大国，作为具有大众化教育背景的我国来说，借鉴和学习英国高校学生支持服务的理论和经验，结合我国高等教育现阶段的具体实际，笔者认为应从以下几个方面，提高高等教育质量，为国家和社会输送知识广、能力强、素质高的优秀人才。

（一）把育人为本作为高等教育工作的根本要求

通过对英国高校学生支持服务研究不难看出，英国高等教育以学生为中心的理念和对学生主体性地位的重视，以及对学生综合素质培养的重视。

我国高等教育应加强对学生的人生态度、思维训练、职业技能和社会适应性的教育。高等教育应把育人作为根本要求，重视学生的自我教育能力，注重学生对待学习和个人成长的态度，培养学生包括专业学习、职业技能与个人成长在内全方位综合知识与能力。

（二）构建个人发展规划，记录学生成长档案

英国高校通过对大学生个人发展规划的全面构建，形成系统完善的学生档案，记录学生的学习进展、能力提升和职业规划。我国高校也可以借鉴这样的经验，其优势在于：第一，在记录、更新和维护过程中促进学生在读期间以主人翁精神对自身学习和成长负责，增强自身

① EARWAK ER. J. Helping and supporting students: rethinking the issues[M]. Philadephia: Open University Press, 1992: 121.

发展的目的性与计划性；第二，提升个人实力，发掘自我潜能，激励学生储备自身专业知识、职业技能，可以更好地面对日新月异的社会和激烈竞争；第三，通过档案的回顾，学生可以清楚地认识自己大学期间在学术、职业技能以及个人的规划和发展的全过程，看清每一次的努力和进步，明确自我提升的方法和途径；第四，为将来职业领域的不断发展和终生学习提供参考，成为职业生涯发展的基础；第五，学生的成长档案记录下学生获取的资源、成长的过程和取得的成绩，这些作为原始的学生资料，可以为高等教育的研究、学校管理和就业单位招聘人员提供基本数据。

（三）注重学生学习兴趣，发挥自主能动作用

英国高校对课程精心设计和认真实施，通过学生对课程反馈及改进，始终与企业需求挂钩，围绕学生兴趣进行适时调整，发挥学生自主性，让学生在完成每一个课程模块后觉得有所收获，有所提高。只有这样，才能发挥课程的最大作用，巩固学科知识以及学科相关的特殊技能，同时培养学生的创新思维，启发学生的独立性思维，进而使学生对所关注或者感兴趣的学习领域进行自主、自发的探索。

（四）完善个人发展规划，加强就业指导、就业服务和就业援助

高校应着重培养学生注重个人发展规划、就业能力，根据高校毕业生特点和求职需求，创新服务方式，改进服务措施，提高服务质量。拓展途径，除传统的课程体系、就业讲座外，还应包括日常和导师、辅导员谈心谈话和朋辈帮助以及实践锻炼基础上的反思和规划。方法要不断创新，确保学生乐于接受，主动参与；将学生个人发展规划教育和就业指导教育融入到学生学术、就业和个人发展的大背景中。同时，高校要加强就业指导课程和学科建设，积极聘请专家学者、企业人力资源经理、优秀校友担任就业导师。

（五）建立配套支持系统，科学运用师资力量

我国高校学生支持服务首先要重视导师制建立，让导师承担部分指导、监督工作；其次要通过对高校教师的培训，使他们了解大学生个人发展所需的要素及其意义，熟悉相关知识和技能，在日常教学和学生接触过程中贯穿相关理念；再次要注意教师言传身教，教师自身在教学和发展进步过程中若能很好地进行反思、规划，并与学生分享自己的经验，即对学生有重要的暗示和示范作用。

（六）加强与企业、校友长期稳定合作

英国高校学生支持服务培养实践鼓励多方配合，尤其是校企配合。我国高校也应主动加强与用人单位的沟通，建立密切的合作关系。通过和用人单位的合作，倾听企业对学生的反映，采纳他们对专业设置、培养规划的建议，这有助于保证毕业生的质量，缩短就业后毕业生的不适期。校友资源是加强与用人单位合作的另一个重要渠道，可以通过建立世界各地的校友联络会来加强与校友的联系，不定期邀请成功校友回来开办讲座和宣讲会，为在校学生起到模范带动作用；也可以聘请有一定工作年限的校友担任在校学生的导师，为在校学生提供个人发展规划，与学生建立一对一的帮扶关系。

中英高校学生学业支持工作比较浅议

北京大学　张洪峰

摘要:在中国高等教育进入质量时代后,大学生学业支持作为高校和学生的内在需求,日益得到重视,但仍不能满足学生学业发展的要求。本文通过梳理分析英国高校学业支持工作中的经验,对比中国高校的现状,分析各自的特色,进而为中国高校学业支持工作的改进提出建议。

关键词:英国;高校学生事务;学业支持

在我国,高等教育的发展逐渐深化,发展目标从片面追求规模、做大做强,提升为全面提高质量,谋求内涵发展。其中高校学生工作事务的科学化、专业化也逐渐成为共识。学生事务,以及关于学生最基本的任务——学业发展方面的理论科学内涵、实践中的规律探寻和体制机制的完善,得到了教育主管部门和各高校的高度重视。近年来国内教育界关于发达国家,尤其是现代高等教育起源地英国高校学生事务的总体情况及思想教育、职业发展和学业支持等各专项工作情况的比较研究逐渐增多,对英国高校学生事务管理进行了较为全面、系统的介绍和分析,如武汉大学于冠华的博士论文,对中英高校学生事务的现实基础、指导思想、体制机制、工作方法等做了比较系统的比较研究①。华中科技大学童静菊、合肥工业大学李永山、哈尔滨理工大学孙立军分别对英国高校学生事务的几个突出特点②,事务专业化的历史发展和工作模式③,工作理念和体系④等进行了总结分析,并提出了对我国高校学生事务的几点启示。在学业支持方面,也有相当数量的研究,如卢桂珍探讨了中国高校学业辅导的现实困境和相应对策⑤,王秀彦提出了发展性学业辅导的概念⑥,商云龙、崔春花、丁贞栋介绍了北京某高校学业辅导的实践经验⑦。相比于英国高校,中国高校在学生工作整体、职业发展、心理辅导等方面与英国高校差距不大,甚至在心理辅导等方面有独到的优势,但是在学业支持方面,中国高校无论在理念上、实践上的差距都比较大。目前国内的研究和实践重点集中于学业辅导,其重点也在所谓落后学生的辅导、补习以及优秀学生的额外支持等方

---

① 于冠华. 中英高校学生事务管理比较研究[D]. 武汉大学,2013.

② 童静菊. 英国高校学生事务的特点及启示[J]. 高等教育研究(武汉华中科技大学),2009,30(1):106-109.

③ 李永山. 英国高校学生事务专业化发展及其启示[J]. 高教探索,2008(5):66-70.

④ 孙立军. 英国高校学生事务工作的基本情况及启示[J]. 思想政治教育研究,2009(1):115-118,125.

⑤ 卢桂珍. 大学生学业辅导探究[J]. 当代青年研究,2010(11):62-66.

⑥ 王秀彦. 发展性学业辅导:高校学生工作新视点[J]. 中国高等教育,2011(15):53-54.

⑦ 商云龙,崔春花,丁贞栋. 加强高校学业辅导工作的思考与实践[J]. 北京教育(德育),2014(12):20-22.

面。而英国高校的学业支持，在支持形式、内容和一些重点工作方面，做到了为学生整体发展服务、促进学生学业素质提升，值得国内高校借鉴。

一、英国高校学业支持的基本情况

（一）学业支持工作机制完善，工作队伍专业化水平高

英国高等学校学业支持的模式虽然不尽相同，但是均设有专门的学业支持机构，配备一定数量的专职行政工作人员。机构设置主要有以下两类：一是大学将学习指导作为心理咨询业务的一个重要分支，设在心理咨询中心。这类大学认为学习指导的重点在于找出学生学习困难的心理原因，只有运用心理辅导方法，设计一系列引导方法，才能收效良好。二是学校单独设立学习促进中心，对学生的学习能力和教师的教学方法进行统一的管理和服务[①]。工作队伍专业化水平比较高，有的拥有心理咨询师、职业指导师资格证书，有的曾是专职教师，学业支持能力、组织协调能力、信息化办公能力较强，能积极有效地开展各种学业支持活动和行政管理工作。

雷丁大学为了鼓励学生参与学业支持等课外活动，设立了相应的激励机制——红色就业奖（The RED Employability Award）。要获得该奖项，学生必须参加 50 个小时学术研究之外的课外活动，其中必修任务是最少 5 个小时的培训与发展课程和最少 10 个小时的志愿服务。如果学生多参加学业支持，有利于获得该奖项。该奖项被雇主所信赖和重视。获得该奖项意味着学生具有优秀的自我发展意愿和素质，在就业市场上更具有竞争力，能获得更多的就业机会。

（二）学业支持内容广泛，满足学生学业发展内在需求

英国高校在学业支持方面，能够将每个学生视为独特的个体，从学生学业发展的需求和成长规律出发提供支持内容；而不是从管理方便出发，将学生先分成不同年级、优差生等若干群体类型，再提供相应资源。从这个目标和理念出发，英国高校提供的学业支持内容就不仅仅限于数学、语言和专业课程的知识辅导，而是包罗万象，几乎囊括学生应该掌握的所有必要技能。首先是对高等教育的正确理解，包括独立思考、批判精神、学术规范、学术资源管理能力的培养，让学生建立正确的学习态度和学习目标；其次是大学学习的基本能力培养，如，如何进行时间管理、提高学习效率，如何有效进行课堂学习和参与研讨会，如何有效阅读学术书籍和网站，如何有效记笔记，如何正确使用引用和引文，如何规范进行学术写作，如何写随笔、报告、文献综述、学位论文等，让学生能够顺利度过适应期，更好地完成大学的学习任务；再次是学生学术活动中需要的高阶技能，例如如何进行考试准备，如何进行演讲展示和团队合作，如何为研究生阶段做好准备等，让学生能够表现得更加优秀，为下一步的发展打好基础。

---

① 冯刚，赵锋. 走进英国高校学生事务管理[M]. 北京：中国人民大学出版社，2008：167.

（三）学业支持形式多样，全面覆盖学生学习生活

英国高校学业支持的形式多种多样，互相补充，十分系统和完善，基本上覆盖了学生的全部生活时间和空间。

1. 学生自我支持

英国高校非常重视培养学生独立思考的批判精神和独立自主的学习能力，在学业支持上也鼓励学生首先进行自我支持。当学生在学业发展上遇到疑问时，首先应该自助查询学业支持机构提供的线上、线下学业指导资料。这些资料可以满足绝大多数身心健康、具有自主学习能力的学生的疑问和需求。

2. 一对一深度辅导

如果学生觉得通过自主学习并没有找到满意的答案，或者觉得老师的指导更有效，就可以请求指导教师的一对一深度辅导（One-to-One Advice）。每次单独辅导一般约 30 分钟，需学生通过电话或邮件向学业支持机构提前预约，可多次求助。单独辅导旨在提高学生独立自主学习能力，令学生更有效地学习，而不是指导学生具体科目和作业题目，帮助学生批改作业。指导教师会给学生一些建议，让学生去尝试，并最终找到最适合自己的解决办法。如果学生想深度讨论一些具体题目，需要提前把自己的文章通过邮件发给教师，并说明需要讨论的重点。学业支持机构在假期也提供辅导，并可以为在公司实习或海外交流的学生提供远程邮件辅导。

牛津大学和剑桥大学还实行独具特色的个人导师制。每位本科学生配有一位学术导师，平均每位导师指导 10 个学生。导师和学生每周见面两次，进行一对一或一对二指导，深度讨论学术问题，进行思想上和观点上的碰撞。个人导师制能够因材施教，对于提高学生培养质量非常有效。但这是一项非常昂贵的教学安排，需要大量的高水平师资，且每次课需要学校支付给导师 50 英镑酬劳，这也是一般学校不能效仿的原因之一。

一对一服务的优点是学生可以深入地探讨学习中遇到的问题，老师能全面了解学生的情况并提供有针对性的建议，但也会占用工作人员和学生大量的时间。

3. 随时造访和快速咨询

学业支持机构还提供随时造访和快速咨询服务（Drop-Ins And Quick Queries）。雷丁大学的学业建议和数学支持中心提供即时服务，学生可以随时上门找数学老师辅导，或咨询各类简单的学习问题，例如如何引用文献，如何在论文中用数据图表呈现信息等。在实际工作中，这种快速服务方式受到普遍欢迎，尤其受到男生的青睐。它的优势是学生可以随时得到服务，不用长期打算和预约，而且氛围比较轻松；弊端是时间比较短，无法具体了解来访学生的全面情况，不能给出深入有针对性的建议。

4. 团体辅导

团体辅导是一种被广泛应用，能达到一对一辅导的部分效果，但覆盖面更大的学业支持形式。雷丁大学的学业建议中心会举行多种形式的团体辅导活动，并形成了成熟固定的模式，每学期的活动主题会提前公布在学校网站上。在学校层面，每学期的周三下午都会举行

固定主题的团体辅导活动，每学期 8 次，学生不需要预约，直接可以来参加。同时，学业建议中心也会跟各院系合作，根据该院系的专业特色和需求来开展团体辅导活动，每周全校共计会有 14 到 15 个小时的院系活动。团体辅导活动的讨论人数不限，少则三四人，多则上百人。团体辅导活动的覆盖面大，但是不足之处在于学生的学习水平和需求不同，活动内容不一定对每个参与者都适用，同时有的学生会由于课程时间冲突而不能参加他需要的辅导活动。

（四）学业支持媒介新颖，贴近新时代青年学生特点

英国高校学业支持在传播媒介上也是煞费苦心，在保持既有优良传统的前提下，也及时迎合了互联网时代青年的行为习惯特点。每项学业支持内容基本上都是多媒介传播，学生既可以通过纸媒学习，也可以在台式机、笔记本电脑上查看，还可以在平板电脑或智能手机上翻阅，几乎能保证这些资源可以被学生随时随地使用。

1. 学校学业支持网站

学校的学业支持网站仍然是最主要的传播媒介。网站将学习指导资料分门别类地进行编目，清晰地列出各项指导内容。学生在浏览网页之外，也可以在线填写反馈意见，与学业支持机构进行沟通。

2. 社交平台

在“互联网 +”时代，各种社交平台被学生广泛使用，英国高校也及时跟进，在推特（Twitter）、脸谱网（Facebook）、领英（Linked in）等社交平台上建立了学业支持公众账号，即时推送文字、图片和视频资料。雷丁大学的推特账号“UoR Study Advice”已经发布推文 1 021 篇，关注者达到 1 139 人；学生也可以通过大学网站的链接匿名访问社交平台发布的信息。

3. 大学内部信息系统

很多大学都有面向本校学生的内部信息系统。学生登录后，可以下载丰富的资源；参与到特定项目后，将会有更多资源下载和更多活动可以参与。如“黑板（Blackboard）”是被很多大学采用的一款由 Blackboard 公司开发的内部课程信息系统。在这个系统内，各校学生用学生账户登录后，可以接收本校公告、课程推入信息，查看成绩，讨论发帖，参加测试，下载资源等。

4. 智能设备客户端

随着智能手机、平板电脑等智能设备已经成为学生必不可少、随时关注社交、媒体的工具，英国高校也将各种学业资源推送到了智能终端，如“黑板”系统的手机客户端、电子资源的 Kindle 和 E-pub 版本。

5. 纸媒、电子书和音视频多载体相结合

纸媒仍然得到了英国高校的高度重视。学业支持部门会在校园内开展活动时现场发放纸质材料，在图书馆、教学楼、洗手间等醒目位置设置广告和提示。在图书馆存放多种发展

学习技能的书籍。雷丁大学的学习建议中心还专门在网站上提供了相关书籍在图书馆的摆放位置和检索号。雷丁大学学习建议中心制作了“自由学习技能(Free Study Skills Ebook)”电子书,将各种学业发展指导意见和资源集中到电子书中,在“黑板”系统中提供 Kindle、E-pub、PDF 等各种版本供本校学生下载。该手册一共 16 章,138 页,63 900 字,堪称学业发展百科全书,便携、易读,对学生的指导意义非常大。短视频教程(Bitesize Video Tutorials)也是一种很受学生欢迎的媒体形式,点击量达到了 7 万 2 千次。视频内容广泛,基本涵盖了学生需要的各项技能开发,内容短小精悍,每集约 5 分钟左右,很好地利用了互联网时代信息碎片化的特点,便于青年学生随时随地学习使用。短视频采用 PowerPoint 幻灯片动画和人工配音的形式,均由学生工作部门的职员用简单易学的便捷软件制作。

(五)学业支持以人为本,关注特殊群体

英国各高校在学生事务中非常注重对特殊群体的关注和支持。在学业支持上,对于新生、研究生、国际学生、成人学生、残疾和障碍生,在学习方法、语言和风俗、技能训练、隐私保护等方面,都提供了格外的关注和特殊的指导,让这些群体能够更顺利地适应大学的学习生活。

二、中国高校学业支持的基本情况

(一)学业辅导得到高度重视,开展了有益的工作

国内高校普遍重视大学生的学业辅导并逐渐专业化、精致化。以北京高校为例,2014 年底北京市委教育工委、市教委联合下发《关于全面推进北京高校学业辅导工作的意见》,并于 2015 年初召开北京高校学业辅导工作会,对北京高校学业辅导工作做出部署。要求北京各高校建立各部门、各院(系)协同推进的学业辅导工作机制,成立学业辅导中心,设立专项经费,配备专职人员,为首都大学生成长成才做好服务。

全国各高校在学业支持方面开展了有益的工作。例如,清华大学建立了学习困难学生帮辅体系、普通学生学习发展能力提升体系、优秀学生因材施教体系的三个学业支持体系,2014 年提供基础课程答疑 1 332 人次,课程小班辅导 64 场、1 031 人次,显著提高了参与学生的学习成绩。中国科技大学设立了学业指导专家网上预约平台,学生网上预约后,相关指导专家很快能收到手机短信提醒和电子邮件提醒,可以及时回应学生的需求。指导结束后,指导专家会如实记录指导情况和指导意见,并向教务处反馈,此平台每年服务学生近千人。

(二)校院二级联动,密切关注学生学业发展

相对于英国高校,中国高校的一个优势是存在一支相当数量的、专职的、优秀的院系级学生工作队伍,与学校层面的学生工作部门形成了校院二级联动的工作机制,对学生的学业发展状况能够进行更加密切的关注,基本上能做到掌握所有学生的情况。对于学习成绩不佳的学生，能够及时发现并给予必要的关心指导；对于学习成绩较差的学生，及时给学生本人或在征得学生同意的情况下，给学生家长发出学术警告，提醒学生和家长引起足够重视，及时作出补救。

（三）缺乏专门的学业支持机构，学术资源提供不足

中国高校普遍没有建立专门的学业支持部门。截至 2015 年 11 月底，39 所“985 工程”高校中，只有清华大学、西安交通大学、复旦大学、上海交通大学、北京师范大学、中国科技大学 6 家高校成立了学业支持机构。

序号	成立年份	高校名称	学业支持名称	上级机构
1	2009	清华大学	学习与发展指导中心	学生工作指导委员会，挂靠学生处
2	2012	西安交通大学	学业辅导中心	学生处
3	2006	复旦大学	学生发展中心	学生工作部（处）
4	2014	北京师范大学	学业辅导中心	本科生工作处
5	2012	上海交通大学	学业分享中心	学生工作指导委员会，挂靠图书馆
6	2012	中国科技大学	学生学业指导中心	教务处

其中，某大学的学业指导机构为部门内设办公室，专职工作人员只有 1 人，并不能称为真正的专门机构。全校聘期的辅导专家只有 32 人，数量较少。

国内高校提供的教师资源、图书资料资源、IT 服务资源等学业支持资源不够丰富，一般为课题教学内容的重复和课堂教学效果的巩固。服务对象也多为学业遇到困难的学生，并不能满足广大学生进行学业发展的各项需要。很多学生在做学士毕业论文时也没有真正掌握学术研究的方法和学术规范，缺乏独立思考的能力和批判思维。

三、关于进一步加强中国高校学业支持工作的政策建议

（一）建立发展性学术支持理念，因材施教、全面支持

以学生发展为核心的工作理念逐渐得到重视，一些研究者提出了发展辅导①和发展性学业辅导②的概念。我们应当认识到每位学生都是自主的个体，在成长过程中有责任、有能力参与自身的发展。每一位学生的知识储备、学习能力和性格、兴趣爱好都存在差异，所以应更进一步，树立发展性学业支持的理念，更加突出学生自我完善的主动性。在工作中既覆盖到学生各群体，做好学业不佳学生的帮扶工作和学业拔尖学生的创新培养工作；也覆盖到学生个体，针对不同学生的不同需要提供适合其发展的学业支持内容，使学生的个性问题得到针对性的解决。

① 樊志. 以发展辅导为核心的学生工作体系探索[J]. 北京教育·德育，2015(12)：36-37.

② 王秀彦. 发展性学业辅导：高校学生工作新视点[J]. 中国高等教育，2011(15)：53-54.

（二）拓宽学业支持内容，满足学生发展需要

高校应注重学生的全面发展，设立全程、全面的学业支持计划和内容，为每个学生的独立思维、自主学习、学业适应、学业规划、学习能力、研究能力、团队合作培养等方面提供支持；为学生在各年级、各学历阶段的不同发展时期提供系统地支持。

（三）构建丰富的学业支持方式，提高覆盖率和普及度

学业支持的开展方式既是实现学业支持目标的重要手段，也是保障学业支持工作发挥实效性，提高学业支持覆盖率的重要途径。一些研究者①提出了较好的政策建议。我国在构建多样化的学业支持开展方式，可以从以下几个方面进行：第一，高校在新生入学教育系列活动中，应对学业支持服务项目进行详细介绍，可通过编写学术资源指导和利用指南、学习能力培养手册，开展新生入学指导讲座等方式，让新生在刚入学时便对大学的学业支持服务项目有一个清晰、系统的认识，学会如何自主运用大学教育资源；第二，由专业教师为学生开展一对一的学术指导；第三，组建学业支持工作坊，开展团体辅导；第四，选拔综合素质好、学习成绩优异的高年级学生作为同辈辅导员，具体解答学习内容、指导学生学习方法和技巧。

（四）建立完善的学业支持组织结构体系，为学生提供专业化服务

高校应推动成立校级的学业支持中心，出台相关文件，完善相关制度，保障学业支持工作的持续性运行；要提供专门的学业支持工作场地，提供必要的经费保障，配套相应的设备设施和人员，确保学业支持工作的专业化水平；要形成学校学业支持中心顶层设计、资源供给、管理协调和业务指导，院系学工办因地制宜、具体落实的校院二级联动机制，保证学业支持的无缝连接；要组建由学业指导师、辅导员、专业教师、学生骨干等构成的高水平学业支持队伍，确保学业支持的科学化水平。

（五）整合校园服务系统，提高信息化水平

在信息化时代，提高大学生学业支持效果，离不开较高的信息化水平。高校应以信息化建设为契机，加强全校各部门的协作，推动业务管理流程化、规范化，将零散的文字资源系统化、电子化，推送到网站上、手机和平板电脑客户端，以及教学网等内部系统中，努力为学生的全面发展构建无缝隙的学习环境与条件，让学生能够随时随地、方便快捷地学习，将被互联网碎片化的时间重新整合起来，系统地开展学习活动，不断完善、发展自己。

① 陈延哲，刘德英. 哈佛大学学业辅导制度的设置与启示[J]. 高校辅导员，2013(5)：64-66，69.

英国高校本科生研究机会计划

湘潭大学 田静波

摘要:随着时代的发展,创新型人才培养成为各国高等教育关注的焦点,在此背景下,本科生研究机会计划(UROP)应运而生。这些年来,该计划极大地推动了高校创新型本科人才的培养进程,被越来越多的国内外高校所接受。本文将以英国雷丁大学为例,简要探讨UROP计划的实施情况与效果,以启发我国高校创新型人才的培养,促进落实科教兴国战略。

关键词:UROP;创新型人才;高校

本科生研究机会计划也称本科生研究机会项目(Undergraduate Research Opportunities Program,简称"UROP"),是研究型大学为本科学生开展科学研究而搭建的平台。

一、UROP的由来与目标

UROP的由来要追溯到美国麻省理工学院(MIT)的创办之初。1861年威廉·巴顿·罗杰斯(William Barton Rogers)带着"创新未来的精神"创办了MIT。秉承这一精神,MIT的教育方针确立为培养与工业社会发展需要相适应的创新型人才。MIT的使命也具体体现了这一方针:增进知识,在科学、技术及其他学术领域,把本科生培养成为21世纪服务于国家和世界的最具有创新精神的人才。为了更好地提升本科生的创新能力,1969年,负责本科教学的院长马格利特·麦克维加(Margaret MacVicar)在偏振片照相机的发明人埃德温·兰德(Edwin Land)一次题为"伟大的一代,科学时代的大学观念"演讲的启发下,创立了UROP①,即以资助本科生参与教师的科研项目,开始了比较系统的本科生研究活动的训练。经过多年的实践,该计划已经取得世界公认的成果,得到全世界大学的广泛认同,同时也受到美英等国学者的研究和改进。

UROP是研究型高校创新型人才培养理念的实践,即让100%的本科生在大学四年期间都有机会参加研究,以此培养创新型人才。为实现这个目标,许多研究型大学建立一年级新生研究指导计划(Freshman Advisory Research),增加一年级教学内容的趣味性和刺激性,引导本科生进入各种不同的学科。同时,高校鼓励教师参加本科生研究机会计划和新生研究指导计划,在教师聘用和晋升时,把参加这些活动作为教学任务的一部分。为了加强师生

① 熊华军,梁晶.麻省理工学院本科生研究机会计划的经验与启示[J].重庆高教研究,2013(2):99-103.

之间的交流、充分利用各种教育资源,许多高校建立了联合指导小组。联合指导小组帮助学生设计课题、确定研究流程、寻找合适的研究方法和研究计划等,以提升本科生的创新能力。

二、UROP的类型

经过多年来的发展,UROP的本科生科研类型多样,具体有以下几类①。

(一)根据时间划分

从时间安排看, UROP主要分为三种类型:一是本科生利用学年或学期进行科研;二是在学期中划出特定的时间段进行科研;三是本科生利用暑假进行科研(Summer Research Program)。

(二)根据校内外划分

根据本科生是否在校进行科研,可以分为两种类型:校内本科生科研计划(On-campus Undergraduate Research Opportunity Program)和校外本科生科研计划(Off-campus Undergraduate Research Opportunity Program)。

本科生的大部分科研活动都是在校内完成的,他们可以充分利用高校的研究资源,在本系或者是在跨学科实验室进行研究。校外本科生科研计划是对需要在校外或者在国外进行研究而设立的。

(三)根据报酬来源划分

在大多数情况下,导师是本科生获得科研报酬的主要来源。本科生可以申请春季、夏季或者秋季的科研资助,申请原则是先申请先受益。秋季开始的导师资助计划可能会一直持续到独立活动期计划(Independent Activities Period,简称IAP)期间。在IAP期间,如果本科生申请了合适的研究课题,获得的资助可能会持续到春季。UROP规定导师提供的报酬通常要比UROP的报酬支付标准高,如2011年要求导师每小时支付本科生的报酬不低于9.25美元。没有通过导师资助的申请, UROP办公室可以为本科生提供科研报酬。但UROP向本科生提供的资助并不能普及所有参与科研的学生,而是实行竞争制,根据科研项目的审核和评估结果来决定资助的获得者。

三、英国UROP实施——以雷丁大学为例

UROP在英国、美国以及中国香港地区等众多高校中广泛实施,取得了巨大的成果,得到了全世界高校的广泛认同,而以美国麻省理工学院(MIT)最为出名。而UROP一面世,就受到英国研究型高校的极大关注,很多专业人员展开研究,很多英国高校借鉴并实践UROP,取得了巨大的成功。下面以笔者所进修的英国雷丁大学(University of Reading)为

① 熊华军,梁晶.麻省理工学院本科生研究机会计划的经验与启示[J].重庆高教研究,2013(2):99-103.

例，分析 UROP 的实施情况。

UROP 给雷丁大学本科学生提供了广阔的、开放的、作为教师的初级同事参与研究的工作机会，它是以研究为基础的本科生同教师进行智力协作的计划，为雷丁大学培养了一批又一批的优秀人才①。

UROP 为本科学生提供了大量参与研究的机会。学生可参与研究活动的每一个阶段：提出或发展研究计划、建议、进行研究、分析数据、写作研究结果的书面报告等。该项目适用于雷丁大学所有的院系，每一个院系学生均可根据要求报名参加。

UROP 一般是利用暑假的最后 6 个星期集中进行，也可以在正常开学期间利用规定的固定课余时间进行，但是这种兼职的形式需要花比 6 周更长的时间去完成。申报这一项目的学生仅限于三年制大学课程学习下结束了第二学年课程的本科生，以及四年制大学课程学习下完成了第二或第三学年课程的本科生，至于是否是成年学生（中学毕业几年后再读大学的学生）或外国留学生则并没有限制，且每个学生在整个本科学习阶段只能申报一次。对于参与项目的学生，在一次 6 个星期的科研阶段将得到一笔 1 320 英镑的奖学金；在参与项目研发过程中作出了重大贡献的学生，该项目研究成果在任何刊物上发表时均将得到署名；在参与 UROP 期间的实习和训练经历均可计算进红色就业奖（The Red Employability Award）的修课进度当中。红色就业奖是雷丁大学给予毕业学生的一个对于学生就业能力与技能的官方认证。其设立的目的在于使雷丁大学的学生充分利用课外的活动和实践经历，把课堂内学到的理论知识运用起来。

申请 UROP 的具体执行程序如下。

（一）立项申请

有立项愿望的指导教师和学生提出立项申请，并填写 UROP 立项申请表，特别指出的是，在很多学校国家实验室或研究中心的人员也参与立项申请。另外还有校外提供的研究机会，如本科生科研理事会（CUR）等组织，主要是向全国各大学提供本科生科研机会，这样的研究项目被称为校外研究项目。校外研究项目不需要学校审批。

（二）项目审批

UROP 办公室对提出的立项申请进行审核。

（三）UROP 目录

对审核通过的立项，UROP 办公室整理成 UROP 目录，并在专门的本科生科研网站上以书面形式公布。公布的内容包括每一个研究项目的内容、岗位的类型、学生角色、条件、时间要求等。

① 来源：http://www.reading.ac.uk/internal/UROP/.

（四）学生申请

学生根据自己的时间安排、能力以及兴趣爱好等自愿在网上提出申请。

（五）确定人选

学生与教师双向选择，并把最后人选提交给本科生科研办公室，同时确定的人选要递交研究计划，而在这个研究计划中要说明自己的知识背景、具有的相关技能以及参加这个研究项目的目的和设想。

（六）执行研究

本科生与教师一起在各个院系或跨学科实验室和中心开展各种研究活动。一般情况下一个研究项目的团队由本科生、研究生、教师、研究人员等组成。在团队中，本科生与研究生一起合作研究，在研究生的带动下能尽快熟悉和了解关于研究的知识和技巧，引发研究兴趣，形成团结协作精神。同时本科生也可以与指导教师（Supervisors）建立联系，学生在与教师的交流中直接地感受、体验“专业研究”，以一名“研究者”的身份去掌握数据搜集方法和实验技术，了解某一领域的前沿，探讨面对现实世界的问题等。而指导教师就是相关项目的“专家”，会及时发现并修正在研究过程中出现的问题，避免学生的研究性学习流于浅薄和狭隘。

（七）成绩考核

在每学期末或研究项目结束后，由指导教师根据学生在研究中的表现给出成绩，这个成绩可以作为学分，但必须达到一定的要求，如写一份书面研究报告、正式研究报告成果或发表论文、出版专著等。

（八）评价反馈

参加 UROP 的学生和老师在学期末或暑假结束时，都必须经过 UROP 项目组的评价，建立反馈机制。这个评价是学生获得学分、报酬等的重要依据，主要分为两个方面：一方面是学生自我评价，主要是学生对自己在研究过程中个人研究能力的进步程度进行评价；另一方面是指导教师的评价，包括学生在这个研究项目中的贡献和学生参与研究工作的具体情况。这些评价对本科生科研办公室了解 UROP 具体实施情况十分重要。本科生科研办公室得到这些评价后，必然对某些工作中存在的缺陷进行改善，进一步改进对学生和教师的指导。

四、UROP 对我国高校本科生创新型人才培养的启示

UROP 在英美等国众多高校间的广泛实施，为各高校培养杰出人才作出了极大的贡献。而项目普及范围的不断扩大也证明了它对本科学生科研能力培养的显著效果。以雷丁大学

参加UROP的师生们为例，该项目获得了师生们的广泛好评。2010年参与UROP的毕业生丹尼尔·伍德（Daniel Wood）表示："参与UROP的经历是你的简历上非常引人注目的一笔。雇主们会看到你在假期里也努力地去做一些有意义的事情。这就会让老板觉得你是一个干劲十足的、有热情的并且做事积极主动的人。我已经经历了几场面试，每一场都被问到我参与UROP的经历，所有的面试官们都对我留下了深刻的印象。参与这个项目是我大学里做过的最棒的选择之一，我会把它强力推荐给你们每一个人。"古典文学教授艾米·史密斯（Amy Smith）表示："许多人文社科的同事都觉得让本科学生在这些主要依赖于书籍和思考的领域做研究是很难的，但是我至少已经向我自己证明了：他们是错的。"

本科生参与科研作为创新教育的有效手段逐渐被我国研究型大学所重视。借鉴UROP实施经验，清华大学在1995年推出本科生研究训练计划（Student Research Training，简称SRT），成为我国研究型大学本科生科研项目的先行者①。之后在部分理论和实践工作者的呼吁和政府支持下，特别是国家级大学生创新训练计划的出台，研究型大学创建本科生科研项目计划的积极性增高，本科生参加科研项目的机会逐渐增多。除了清华大学之外，北京大学、复旦大学和华中科技大学等高校在2006年也成为国家大学生创新训练计划试点及首批计划高校②，可以说UROP对我国高校创新人才的培养起了巨大的推动作用。

当前，培养创新型人才已成为我国高等教育发展的重要目标。《国家中长期教育改革和发展规划纲要（2010—2020年）》提出，高校承担培养造就数以亿计的高素质劳动者、数以千万计的专门人才和一大批拔尖创新人才的重任，要牢固确立人才培养在高校工作中的中心地位，着力培养信念执着、品德优良、知识丰富、本领过硬的高素质专门人才和拔尖创新人才。UROP对我国高校以科研培养创新型人才有如下的启示③。

（一）确立以科研培养创新型人才的理念

"高等学术机构的作用，在内是把客观的科学和个人的教育统一起来，在外是把已结束的中学学业与正在开始的独立研究联系起来，或者说促进前者向后者过渡。"洪堡把发展科学作为高校的重要职能，不但倡导高校科研，而且要求把科研与教学结合起来。卡尔·雅斯贝尔斯（Karl Jaspers）继承和发展了洪堡的大学理念，认为："最为重要的是，教学严重依靠教学内容，而只有科研才能提供教学内容。因此科研与教学相结合是大学重要的而不可或缺的基本原则。"

（二）丰富本科生科研活动的类型

开展多种类型的科研活动是提升本科生创新能力的有效途径。与MIT相比，我国大学本科生研究计划比较单一，虽然目前少数研究型大学有本科生科研项目，例如华中科技大学的启明学院和创新研究院，鼓励学生在具体研究中提高实践能力和科研能力，但是本科生科

① 杨慧，俞安平，恢光平，等. 国内外本科生科研训练比较研究[J]. 高等工程教育研究，2003(5)：65-68.

② 乔连全，黄月华. 中美研究型大学本科生科研的比较与反思[J].《高教探索》，2009(4)：63-70.

③ 熊华军，梁晶. 麻省理工学院本科生研究机会计划的经验与启示[J]. 重庆高教研究，2013(2)：99-103.

研的机会并未普及各种类型的高校,很多教学型、教学研究型大学的本科生参与科研的机会微乎其微。多样的研究计划,一方面可以满足不同本科生的需要,另一方面可以营造浓郁的研究氛围。高校增加本科生科研活动的类型,可以通过与校外企业和研究所的合作,不仅为本科生提供更多的科研机会,也解决了本科生科研经费来源不足的问题。

(三)健全本科生科研的保障机制

科研经费是本科生进行科研活动的重要保证。我国本科生科研计划项目的经费来源于高校自筹、捐赠等。与 UROP 相比,我国本科生科研经费来源较为单一,经费相对不足。因此,我国高校应积极与校外公司和科研院所合作,发挥他们的长处。这样不仅可以拓宽资金来源,也可以增加项目,使更多的本科生受益。

中英高校课堂教育差异比较与思考

贵州大学　王高军

摘要：随着全球化趋势越来越明显，课堂教育方式日趋多元化。英国高校课堂教育有许多值得我国高校借鉴学习的地方。本文将通过分析中英两国高校课堂教学存在的差异及其原因，总结出可借鉴学习的方面，为改进我国高校课堂教学、进一步完善高校课堂教学提供参考。

关键词：高校；课堂教育；差异比较；借鉴

英国是开展高校教育的先驱者，至今已有 800 多年的历史。笔者有幸以访问学者的身份到英国雷丁大学进行了为期 3 个月的访学活动，感受英国严格、实效、注重素质和能力培养的高等教育环境与氛围。随着全球化趋势越来越明显，课堂教育方式日趋多元化，我国学生能够通过网络感受国外高等教育方式。作为教学主体形式的课堂教育教学，英国高校课堂教育有许多值得我国高校借鉴学习的地方。本文将结合笔者经历，通过分析中英两国高校课堂教学存在的差异及其原因，总结可向英国高校课堂教学借鉴学习的方面，为改进我国高校课堂教学、进一步完善高校课堂教学、缩小与世界一流大学的差距提供参考。

一、中英高校课堂教育差别

（一）课堂方式的差异

英国高校教学形式多种多样，主要分为通识课、辅导课和讨论课三个类别。通识课通常就某一个知识点予以讲解，学生有权随时提问，但是提问的机会不是很多。教师上课前会将讲义上传到学校网站，罗列出要点条目，介绍其他新观点供学生研究和讨论，罗列出课后参考书目供学生选读。辅导课由助教组成，其目的主要在于讲解学生作业和对学生在学习过程中遇到的问题进行讨论分析。讨论课主要以小班形式进行，学生就一个预先布置的课题进行讨论。每个学生通常都要在教师和其他同学面前作一个简短的课堂报告，收集和分析不同的观点，最后由教师归纳补充。讨论课的气氛很活跃，学生可以就指定课题发表自己的看法，当面对不同的观点时还会积极地维护辩解自己的观点。

我国大学课堂教学形式相对单一，基本上都是以大课的形式进行。由于同专业学生较多，无论是专业课还是公共课，经常几十人甚至一百多人一起上课。教学形式主要以教师教学为主，学生通常很少提出问题，课堂气氛比较沉闷。教师无固定的坐班时间，也没有辅导课，学生遇到问题只能利用课间向老师询问，更多的同学放弃了提问的机会。

（二）教学方法的差异

在英国高校学生每天的课堂时间是 1 至 2 个小时。教师授课时间较短，教师不是将知识点面面俱到地讲授给学生，而是通过一些重点知识将知识串联起来，更多的知识是通过发挥学生的主观能动性，让学生在课后通过阅读文献来掌握的。教师在课堂教学中不仅要扮演组织者、引导者和启发者的角色，还要扮演细心观察者的角色，注重在教学过程中启发学生，充分发挥学生的思考和创新能力。英国高校课堂教学方法具有双向性特征，即教师和学生更多地就某一研究课题展开讨论。

在我国高校通常课程安排较满，上课时间较长，教师面面俱到地讲授每一个知识点，学生需要在课堂教学中投入较多的精力，课后没有足够的时间来阅读文献丰富自己的知识，还存在教师在课堂讲授知识更新不够及时的现象，很多课堂知识都是"灌输"给学生的。在我国的高校课堂教学中，教师常常作为唯一的主导者全面掌控课堂，对学生掌握知识的系统性和灵活性关注相对不足，对学生解决实际问题的能力培养相对较差。

（三）课堂道德教育的差异

英国的大学生道德教育通常是隐性教育，是蕴藏于课堂教育之中的，更注重个人的独立性和创造性的培养，尊重个性，一般不设定标准答案，而是让学生经过自己的理智思考选择或者形成自己独到的观点、价值标准。英国高校在对大学生进行道德教育的过程中比较注重从大学生主体的需要出发，注意营造"情景氛围"，激发大学生主体的主动性和参与热情。我国高校德育是对大学生进行价值观的引导，强调采用价值观来引导和培养学生。

二、英国高校课堂教育值得借鉴的地方

（一）改革教学方法

教学方法是师生为实现一定的教学目标、完成一定的教学任务，在共同活动中所采用的教学方式、途径和手段。在我国高校，大多数教学过程都是学生跟着教师的思路来推进，因此教师要依据每堂课构建的教学内容，事先根据学生对知识的反馈来调整课堂内容，选择适合于调动学生学习积极性和主动性、有利于活跃学生思维、提升学习和研究品质的教学方法。一是教师可以结合教学内容，以创设问题情境的手段组织学生讨论，实施参与式教学；可以通过布置课前预习内容及问题式作业，引导学生充分利用课余时间查阅资料，实施探究式学习。二是教师可以通过以问题、质疑、分析、判断、归纳综合为路径，引导学生开展创新性学习；通过理论联系生活实际，提高学生学习兴趣及分析、解决问题的能力。三是教师可以结合教学内容，提出一些具有一定研究价值的课题，引导学生主动做一些研究性工作，以

培养学生的科研能力和创造能力。

(二)转移课堂教学评价关注点

新的课堂教学评价关注点,应着重从以“教师”为主,转移到关注学生的课堂表现上来。一是教师要关注教学过程的设计、教学内容的构建及教学方法的运用对激发学生学习兴趣及能力培养的价值,教学行为对促进学生的讨论、调动学生的学习积极性、促进学生主动思维和探究的价值。二是探索新的课堂方式,拉近学生和教师之间的距离,如教师在课程中利用一定时间与学生讨论生活中的问题,由此引入课程内容,对学生形成一定的吸引力。三是高校要改革学生课程考评方式,加大考评过程中对学生创新能力的考核,由此引导学生积极创新。

(三)建立全面的教学管理制度和激励政策

建立健全教学改革的监督管理制度及激励机制,有利于促进课堂教学改革的进行。一是学校应该建立自上而下的课堂教学改革领导、督导、研究机构,对教师的课堂教学改革开展情况实施监督、检查和评估。二是学校应制定有利于促进课堂教学改革的管理制度及奖励政策,促使教师积极投入到课堂教学改革之中。三是学校应对教师课堂内容创新力进行考评。

参考文献:

[1] 冯刚,赵峰. 走进英国高校学生事务管理[M]. 北京:中国人民大学出版社,2008.

[2] 葛建民,中英高校人才培养模式的比较分析与思考[J]. 黑龙江高教研究, 2009(4): 56-58.

英国高校课程考核模式分析及对我国高职院校课程考核改革的启示

新疆农业职业学院　谭琼琼

摘要:灵活多样的考核方法,可以综合考核学生对所学内容的理解和实际表现,全面、客观地评价学生。本文基于对英国雷丁大学及几所高校的相关学习和学生的访谈,分析出英国高校的课程考核方式的特点,主要包括在考核目标明确的基础上,按照课程性质确立多样化的考核方式,以信息化手段为载体,更加注重学生的实践能力和创新能力的培养,从而论述对我国高职院校课程考核模式改革的启示,力求完善我国高职院校的课程考核体系,建立全面客观的评价体系,能真正反映学生的全面素质水平。

关键词:英国高校;课程考核方式;高职院校;课程考核改革;启示

近些年来,随着中国高等教育规模的迅速发展,教师能力的提升、教材的更新、教学方法的改进等,都成为人们热议的重点。相对而言,课程考核模式的受关注度较低,但实际上考核模式是教学方法的指挥棒,多样化的教学方法和灵活的考核方式的结合不仅能够促进课程教学目标的达成,使教学取得实效,还能让学生真正受益,培养学生思考问题、分析问题和解决问题的能力。通过对英国雷丁大学、牛津大学、剑桥大学等英国高校的访学,笔者从自身的教学专业和实际出发,分析了英国高校在课程考核方式上的特点,力求能有所借鉴。

一、英国高校课程考核模式的主要特点

(一)明确课程考核目标,注重课程考核方案的制定和实施

英国高校的学生除了掌握基本的专业知识外,还要求有宽广的知识面,要博览群书,广泛接收社会信息,有严密的逻辑思维能力和清晰的语言表达能力,关键点在于实践和思维,所以在进行考核方案设计时,这两方面就作为重点考察内容。英国大学的课程考核是课程教学活动的重要环节,等同于教师的课程设计,他们会制订详细的《课程考核方案》,考核方案对教学目标、学习目标、考核目的、论文的协作规定、考核时间、作业的规范格式及考核标准、评定等级等各方面都有所规定,并要求学生针对此方案做出相应的个人学习计划。在这里,课程考核对学习的指挥棒作用开始体现,课程考核目标和课程学习目标是紧密联系的,

而这样做最大优势就在于学生知道要学什么，目的是什么，考核标准是什么，这样学生整个学期的学习就更有目标性和准确性。

（二）考核方式的多样化及细节化

英国大学考核的方法有很多种，包括实地调查（Field Trips）、陈述展示（Presentation）、论文（Essay）、测试（Exam）、报告（Report）、作品集（Portfolio）等。英国高校的闭卷考试比较少，题目以解决实际问题为主，不需要死记硬背。大多数考试没有标准答案，鼓励学生从不同的角度探索正确的答案。

针对此情况，结合专业特色和学生能力的评价目标也确立了多样化的考核方式，其中以论文和报告为主。

论文的撰写与考试相比，更利于培养学生的能力，但是其严格程度是超出我们想象的。在论文的准备和写作过程中，学生自己选题，广泛阅读文献和书籍，对知识进行梳理、分析和综合。学生在撰写论文时如果需要引述他人的观点则一定要明确标明出处。无论字数多少，每一篇论文的最后都要有参考文献（Reference）。并且要以规范的形式书写，以便于今后研究你论文的学者进一步查证。一旦发现论文有剽窃行为，其惩罚是很严格的。

英国大学对论文的最后期限（Deadline）要求也十分严格，一般要求学生同时提交论文的纸质稿和电子版本。学生实在难以在期限内完成论文，则需要向专业课老师申请延期并争取获得批准。

而撰写报告与论文的格式有所不同，对结构的要求较高，一般大标题下会套嵌多层次小标题，不同课程对报告的写作和格式要求也有所不同。

英国的有些高校，如剑桥大学，是没有补考机会的。如果有课程不合格，就会被开除，这种几近残酷的考核方式迫使学生必须全力以赴。除此之外，英国很多高校实行导师制，学生除了上大型讲座课、小班讨论课之外，还可以和导师进行一对一的单独辅导。这就要求学生在约见老师前要做好充分的准备、阅读大量的书籍，撰写出来的论文要有自己的观点，这样在与导师的探讨中才能得到建设性的意见，让自己有所成长，而这篇论文的成果也将成为最终考核的考量因素之一。不难看出，这种的制度细节化体现了英国高校对于考核的重视，正因为有如此完整的考核体系，才能培养学生的综合素质，真正保证学生的学习质量。

（三）考核的连续性

英国高校的大规模考试很多，但是作业无数，一周平均要撰写 1~2 篇论文，再加上对论文的高水平的要求，学习的压力之大不难想象，这也让学生形成了一种学业紧张的模式。而在教学过程中穿插的各种考核也很多，如课堂展示、教学方案设计、分析报告等，学生准备的题目和内容最大限度地发挥了学生的分析能力、自主学习能力、检索能力和综合运用知识的能力，更能推动他们学习自觉性和主动性的形成。

（四）课程考核的等级划分

英国高校课程考核的成绩评定不是采用百分制，而是采用等级制（6个等级），分为：A（相当于百分制的70分以上）、B（60—69分）、C（50—59分）、D（40—49分）、E（30—39分）、F（30分以下）。D级以上均为及格。英国大学考核的观点是成绩评定不宜过于细化。

（五）考核的重点是考察应用能力、创新能力和实践能力

英国大学教师的角色定位和中国大学教师不同。英国大学的课程内容比较简单，选取案例、理论探讨、讲授主题、调查分析、内容梳理，学生的学习自主性强，教师主要起引导作用。以雷丁大学的教育学专业的一份调查报告为例，内容要求为当地中学编制一套完整的教学大纲（课程名称、学时安排、教学目标、教学内容、考核要求等），需提出自己对教学大纲的见解和想法。从中可以看出，英国大学的课程考核不是考查学生对理论知识的记忆，而是考查学生对知识的理解和应用能力，对问题的发现和解决能力。

（六）网络考核也成为有效考核手段

随着计算机技术的发展，20世纪90年代英国高校的教学中就引用了计算机教学，这不仅提高了学生学习的积极性，而且增加了学生与教师的交流度，由于网络考核的便利性，教师能更好地把握学生的动态。

二、我国高职院校课程考核模式存在的问题

《教育部关于加强高职高专教育人才培养工作的意见》中指出："高职高专教育是我国高等教育的重要组成部分，培养拥护党的基本路线，适应生产、建设、管理、服务第一线需要的，德、智、体、美等方面全面发展的高级技术应用型专门人才。"从培养目标可以看出，思维、应用和实际操作能力是学生全面发展的核心因素，职业院校的课程设置、教学内容、教学方法及考核方式都应紧紧围绕这个目标。

二、结论和启示

通过对英国高校课程考核模式的分析可以看出，其特点和做法对于当前我国高职院校课程考核模式的改革具有一定的启发意义和借鉴作用。

（一）完善考核方案，细化考核标准

英国高校完善的课程考核方案明确规定教学目标、学习目标、考核目的、考核时间、作业的规范格式及考核标准、评定等级等，周密的考核方案设计可以提高考核的质量，不仅为教师明确了考核方向，还让学生明确了努力目标，真正实现课程考核对学习的指挥棒作用。

（二）课堂灌输式教学力度应适中

通过对英国高校课程考核方式的分析可以发现，英国教师向学生灌输知识的现象较少，更多的是一种启发性教学，学生要发挥自身的主观能动性，以自主学习为主，与小组团队相配合，进而形成讨论成果，这样的方法确实能加大学生的参与度，但是过少的理论讲授没有给学生打下扎实的基础，学生水平参差不齐。我们应该按照我国高职学生的特点因材施教，在改进教学方法上下功夫，相关的理论讲授应突出重点，理论与实践相互配合，循序渐进。由此可以看出，理论考试应当是考核模式的一部分，但不能是主要部分，应以理论内容为基础进行发散性思维的考量，更符合我国高职院校大学生的实际情况。

（三）考核方式采用灵活多样的方式

1. 对高职学生的考核可以借鉴英国导师制

除了采用闭卷考试外，考核还可采用多种方法。以学生小组论文为例，由学生自拟题目，小组进行课下调研，撰写调研报告或者论文，学生的竞争心理会激发他们的潜力和创造力，在此过程中给予学生 2 次一对一辅导机会，教师提出针对性的意见，自然可以提高学生的论文质量。除此之外还可以采用面试答辩、学生展示等方式，全方位地挖掘学生的潜力，检验学生的学习成果。

2. 继续加大高职学生实践成绩的比重

按照高职高专的人才培养目标，培养学生的实践能力应该是高职院校的优势所在，所以在考核模式中应当将其作为重点考量因素。人文社会科学专业应以课堂活动为主，课下调研和课外实践为辅；理工专业可用实验、实训来考查学生的知识应用能力。

（四）将试题形式由传统的“求同性”改为“求异性”①

这就要求教师在试题形式上进行改革，固定的标准答案会束缚学生的思维，求异思想是创新思维发展的基础，教师应当鼓励学生有自己的见解，同时这也对教师提出更高的要求。教师要注重试题的针对性和对试题内容的宏观把握，试题既能检查学生对课程基本知识点的把握，又能考核学生运用所学知识、方法去分析问题的能力，这是老师在试题形式改革方面努力的方向。

（五）注重过程考核的理念

为了使考核更好地促进学生学习知识、训练思维、锻炼操作技能、培养分析问题和解决问题的能力，我们就要突破原有考核评价的束缚，在进行其他环节教学改革的同时，探索和研究适用于高职教育、更能全面真实评估学生的考核方式。“过程性考核”是一种着眼于教学过程中学生的学习状态、技能掌握情况的考核方式。它强调考核也是教学的一部分，考核与教学相辅相成，考核应该被安排在教学计划中。过程性考核强化了教学过程的控制，将考

① 王红，孙立娟. 谈高等职业教育考核方式的创新 [J]. 中国成人教育，2012（18）：93-94.

核贯穿学期始终,依托信息化平台,实现动态考核。

(六)加大信息化考核力度

计算机网络信息化已成为教学过程中必不可少的方法之一,现在的大学生对于信息化手段的掌控非常娴熟,既然信息化教学已经成为不可阻挡的趋势,那就应该最大限度地发挥网络优势,可以依托云空间、QQ 群、PPT 制作等方法对学生的平时成绩做全面考核。

综上所述,英国高校课程考核模式中最值得借鉴和思索的是它体现出的教育理念,特别是人才教育质量评价观。教师对学生学习成果的考核目的不是要裁判学生的成功或失败,更重要的是要向学生传递这样一个信息:他的工作成果与标准存在距离,促其反思,要让学生明确还需要什么、应该怎么做,明确自己的优点和不足。在考核的过程中,教师使用的标准应该是透明的,学生要事先明确,否则学生会迷惑,不知所措。考核标准不明确将会影响学生继续学习的兴趣和信心,使考核的最主要目的不能实现。

总而言之,“他山之石,可以攻玉”,我们可以借鉴英国课程考核模式的优点,但是也要结合自身的特点,考核模式的改革可以更加全面客观地认识学生,帮助学生提高全面素质,有利于高职高专人才才培养目标的实现。

英国高校学生职业指导

职业生涯规划和就业指导是大学生事务管理的重要组成部分，是大学生人生发展的重要因素，是高校学生工作的重点。英国被公认为全球高校就业服务的领跑者，其高校就业服务历史悠久、体系完备、体制成熟，经过120余年的发展，已经形成了融职业生涯规划和就业指导为一体的工作体系，为学生提供了个性、全面、高效的服务，得到学生及家长、社会及雇主的肯定。

尽管英国政府对高校就业工作没有正式的文件规定及硬性的考核指标，但全英各个高校将就业视为学校发展的生命线，从政府、高校到社会组织都非常重视毕业生的就业工作，职业生涯规划有机贯穿于学校教学、科研、管理的各个层面，融合在学生的课程体系及整个大学生涯体验之中。英国高校以“提高学生自我发展和就业能力”为目标，把“以学生为本”和“为学生服务”作为学生就业服务管理制度设计的理念。其职业生涯规划和就业指导从大学生一入学就开始，注重对学生学习能力尤其是职业能力提升的培养，强调对学生个体独立性的尊重，对学生个体需要的重视，强调学生的自由全面的发展。在做好学生职业生涯规划教育和职业能力培养的同时，积极开拓、维系就业市场，搭建学生实习就业的公共平台。英国高校职业生涯规划以人为本的理念、以发展职业管理技能为中心的课程框架、突出个性需求的就业指导、网络化和信息化的就业服务、灵活自主的创业教育、以红色就业奖励计划和本科生科研体验为主体的职业体验以及社会化的评估体系构成高校的就业指导的完整体系。

本部分从不同方面管窥英国职业生涯规划和就业指导的历史脉络、基本理论和主要做法，内容涉及从英国就业指导的历史发展与工作理念、机构设置和队伍建设、工作体系、课程体系、指导方法、就业市场、评估机制、创业教育等方面，从不同侧面分析英国高校学生职业生涯教育和就业指导工作的基本框架、运行机制、基本成效，以及对推进我国高校大学生职业生涯教育和就业服务工作的参考借鉴。

由于资料和研究者的水平所限，对职业生涯教育和就业服务工作的认识难免有不够深入之处，但这都是参加研修的学员们在实地考察英国知名高校后，根据自己的认识，用亲身经历、记录的思考和体会，提供的原汁原味的信息，这些必将在将来的工作中使我们开阔视野、启发思路，从而以更宽广的视角、更科学的思维来谋划我们的工作。

英国高校职业生涯教育和就业指导工作体系及启示
——以剑桥大学和雷丁大学为例

浙江师范大学　祝伟华

摘要：英国被公认为全球高校就业指导服务的领跑者，其高校职业生涯教育和就业指导工作体系完整、机制完善、成效明显，值得我们学习和借鉴。本文简要回顾英国高校就业指导工作的历史发展，并以剑桥大学和雷丁大学为例，梳理其就业指导工作的基本理念、机构设置和队伍建设，并分析其就业指导工作整体框架及运行机制，就业指导工作的主要内容和特色做法，在此基础上，提出推进我国高校职业生涯教育和就业指导工作的几点建议。

关键词：英国；高校；职业生涯教育；就业指导；启示

英国高等教育历史悠久，其全面、系统、高效、独具个性化的就业指导服务久负盛名，被公认为是全球高校的领跑者，有许多先进的理念、成功的经验值得我们学习和借鉴。本文以剑桥大学和雷丁大学为例，从历史发展与基本理念、机构设置和队伍建设、工作体系和主要做法等几个方面着手，全面分析英国高校学生职业生涯教育和就业指导工作的基本框架和运行机制，以及对推进我国高校大学生职业生涯教育和就业服务工作的启示。

一、英国高校职业生涯教育和就业指导工作历史发展与基本理念

（一）英国高校职业生涯教育和就业指导工作的历史脉络

英国高校就业指导服务起步较早，经过 100 多年的发展，至今已经形成了一整套较为完备的融就业指导与职业生涯管理为一体的理论实践体系。英国高校开展就业指导服务最早可以追溯到 19 世纪末，根据高等教育发展的特点及其服务内容的不同，大致可以分为四个阶段。

第一阶段为起步阶段——19 世纪末到 20 世纪 50 年代中叶。该阶段就业服务功能相对简单，主要集中在收集整理各类就业信息和招聘活动的组织联络上。早在 1884 年，剑桥大学率先成立了教师规制委员会（The Association for the Regulation of Teachers），该委员会邀请了学者、教授开设有关教师职位介绍的讲座，并向拟在教育系统谋求发展的毕业生分发

相关就业资料，成为服务毕业生就业的雏形。牛津大学在 1892 年也设立了类似的委员会，并将工作视野从教育系统逐步转向工业系统。1914 年，先后有 6 所大学成立了相应的工作机构。到 20 世纪 50 年代中叶，几乎英国所有的大学都设有这样的机构，就业指导服务主要侧重于信息的提供和用人单位的组织联络，谋求构建稳定广泛的毕业生需求单位网络。

第二阶段为快速发展阶段——20 世纪 60 年代到 80 年代。该阶段就业指导服务更加强调一对一的职业咨询以及个性化就业指导，个人职业顾问发展迅速。进入 20 世纪 60、70 年代，英国高等教育从精英教育向大众教育转变，随着高等教育机构的扩张以及学生进入大学比例的提高，大学生就业压力凸现，并引起了英国政府、大学和各类社会机构的普遍关注。1964 年，在大学校长委员会支持下提交的《赫沃兹报告》(*Heyworth Report*)，根据对在校大学生、雇主和大学的全国性问卷调查结果，提出了应增加就业指导服务人员巩固就业指导工作，成立就业指导中心全面负责就业教育与指导咨询服务的建议，并在此基础上勾画了英国高校就业指导服务的基本框架。可以说，《赫沃兹报告》有力催生了全英高校就业指导服务的快速发展。

第三阶段为系统发展阶段——20 世纪 90 年代到 21 世纪初。该阶段开始重视职业生涯教育，并将职业生涯规划管理课程融入整个大学教育中，实现了职业生涯规划教育和就业服务指导的有机统一。进入 20 世纪 90 年代以后，英国高校继续扩招，到 2002 年，全英高等教育入学率平均达到 38%，比 20 世纪 90 年代初的 15% 高出了两倍多，巨大的就业压力对原有的就业指导服务体系，尤其就业结构、就业质量、毕业生就业技巧等提出了新的更高的要求。当年，英国高等教育质量保证署明确指出，应将职业生涯教育、就业教育、就业信息和就业指导等整合到高等教育体系，促进学校就业指导服务部门与各学院的联系和配合，为毕业生职业发展和成功就业创造积极条件。当时，英国政府推行了“Centre for Excellence in Teaching and Learning(CETL)”(卓越教学中心)项目，并在雷丁大学进行试点。

第四阶段延伸拓展阶段——21 世纪以来。多元知识经济时代使得高校就业指导服务的内容和手段进一步延伸和拓展，在服务内容上，更加强调个人职业意识和学习能力，尤其是职业学习能力与职业选择能力的培养；在服务方式上，除原有的生涯教育、咨询指导、信息服务外，更加注重职业管理技能的训练，更加突出职业体验和社会经验的习得；在服务对象上，不仅仅局限于在校毕业生，毕业两年以内的毕业生仍可以享受同样的指导咨询等服务，居住在同一地区的其他高校毕业生也可以获得同样的服务。截至目前，英国高校已经普遍构建了一整套较为完备的融就业指导与职业生涯规划为一体的工作体系，并发挥了重要作用。据英国一家知名调查机构对 24 所大学的在校毕业生调查结果显示，75% 的在校毕业生都接受过学校提供的就业指导服务，其中 80% 的学生认为就业指导服务对个人成功就业的帮助成效显著。

(二)英国高校职业生涯教育和就业指导工作的基本理念

英国是最受国际学生欢迎的国家之一，很多学生之所以选择英国高校，不仅仅是因为其悠久的办学历史和浓厚的科研文化，最重要的是可以享受最优质的服务，获得最好的大学体验。英国高校积极推行“以客户为中心”的学生事务工作模式，他们认为，学生花钱购买学校的教育服务，学生就是自己服务的客户，有效彰显了以学生为本的高校办学理念。雷丁大学学生服务中心主任常说一句话：“学生是我们的衣食父母。”在学生职业生涯教育和就业服务上，英国高校始终坚持以人为本、以职业为中心的工作理念，不仅仅是单纯地为学生提供就业信息，而是着眼于学生的职业发展，为学生提供最全面、最前沿、最具个性化的优质服务。这一理念具体体现在以下四个方面。

1. 服务对象全体化

英国高校的职业生涯教育和就业服务面向所有学生，凡是该校注册的学生，均可接受学校的职业生涯教育和就业指导服务。从纵向上来看，包括了本科生、硕士生和博士生；从横上来看，包括了本土学生、欧盟学生以及欧盟以外的其他国际生，其中也包括了海外分校的所有学生。比如雷丁大学在马来西亚建立了分校，那里的学生同样可以享受雷丁大学提供的所有服务项目，他们可以通过电话、邮件或在线咨询等方式接受指导，或者登陆雷丁大学网站查阅信息、选择课程、提交职业训练项目申请等。剑桥大学就业中心的服务理念是“serve all”，即服务于所有学生（各个年级、各个学院、各个学科、各个国籍）以及所有学校教职员工、所有校友。难能可贵的是，学校职业指导中心经常为在校教职工提供就业指导服务或集中专题培训，其目的是为了提升导师的辅导能力和服务能力，形成全员育人的浓厚氛围。

2. 服务内容系统化

英国高校的职业生涯教育和就业服务内容广泛，贯穿了职业生涯教育的各个方面，集生涯理念、职业知识、就业技能与实践体验于一体，具有很强的系统性，做到了一、二、三课堂的整体联动，实现了理论与实践的有机结合、网上和网下的有机结合、校内资源与校外资源的有机结合。以雷丁大学为例，第一课堂方面，学校开设了职业管理技能相关课程（CMS 培训项目），涵盖了职业意识培养、职业技能训练和职业体验习得等 3 大模块 9 个小类。第二课堂方面，学校职业指导中心全方位提供就业能力支持与服务，既包括一对一的职业咨询、简历指导、实习准备、模拟面试、在线测试与评估等个性化服务，又包括发布就业信息、组织专场招聘会、建立见习、实习及就业基地等基础性工作。第三课堂方面，学校力推“三明治”计划，允许和鼓励学生在校期间（尤其是二年级结束后）暂停学业到用人单位带薪工作一年，并将学生的工作情况和用人单位的评价记作学分，帮助学生获得真实的职业体验，更加周全地作出职业选择。

3. 服务方式个性化

突出主体性，坚持个性化是英国高校职业生涯教育和就业指导的最大特点。第一，突出学生的主体地位，尊重学生的个人愿意，激发学生内在需求，学校提供的所有学生都是菜单式自主选择，学校开展职业生涯教育和就业服务不掺杂任何价值引领或价值判断，其出发点是发展学生的职业能力，提升学生的就业竞争力，落脚点是帮助学生获得最好的大学体验，提高学生的满意度。第二，注重因材施教，提供一对一服务，个别咨询既可以是快速的，也可以是长期的，既可以是临时约见的，也可以是提前预约的，既可以是无目的性的，也可以是有主题的，所有的指导、咨询因学生需求而定。第三，强调公平公正，确保所有学生包括残障学生和国际学生都能同等享受学校的就业服务。比如剑桥大学在做好普通学生就业指导服务的同时，为残障学生和国际学生的就业提供专门指导，雷丁大学则为残障学生提供了诸如配备生活指导、课程录音、心理或职业咨询等个性化服务，为国际学生组织开展欢迎周活动或组织国际学生专场招聘会，建立国际学生实习基地等特殊服务。

4. 服务过程全程化

英国高校将大学生的就业指导服务贯穿于每个学生的整个大学生涯，但又不局限于大学生涯，始于进校前，但不会止于毕业，没有找到工作的毕业生在其毕业后仍然可以回校享受就业服务。其中，剑桥大学的做法最具代表性。剑桥大学有着一套完善的全程化就业指导体系，根据学生不同阶段的特点开展有针对性的指导工作，大一新生以自我探索为主要内容，借助职业测评工具或与职业咨询师交流等方式，开展兴趣、性格、能力和职业倾向等内部环境分析，澄清职业目标；大二学生以职业探索为主要内容，通过发放宣传手册、开展专题讲座等方式，帮助学生分析社会发展现状以及行业需求等外部环境；大三学生以能力训练为主要内容，通过举办雇主推介会、提供网络求职信息以及观摩招聘会等方式，指导学生如何认识雇主、寻找职业岗位；大四学生以求职指导为主要内容，通过开展简历撰写、模拟面试等方式，帮助马上要投递简历、参加面试活动的毕业生提高求职技巧。综上所述，剑桥大学整个就业指导体系，从自我认知到行业分析，从知识传授到就业能力训练，再到个性化求职指导和就业技巧提升等环节层层递进、相互贯通、有机连接。

二、英国高校职业生涯教育和就业指导工作机构设置与队伍建设

英国高校毕业生就业服务体系由政府部门、社会非营利性机构、行业协会、高校等组成。英国创新、大学和技能部（DIUS）是高等教育的中央政府主管部门，但不直接参与高校毕业生就业工作，负责监测、统计与发布高校毕业生就业情况。数据监测和经费拨付是政府实现宏观管理的重要手段。英国政府委托社会第三方机构——英国高等教育统计局（HESA）对就业情况进行监测，确保统计结果的客观、公正、准确，并依据其监测结果发布就业统计数据。英国高校的投入经费不是由政府直接拨付至高校，而是整体打包给社会第三方机构——英国高等教育拨款委员会（HEFC），高等教育拨款委员会按照一套完整的评价体系将经费拨付到所辖区域的有关高校，这其中就包含了就业工作经费。

英国有一系列的专业化行业性组织对高校就业工作进行监督、指导，为大学间进行就业信息、就业指导、就业教育乃至就业指导服务队伍培训搭建了平台，在大学生就业指导服务过程中发挥着不可替代的重要作用。英国毕业生职业咨询服务协会（Association of Graduate Careers Advisory Services，简称为 AGCAS）、英国高等教育就业服务中心（The Higher Education Careers Services Unit，简称为 HECSU）、英国国际毕业生研究团体（International

Graduate Insight Group，简称为 i-graduate）、英国国家学生就业服务协会（National Association of Student Employment Service，简称为 NASES）、英国工业和高等教育委员会（The Council for Industry and Higher Education，简称为 CIHE）等 5 家专业协会及其所属会员机构，承担起了英国高校毕业生就业服务的大部分工作。其中成立于 1967 年的英国毕业生职业咨询服务协会（AGCAS）是英国高等教育学生职业发展服务领域最具影响力的专业协会，英国各高等院校就业部门及其专业教师几乎均为该协会会员，它每两年举办一次的年会是英国高校就业领域最高规格的年会，来自全英各高校职业发展中心的职业发展顾问及其他国家的 400 余名代表参加这一年会。

英国政府对高校学生就业工作机构设置、人员配备和经费支持等方面没有硬性指标，但是政府和社会将高校的就业情况进行发布并排名，且与学校的总排名挂钩。高校出于对学校社会声誉的维护和对“潜在入学者”的争夺，将就业工作视为学校发展的生命线，自主筹措经费，设置就业机构，组建专业队伍。目前，英国绝大多数高校都成立了诸如就业指导中心（Student Employment Service / Job Shop on Campus）或职业中心（Career Centre）的就业服务机构，虽然名称不同（以下统称《就业服务机构》）、部门内部设置组成不同，但主要工作内容基本一致，主要提供就业信息、求职及创业指导、职业生涯规划、掌握雇主需求等一站式服务。其工作职责分对内和对外两大部分：对内部分主要是开展就业咨询与指导、职业技能训练、就业调查统计等；对外部分主要负责联系雇主，开拓与维护就业市场，了解社会需求，收集、发布就业信息，组织专场招聘会等。就业服务机构独立于学科院系，直接隶属于校董事会，院系一级不设就业服务部门，没有专业的就业服务人员，就业工作由学校集中负责。学校就业服务机构与其他职能部门、各院系建立了互通有无的沟通反馈与合作机制，能及时有效地沟通反馈雇主的需求与意见、学生在校表现及职业意愿，从而将就业问题有机地融入学校整体的教学、科研、管理与服务之中。高校注重强调就业指导服务的全员参与，定期召开会议向各学院院长通报就业进展，根据就业情况调整专业发展规模与方向，通过明确个人导师和宿舍总监对学生进行就业指导服务的责任等一系列切实有效的措施，在大学校园内营造出人人关心就业、人人参与就业的良好环境氛围。

英国高校就业指导工作起步早，在推进就业工作人员队伍制度化、专业化、职业化方面走在前列，拥有一支高素质的专业化职业指导师队伍。职业指导师通常必须获得职业指导和职业教育方面的职业资格认证。2007 年 10 月，英国教育部和劳工部推出文件草案协商，明确了就业指导人员的资历架构和发展通道，对就业指导人员培训和发展计划提出了具体要求，允许就业指导人员在高校就业指导部门、培训机构等单位的流动，这为就业指导人员专业化和职业化提供了合法性依据。同时，国家认可的多种层次的资格认证也逐步推行。专门的行业委员会负责就业指导人员培训、审核、颁发资格证书，并对职业指导师的工作开展督导、提供建议、帮助提升。英国职业指导师审核严格，要经过几个专业考试认证，不仅要有理论功底，还要有相应的实践经验，往往具有心理学、教育学学科背景，并有在大型企业和相关部门从事人力资源管理的工作经历，达到了系统的理论知识和丰富的工作实践有机融合。

以剑桥大学为例，学校学生就业工作机构由专门委员会、顾问委员会和就业中心组成，由一位副校长专门分管。专门委员会由来自大学不同部门的负责人组成，统筹协调全校就业工作；顾问委员会则由企业代表组成，为学校职业生涯教育和就业指导提供咨询建议；就业中心是由学校单独设置的一个独立机构，具体负责全校学生就业指导工作，学院一般不提供就业指导服务。就业中心设主任一名、副主任一名，向专门委员会和一位副校长负责并报告工作。中心共有工作人员 46 名，其中兼职人员 25 名。中心由职业指导、信息服务、项目服务、职业顾问以及后勤保障等组成，除中心主任、副主任外，还有职业指导师 14 名、信息服务人员 6 名、项目管理人员 8 名、助理职业顾问 12 名、后勤保障人员 4 名。2015 年，剑桥大学学生总数为 18 977 人，其中本科生 11 864 人、研究生 7 114 人，从就业指导的师生比来说，明显要高于我国的高校。剑桥就业中心的职业咨询师一般都有在某个行业就业的经历，具有一定的产业界工作经验，了解行业最新发展趋势，熟悉行业特点和人才招聘要求，可以给予学生直观和针对性的指导。比如，剑桥就业中心的主任戈登·切斯特曼（Gordon Chesterman）1983 年开始在金融界工作，1995 年加入就业中心，2002 年担任主任一职，在其从事职业指导服务之前，已经有过 10 余年的实践工作经验，所以对金融行业感兴趣的学生都会选择切斯特曼先生咨询，以期得到最有效的帮助和指导。

三、英国高校职业生涯教育和就业指导工作体系及主要做法

英国高校学生职业生涯教育和就业指导服务工作涵盖了职业生涯教育与就业服务的方方面面，但与我国高校就业工作相比，其就业工作有两个显著的特点：一是就业指导与服务应需而生，凡是有需要的学生均可在就业服务机构获得有计划的指导与服务，换句话说，这里的就业指导与服务更多是“被动”的，只面向有需要的学生，针对性更强；二是就业服务不涉及就业管理，毕业生离校后不需要办理毕业派遣手续，就业工作人员可以把精力重点放在职业生涯教育和就业指导服务上，专业化程度更高。综观英国高校职业生涯教育和就业指导服务，大致涵盖了课程建设、咨询指导、职业训练、信息服务、市场开拓等五个方面的主要内容。

（一）以提高职业管理技能为核心的课程建设

职业管理技能（Career Management Skills，简称 CMS）是指在具有挑战性或变化的工作环境中生存并获得成功的技能，主要包括职业道德、表达沟通、人际交往、分析判断、解决问题、学习和创新、团队合作、组织管理、应变能力、仪表举止等方面的能力以及外语应用、计算机操作技能等，是可广泛迁移、具有行业通用性的综合能力，被形象地称为“口袋技能”，深受大学毕业生和用人单位的青睐。早在 20 世纪 90 年代初，针对大学生就业过程中存在的问题，英国政府推行了“Centre of Excellence of Teaching and Learning”（卓越教学中心）项目，投入 390 万英镑，计划用 5 年时间在大学生中开展“职业管理技能”项目的探讨、实施和

推广工作,并在雷丁大学进行试点。雷丁大学开设了专门的 CMS 网站，1999 年开始制订“职业管理技能课程”规划，2001 年组建了“职业管理技能”培训团队，2005 年成立了 CMS 中心。随后,许多高校纷纷购买并使用了雷丁大学 CMS 培训项目的版权,相继建立了大学生 CMS 中心,并初步形成了职业生涯管理技能课程体系。

CMS 课程学习目标是帮助学生形成完善的技能结构、展示自身技能的自我推销能力、能够辨认适合的工作机会的能力、能够进行反思和评估的能力,并通过实习、兼职等不断培养和发展自身能力,最终成功推销自己和发展自己的职业生涯。课程核心内容主要包括课堂教学、模拟求职和实习实践三个环节。课堂教学环节旨在唤醒学生的职业生涯意识,开展自我探索,明确职业目标与行动方案,一般采取授课形式,面向全校不同学科、专业的所有学生开设。模拟求职环节旨在结合外部环境分析,开展职业能力训练,提升学生的职业管理技能,主要包括模拟招聘训练、技能测试训练、心理测试训练。实习实践环节旨在通过参加招聘会、见习、实习等具体实践,获得真实的职业体验,巩固并提升职业管理技能,明晰未来职业发展目标。该环节是 CMS 培训项目最重要的组成部分,学生自愿参加,学校不强制执行,学生们很乐意在课后或抽出专门时间来完成这一项目,以获得直观真实的职业体验。

以雷丁大学为典型代表的 CMS 课程体系,自 2002 年应用于本科教学以来,取得了很好的效果,并逐步延伸到部分硕士和博士研究生。2002 年起,雷丁大学所有本科生教育都融入了 CMS 课程,并贯穿整个大学生涯:大一学生通过 CMS 课程网站上进行在线接触性学习;大二学生开始正式参加以一对一辅导为主的课程学习;大三学生则以做好求职准备为主。CMS 课程的讲授面向所有专业和学位的学生,一般分为讲授课程和网络课程。以雷丁大学为例,该校的 CMS 课程修满可获得 5 个学分,相当于 50 个小时的学习。在授课方式上,雷丁大学采取了“混合学习”模式,集课程讲授、在线练习与完成作业于一体,课程一般由学校就业指导中心的专职职员或专业教师讲授,授课教师的学历要求至少是硕士研究生,但没有严格的专业限制,鼓励具有丰富经历和宽泛背景的教师参与教学。雷丁大学每个系都有一名讲授 CMS 课程的教师。课程内容选择相对灵活,教师可以自由选择授课内容,学生也可以选择所学内容,学生还可以在网站上提交他乐于接受的学习内容,课程的开发者也可以根据大多数学生的需求进行调整。

该课程最大的特点是强化实践性教学,突出学生职业管理技能的培养。一是授课方式变“授之以鱼”为“授之以渔”,实行模块教学法,采用教学与训练相结合的方式,运用课程讲授、典型案例分析、情景模拟训练、小组讨论、师生互动、角色扮演、社会调查与实践等方法,突出学生的主体地位,构建师生互动式的教学模式,让学生在轻松愉快的教学情景中感悟和体验。二是注重职业技能培训和心理健康测评,充分运用问卷、仪器、情景设置等方式,开展各种职业技能、职业心理等测验及评估,帮助学生建立正确的自我评价。三是注重理论联系实际,开发“职业管理技能培训”网络平台,把社会实践、岗位体验、志愿服务、文体活动、素质拓展等一起纳入课程体系,推行“三明治”计划,在职业实践中激发职业意识、培养职业能力、养成职业规范。

（二）以提高学生受雇能力为核心的咨询指导

目前，英国高校就业工作的最大挑战不是工作机会不足，而是学生与雇主的期望值不同以及缺乏职业技能。在就业服务部门看来，提升学生“受雇能力”远远比直接提供就业机会重要。与国内提倡的提升毕业生就业竞争力或就业核心竞争力不同，英国高校更愿意提升学生的“受雇能力”。在他们看来，“受雇能力”的外延比核心竞争力更小，指向性更强，高校作为一个产品输出单位，提高学生“受雇能力”是提升消费者——用人单位产品使用满意度最有效的方法。因此，以提高学生受雇能力为中心的“急诊式”的咨询指导成了英国大学生就业工作的重要内容，备受学生欢迎。

从工作内容上看，高校就业咨询指导一般涉及招聘程序、面试辅导、团体讲座、计算机辅助指导（模拟测试等）、心理测试等，所有咨询指导服务及其所涉及的活动对所有学生开放。咨询过程中，除了解并澄清学生所面临的困惑和问题外，还经常开展能力、性格、职业倾向等各类测评和“一对一”的专家咨询服务。测评结束后，咨询专家会为学生提供参考意见，建议其采取什么样的方式来解决问题。据统计，英国大学毕业年级中 80% 以上的学生能够得到权威的指导和可以信赖的咨询服务。

从工作方式上看，线下面对面咨询和线上即时性咨询相结合。英国高校职业咨询服务专业化程度高、个性化服务好，学生可结合自身需要灵活自主地选择咨询方式。一般来看，高校职业咨询面对面咨询分为 3 种类型：第一类称为“快速咨询”，时间一般为 10 分钟，主要是帮助学生检查个人简历，回答一些简单问题，一般不需要进行预约；第二类称为“短时间咨询”，时间为 20~30 分钟；第三类是“长时间咨询 ”，时间一般为 40~45 分钟。后两类咨询一般需要提前预约，学生可以凭学生一卡通账号登录学校职业中心网站，根据既定的咨询值班表，自主选择咨询的时间和咨询师。咨询过程中，咨询师会就学生感兴趣或者困惑的问题与其展开深入的探讨，并为学生提供建议性意见，有时还会布置一些巩固练习，有需要的还会确定下次约谈的时间。剑桥大学每一位职业咨询师每周开展个别咨询的时间可达 7~8 个小时，大约接受 12 个快速咨询、5 个短时间咨询和 4 个长时间咨询，整个工作团队每周能为超过 200 个学生每人提供一次咨询服务，总时间达到 80 个小时。雷丁大学一年接受就业指导的人数一般为 16 600 人次左右。此外，英国高校还有专业的网上在线咨询和指导，既可以实现即时性的咨询，又提供了诸如 CMS、面试视频、用人标准等详细的指导信息。有时，学校还会举办专业的工作坊和俱乐部等活动，为学生搭建兴趣培养、技能训练的社交平台。

从工作要求上看，英国高校就业咨询工作专业化程度高。一是就业指导人员专业化程度高，大学虽然对就业指导人员的专业没有具体规定，但是就业指导从业人员一般需要有从业资格，而且要参加过为期一年的培训取得证书才可以从事就业咨询工作，学校在招聘就业指导人员时，也有关于长期的相关背景和丰富的工作经验的要求。二是就业咨询工作规范性要求高，一方面，注重资料的整理、收集和保存，咨询结束后，咨询师会将和学生讨论的结果记录在网站系统内，如果这位同学再次进行职业咨询，咨询师就能很方便地调出以往的记录,更好地了解这位学生的特点,同时也有利于就业咨询工作的案例研究;另一方面,就业咨询师尊重学生的个人意愿,自觉做好保密工作,在没有征得学生同意的情况下,不会向任何人包括学生的家人、导师透露咨询的任何内容。三是就业咨询工作合作机制完善,雷丁大学建立了就业咨询师和学生个人导师的联系机制,在征得学生同意后,可以共同合作指导学生,帮助学生解决职业和就业方面的问题,实践证明,这一做法效果明显。

(三)以强化实践体验为核心的职业训练

英国高校普遍重视学生就业能力的培养,采取多维度系统性的举措,鼓励学生在职业实践中获得职业体验,巩固和发展新的职业管理技能,为顺利就业奠定良好基础。比如英格兰高等教育基金会有力地推进就业能力培养路径信息化工作,在其发布的 2011 年《就业力培养自述》中,特别强调了包括生涯规划、实习、认证课程、课业内、创业、进展记录、研究生就业、课业外等 8 个维度的人的培养体系。雷丁大学积极推出"三明治"计划,鼓励学生在校期间暂停学业进行带薪实习,事实上,全英许多高校都在力推"三明治"计划。此外,许多知名的第三方专业组织机构,如毕业生职业咨询服务协会、毕业生招聘协会、英国就业与技能委员会、高等教育学会等,也会给各高校的就业服务中心的服务提供指导和支持,以期给学生最优的职业指导和职业技能训练。下面,仅以雷丁大学为例,重点阐述高校推进学生职业技能训练的特色做法。

雷丁大学近两年推出了 RED 计划(Reading Experience and Development Award),也叫雷丁大学学生就业技能发展计划。该计划旨在通过志愿服务、培训、见习、实习或带薪工作等方式,帮助学生发展职业技能、获得职业体验。学校积极邀请一些中小型企业参与合作,确定 4 到 8 周的研究项目(雷丁大学学生实习期既有 1 到 2 周,也有 4 到 6 周的,长的可以达到 1 年,但学校经过调查表明,排除学科、专业等变量外, 4 到 6 周或 1 年的实习经历与就业的相关性最高),商定实习岗位。雇主只提供实习机会,学校负责募集实习基金,主要来源于校友或者社会第三方机构,因此学生实习是有报酬的。学校也倾向于为那些可以给实习生提供带薪实习的雇主在校内作招聘宣传。雷丁大学学生要获得这一奖励计划,必须完成不低于 50 个小时的课外活动,具体包括参加至少 10 个小时志愿服务、至少 5 个小时的培训训练、至少 35 小时的志愿者、见习、实习或带薪工作等核心活动。这一计划主要有义工、带薪工作和实习三种方式,实践经历只接与学生成绩单挂钩,作为额外学习经历记录在案,以此鼓励学生尤其是国际学生参与其中,增加实习或工作方面的真实体验。这一计划既帮助学生巩固了既有的技能、发展了新技能,又搭建了学生与市场的联系,尤其是对于国际学生而言,这是发展语言技能和社交能力的有效途径。截至目前,已经有 1 100 多名学生通过了这一奖励计划。据雷丁大学职业中心主任介绍,通过一项全英调查表明,很多学生在学习中期出去实习,回校后学习成绩有了明显提高,且参加这个项目的学生,能百分百找到很好的工作。

此外,雷丁大学还有两项计划发展学生的专业技能,提高学生就业能力。一是实习生计划（Reading Internship Scheme，简称 RIS），这一计划是基于合作项目的实习，即学校与企业事业单位有合作意向，为学生提供了报酬的实习岗位，比如社区志愿者、项目协调员、时装设计、销售、地产管理等实习生岗位。学校在职业中心网站上及时公布当前基于项目合作的岗位信息，学生可以自主申请。这一计划相当于国内的顶岗实习，学校为企事业单位提供实习生，以解决实习单位人员紧缺的问题，同时实习单位为学生提供实践平台，学校聘请实习单位专家或管理者担任学生实习导师，以解决专业导师不足、指导不够的问题，这是一个三赢的过程，其中最大的受益者学生，不仅可以把所学的理论知识运用到专业实践中，提升专业能力，又可以在职业实践中发展和巩固自己的职业管理技能，更重要的是，可以帮助学生建立职业网络和社交平台，从而实现由学校学习向社会就业的有效过渡。二是职业生涯发展助推计划（Thrive Career Mentoring Programme，简称 TCMP），这个项目主要是针对二年级学生的，旨在开发校友资源和导师资源，帮助学生明确未来职业目标，发展职业管理技能。具体做法是：让校友与学生一对一结对，校友与学生定期见面，与学生一起探讨研究主题、所学专业，或者是感兴趣的未来目标职业，帮助学生明确当前所学专业对未来职业发展的重要性以及未来职业的现状。在这一过程中，个人导师积极配合、广泛认同学生的职业目标选择，并给予有力支持，在学生毕业一两年之前，针对未来目标职业为学生的简历制作、求职信写作、面试技巧提升、商务礼仪准备等提供积极帮助。最近，雷丁大学推出了一个职业指导新项目，聘请校友担任学生就业培训师，目前已经有 100 多位校友、5 个系部的学生参与其中，这一计划旨在帮助毕业生搭建资源网络，促进学生就业。

此外，英国许多高校在开展职业能力训练、培养学生就业能力过程中，积极利用电子信息化技术，为学生提供就业能力成长的电子记录。比如剑桥大学推出了个人发展规划（Personal Development Planning）电子记录，供学生记录和反思就业能力发展过程，爱丁堡大学实行 PebblePad 电子档案袋，伦敦大学学院则推出关键技能计划（Key Skills Programme），学生可以查看和管理个人能力发展进程。

（四）以推进职业发展为核心的信息服务

英国高校就业指导信息服务主要包括三个部分：一是职业信息服务中心发布的职位空缺和兼职机会；二是 CMS 网上学堂，提供在线就业指导和在线课程学习；三是毕业生去向跟踪调查，为政府、潜在入学者和大学办学提供客观依据，这三项信息服务一起构成了英国高校完善的就业咨询信息服务体系。英国高校就业指导信息服务有以下两个明显的特征。

第一，就业信息工作不是单纯地为学生提供职位信息，而是以“职业”为中心，着眼于学生的职业发展。这一点在雷丁大学尤为明显，学校将此视为就业信息工作的灵魂。雷丁大学提供的就业指导信息除职业招聘信息外，还延伸到了培养过程、招生设置、辅助专家咨询、个性化就业指导、远程教学、个体能力与性格解析等多个领域，这一理念远远超出了我国高校对就业信息工作的理解。英国高校就业信息服务部门把本部门看成是“客服前台”，在网上迎接客户——学生和雇主，所以他们既要在服务中博得客户的认同，又要了解客户的偏好和需求，以更好地"生产和推销产品"。在信息服务工作过程中，处处体现为学生职业发展提供支持，比如坚持按照雇主的需求，改进教学或培训方式，提升学生的受雇能力；使用先进的职业分类系统，帮助学生更加准确地定位和查询；发布行业发展简报，帮助毕业生更好地选择职业方向；向学生提供雇主资料、手册和视频光盘等，帮助学生进行就业决策等。为了实现这一目标，学校就业信息服务部门积极和各方合作，以获得更多的信息资源，广泛提供印刷品服务，帮助雇主了解学生特点。

第二，信息化程度高，信息资源充分，网络技术在就业指导信息服务中发挥了重要作用。不论是剑桥大学、牛津大学，还是雷丁大学、布莱顿大学，就业服务中心都会提供丰富、全面的信息服务，诸如定期编辑就业活动信息和就业指导刊物，将就业指导刊物摆放到学校的图书馆、教室、学生会、研究生会等公共场所，免费供学生自由翻阅；在校内显眼的宣传栏或主要路口张贴有关职业和就业指导中心的最新讲座、招聘活动的信息，以便学生更好地了解和掌握。剑桥大学就业中心设有专门的图书室，收藏了大量关于行业、职业和雇主的资料，分类清晰，每天都有大量学生前来查阅。全英高校都建立了自己的就业指导服务网站，网站内容涉及信息发布、法规制度、职业测试、网上指导、网上招聘等，有的还包括了 CMS 的网上在线课程和视频指导课程，形成了完善、功能齐全、覆盖面广泛的交互式就业信息网络，学生可以 24 小时免费获取网站所及的全球范围内的信息资源。有的网站还具有"菜单式"订制服务功能，例如剑桥大学、雷丁大学的就业信息网设置有"信息定制系统"，只要学生注册了账号，并订阅了就业中心提供的电子信息，系统就会自动定期将最新的信息发到学生的邮箱中。此外，剑桥大学就业网站还有一个称之为"Gradlink Alumni Database"的特殊功能，该系统记录了很多校友的信息（联系方式及其以往和现在的就业单位），毕业生可以通过校友很方便地联系上自己感兴趣的雇主及其单位，并听取他们的建议。在得到校友帮助后，学生可以将自己的相关信息登记在这个系统中，形成了完整、丰富的信息档案库，以帮助后面的毕业生，形成了良性循环。

（五）以提升雇主体验为核心的市场开拓

英国高校十分重视就业市场建设，但与国内不同的是，英国高校在推进学生就业、增强学生体验的同时，格外强调雇主的价值体验。在他们看来，如果雇主不满意，那么学校培养的学生将无业可就。因此，雇主同学生一样，也是学校的直接客户。

在英国，组织招聘会是高校维系雇主关系、推进学生就业最直接、最有效的方式。英国高校虽然一年有 3 个学期，但每年还会举办两次大型校园洽谈会，邀请雇主到学校参加招聘会，或者日常的小型洽谈会。这种集中进行的方式很受雇主和学生的欢迎。学校为帮助雇主提高招聘效果，会在毕业生中选聘商务代表，代表学校向雇主们提供一对一的服务，帮助他们快速找到适合的人才，以博得雇主的好感。值得一提的是，在英国，已经毕业离开学校的学生可以通过参加就业中心组织的招聘和咨询等活动的方式继续得到中心的帮助。在英国，校园洽谈会十分频繁，一年不下数百场。根据剑桥就业中心提供的数据，在 Michaelmas

学期(从9月下旬开学到12月初),就业中心要牵头组织500余场活动,其中有118场是用人单位的宣讲会。洽谈会类型多样,既有综合性的,也有专业性的,比如雷丁大学每年举办的招聘会类型包括了兼职工作招聘会(Part-Time Jobs Fair)、职业生涯与就业招聘会(Careers & Placement Fair)、法律职业招聘会(Law Careers Fair)、建筑类招聘会(Construction Fair)等等,学生参与活动的积极性也很高。

但是,英国高校就业市场的开拓并不仅限于此,他们会通过多种方式与雇主保持联系、开展合作,以沟通感情、维系关系。深化与雇主的日常联系,通过电话沟通、寄信、实地走访等等,让雇主了解学校就业指导中心的服务以及学校未来发展动向,并从中感受到关注与尊重。更为重要的是,雇主可以参与到学校的改革发展的各个环节中,比如雷丁大学最高权力机构校务理事会以及各执行委员会(教学委员会、审计委员会、薪酬委员会、委任委员会等)成员都来自校外的社会各界人士,其中大部分为商界人士,有些还是委员会的主席。雇主可以参与学校人才培养的合作,如邀请雇主来校听课,了解学校及人才培养规格,听取雇主对学校人才培养的意见和建议,并建议教学部门按照雇主的要求培养学生;推进学校人才培养单位与雇主开展教学、科研合作,让雇主介入人才培养的实践环节,或者组织学生参加雇主的商业和研发计划,提高雇主对毕业生的价值体验。促进雇主与学校的互动,经常邀请雇主参与学生职业培训,或者到学校开展宣讲会和工作坊,或者讲授高校职业生涯技能模块课程,或者指导学生进行模拟面试等,实现了学校、社会和雇主多方的良好互助合作,充分保证了大学生职业生涯教育理论与实践的高度统一,以及大学生职业选择与社会劳动力市场需求的有效衔接,可谓一举多得,值得我们学习和借鉴。

四、英国高校职业生涯教育和就业指导工作的启示

英国各高校出于学校的社会声誉、未来发展,主动承担起了就业指导与服务工作,充分体现了英国高校的历史使命和社会责任。英国高校前瞻性的工作理念、系统性的工作内容和创新性的工作举措,对于推进国内高校职业生涯教育和就业指导工作都具有积极的借鉴意义。

(一)坚持招生和就业工作相结合,把职业生涯教育和就业指导贯穿于人才培养的全过程

推进国内高校就业工作,首先要在工作理念上做文章。我们应该清醒地认识到,就业工作和招生工作同样重要,而且两者相辅相成、相得益彰。英国高校清楚地认识到“出口”对于“进口”的重要积极作用,招生对于一个高校确实有显性、直接也相当重要的影响,但就业情况和校友作为才是一个学校办学质量的根本检验和学校声誉的主要支撑。高质量的就业以及良好的就业前景是高校对外宣传中的有力卖点,可以吸引优秀的国内生源和更多的国际生源。一个成功的职业生涯教育,可以培养成功的校友,可能为学校带来更丰厚的校友捐赠。我们应当把招生与就业有机地结合起来,明确提出“招生”“培养”和“就业”是学校培

养人的中心工作的三个关键环节，把就业工作融入学校的教学、科研以及管理服务的各个环节，积极营造全员育人的氛围，集全校之力推进职业生涯教育和就业服务工作。

（二）坚持优化管理与提升服务相结合，重在强化服务意识、提高服务水平、优化服务模式

我们要坚持管理和服务两手抓好，一方面要在优化管理模式上下功夫，加强就业管理工作自身的规范化、科学化和信息化，简化管理手续，提高管理效率，促使就业服务部门尽可能从事务性工作中解放出来，把更多的时间和精力投入到职业生涯教育和就业指导上；另一方面，要在提升服务上下功夫，除确保有足够的就业指导师资和经费投入外，要增强服务意识，拓展服务内容，创新服务方式，提高服务水平，重点要强化个性化、即时性和实践性的指导，职业生涯教育要结合学科和专业的特色有针对性地开展，职业咨询要突出时效性与差异性，满足不同学生的需求，要更加注重对学生职业管理技能的培养，在职业实践与体验中巩固和发展学生职业管理技能。

（三）坚持专职队伍和兼职队伍相结合，着力打造一支专业化的职业指导队伍

首先，要推进专业化人员队伍建设，一方面，加强现有就业指导人员的专业化培训，提高他们的专业化水平，鼓励就业指导人员“走出去”，深入职场，增加职业体验，实现由传统的“经验型”“应急型”的非专业化发展向“研究型”“复合型”的专业化发展转变；另一方面，严把职业培训教师的入口关，推行“职业培训师”准入和“职业指导师”“心理咨询师”资格证制度，培养更多适合从事高校学生职业管理技能培训的专门人才，并想方设法吸引他们在就业指导工作岗位上长期稳定地坚持下去，促进就业指导向科学化、专业化、系统化的方向发展。其次，要加强专业化机构的建设，从国家层面来看，可以将现有的指导培训机构纳入到国家体制中来，成立由学校、政府、企业参加的全国性的职业管理技能培训方面的专业协会，从学校层面来看，可以在已有的学生就业指导中心的基础上成立职业管理技能培训科（办公室）或具有教学实体性质的研究中心，实现指导学生找工作向引导学生进行职业规划、培养职业管理技能的转变。

（四）坚持职业价值观引领、职业意识唤醒和职业技能培养相结合，着力提升学生职业管理技能

我们在引领学生职业价值观的同时，也要向英国高校学习，坚持就业管理和就业服务相结合、生涯教育和咨询指导相结合、职业生涯意识唤醒和职业管理技能培养相结合，尤其是要把职业辅导的工作重心转移到学生职业管理技能的培养上，并贯穿于学校人才培养的全过程，提升学生的“受雇”能力。此外，借鉴雷丁大学的 RED 计划和 RIS 计划，要积极鼓励学生参与职业实践，获得真实的职业体验。当前，国内有些高校正在尝试通过行业调研、人物访谈以及岗位体验等方式，支持学生参与职业体验，这是积极的信号，但并没有正式纳入职业生涯课程体系，或者落实不到位，形式大于内容，有待于进一步的改进和完善。

（五）坚持校内资源和校外资源相结合，扩大社会各界对学校改革发展和人才培养的参与度

英国大学生就业服务框架有一个明显的特征，政府、高校、社会、企业等多方参与，政府指导，社会参与，企业反馈，高校作为人才培养的中心环节，充分吸收和挖掘校外资源对学校改革发展和人才培养的积极作用。比如，剑桥大学非常重视校友资源在就业服务指导工作中的作用，该校就业中心经常举办一些校友经验分享，邀请各行各业的优秀校友返校与同学们进行交流；每年开展雇主调查，通过电话、电子邮件、实地访问等方式了解毕业生工作情况以及雇主意见，并及时反馈到大学和学院，指导教学环节的改革；通过毕业后就业情况调查帮助学校调整学科设置，完善人才培养方案，把握社会需求情况，以便培养符合社会需求的复合型人才。这种以就业为导向的办学理念值得借鉴。高校办学如何与社会接轨、与企业接轨是当前亟须解决的一个重要问题，只有让更多的校外人士参与并介入学校发展，学校才能与市场实现无缝对接。一方面，学校办学要紧跟时代发展脉搏，紧紧围绕“社会最新的发展和需要”设置课程内容，尤其是应用性比较强的学科，及时更新教学内容，让学生掌握实践中“管用”的各种技能和方法，避免所学与所需不匹配的现象；另一方面，学校要高度重视用人单位的价值体验，把对用人单位的定期调研作为学校的一项重要工作，及时听取用人单位对毕业生的意见和建议，以作为学校完善人才培养方案的重要参考。

参考文献：

[1] 欧阳沁. 剑桥大学学生就业指导工作体系与启示 [J]. 中国大学生就业，2009（10）：75-78。

[2] 王占仁. 英国高校学生就业服务体系的启示与思考——以英国里丁大学和巴斯大学为个案 [J]. 中国高教研究，2010（10）：59-61。

[3] 王占仁，常飒飒. 英国高校职业生涯管理技能课程研究——以英国里丁大学为个案 [J]. 中国高教研究，2012（10）：58-61。

[4] 王占仁. 英国高校职业生涯教育之启示——以英国里丁大学为个案 [J]. 教育研究，2012（7）：134-138。

[5] 韩伏彬，董建梅. 英国雷丁大学职业管理技能中心的职能与启示 [J]. 创新与创业教育，2012（2）：53-55。

[6] 马杰. 英国高校毕业生就业管理机制及对我国的启示 [J]. 当代经济，2012（13）：122-123。

[7] 岳军. 英国高校就业指导队伍建设的特点及启示 [J]. 北京教育（高教版），2012（6）：75-76。

[8] 周红，夏义堃. 英国高校就业指导服务的发展启示 [J]. 江苏高教，2006（5）：122-124.

[9] 刘志坚. 英国大学生就业工作及其对我国的启示 [J]. 江苏高教，2006（4）：111-113.

中英高校学生职业生涯教育对比及启示
——以英国雷丁大学为个案

北京交通大学　潘显钟

摘要：英国高校职业生涯教育被公认为全球领跑者。本文以英国雷丁大学为考察对象，从理念目标、法律保障、课程实施、实习实践、校企互动、辅助手段等方面进行了深入的对比研究。借鉴英国高校职业生涯教育的成功经验，对于我国高校深化学生职业生涯教育具有一定的启示。

关键词：英国；职业生涯教育；雷丁大学；启示

职业生涯（Careers）是一个人整个生活中所从事的职业或担任的职位的总和。大学生职业生涯发展，也称“职业生涯教育”或“生涯辅导”，是指引导大学生（包括研究生）通过各种技能和方法的学习和体验，使其能够在社会经济文化的快速发展中掌握个人职业发展方向，合理制定求职策略，理性选择职业。职业生涯教育不同于就业指导，就业指导是以解决职业选择、准备及适应性等问题为主，强调个人与职业的配合，是短期的局限于一定范围的指导；职业生涯教育是在人们审视职业指导的功能发挥和对其重构而产生的新概念，以尊重人的个性、重视人的发展为目标，以人生命历程中的职业生涯发展为核心，关心个体一生当中的教育、职业，并涉及与教育、职业有关的生存角色的选择与发展。从职业指导发展为职业生涯辅导，是用发展的职业观取代了静止的职业观，是从关注职业早期发展到关注终生职业发展。

高等院校承担高层次人才培养的使命，学生的就业选择及职业发展反映着人才培养的质量。近年来，国内各高校纷纷在开展大学生的就业指导的基础上，开始着手大学生（包括研究生）的职业生涯教育，从课程设计、教师配备以及测评软件的引进等方面予以实施，取得了一定的成效。总体上看，与欧美发达国家相比，由于历史、制度、理念、条件等方面的因素，我国高校学生职业生涯教育尚处在起步阶段。本文通过对中英两国高校学生职业生涯教育的体系进行深入比较，并以人才培养的广阔视角，对我国高校学生职业生涯教育的可持续发展进行思考。

一、职业生涯教育的发展历程及特点

职业生涯教育发端于19世纪末叶的美英等西方国家，至今已经有百余年的历史。以美国为代表的西方国家，经济的迅猛发展加速了职业的分化，随着经济周期波动加剧，失业与就业问题成为全社会关注的焦点，职业生涯教育应运而生。职业生涯教育在美国的发展最早可以追溯到帕森斯（Frank Parsons）在20世纪初提出的以“人职匹配”为核心理念的职业指导运动。此后经过百余年的发展，其理念已经渗透到欧美整个教育体系中。围绕着“以人为中心的生涯的发展”的思想，相关学者将职业生涯教育理念的发展梳理为三个主要阶段。

（一）20世纪初至20世纪40年代末：职业指导阶段

职业生涯教育的最初实践是以职业指导的形式出现的。1908年，美国波士顿大学教授弗兰克·帕森斯创立了世界上第一个职业指导机构——波士顿职业局，其功能类似于今天的职业介绍所，以引导人们接受职业教育与培训，帮助人们选择职业。1909年，帕森斯等人出版了职业指导专著《职业选择》，提出了“职业指导”（Vocational Guidance）这一专门用语，标志着职业指导活动的开端。20世纪初的职业指导运动是基于以心理测量为基础的科学理性，职业指导在这一时期的特点心理测试得以广泛应用，对心理测量工具的依赖程度较高。尤其是在第二次世界大战之后，对于复员军人提供职业指导和测评咨询成为时髦。

（二）20世纪五六十年代：职业指导向生涯辅导的转化阶段

自20世纪50年代开始，职业指导不再强调某一时间为求职者提供信息，而更加重视被辅导人的心理特质及终生职业发展。1953年，唐纳德·E. 舒伯（Donald E. Super）首次提出职业生涯的概念，并将个体生涯划分为成长、探索、建立、维持和衰退五个阶段，并以此为基础建构了他的职业生涯选择和发展理论。20世纪60年代，人本主义心理学家卡尔·罗杰斯（Carl Ransom Rogers）提出“以当事人为中心”的心理治疗方法，强调咨询者个人的态度和特质及职业发展的影响。这一阶段的特点是动态发展的择业观取代了一次性终结的择业观，更加注重对人的整个职业生命周期的研究，也更加强调咨询者的主体地位。

（三）20世纪70年代至今：职业生涯教育阶段

社会变革对个人职业能力和职业素养的要求不断提高，教育界开始更加关注人的综合性发展，职业生涯教育逐渐成为各国教育发展的共同理念。1970年，美国联邦教育委员会委员詹姆斯·艾伦（James Allen）基于一项教育期望的调查结果，提出教育目标应转变为“工作导向”，从而掀起了一场“生涯教育”为旗号的教育改革浪潮。20世纪90年代以来，在职业教育和普通教育趋于整合的国际背景下，一些高校开展了以“从学校到生涯”（School to Career）的运动，逐渐形成了“从学校到生涯”的职业教育理念。这一阶段的特点是注重人的主体价值和主动选择，生涯教育理念与学校教育相互贯通，注重从整体的观点来看待人的发展。

二、英国高校学生职业生涯教育模式及特点——以雷丁大学为例

英国高校的职业生涯教育从19世纪末开始萌芽，在第二次世界大战后高校扩张时期快速发展。如今的英国高校职业生涯教育被公认为全球领跑者，对许多国家产生了深远的影响。由于英格兰、苏格兰、威尔士和北爱尔兰都是自治的，彼此的高等教育格局和制度也不尽相同，开展职业生涯教育的框架和做法也自成体系。本文仅以英格兰地区，尤其是雷丁大学为考察对象，从理念目标、法律保障、课程实施、实习实践、校企互动、辅助手段等方面进行深入分析研究。

（一）理念目标

职业生涯教育是英国高校就业工作乃至人才培养工作的核心。随着近年来英国高校本科生学费的不断上涨和就业市场的不断变化，英国高校不得不重视教育的投入与产出效益，于是也更加重视对学生就业能力的培养。职业生涯教育的理念嵌入到学生大学四年的学习中，从新生入学时就灌输职业生涯指导的重要性，并为之提供一整套职业生涯与就业指导服务，其目标是持续提高学生的"受雇能力"，使学生所接受的教育和体验物有所值。雷丁大学通过提供嵌入式课程学习、科研活动、职业讲座、一对一辅导、实习体验、情景模拟、信息技术等多种服务，帮助学生提高自我认知水平，明确自己的性格、价值观、技能和发展动力，掌握各种类型的工作和学习的机会，参与各种实践体验，充分挖掘和展示学生能力，提高学生的可持续发展技能。在就业服务层面，通过邀请知名企业来校招聘，与学生交流，既帮助学生了解用人单位的招聘流程，也帮助学生了解用人单位对人才知识能力的结构需求。

（二）法律保障

完善的立法是保障英国高校职业生涯教育得以发展的基石。英国第一部涉及战后生涯指导的法案是1948年的《就业和培训法案》，该法明确了国家对"年轻人就业服务"负责，后来又多次立法予以确定。1995年，英国的毕业生雇主委员会发表了《21世纪毕业生应具有的基本能力》（*Skills for Graduates in the 21st Century*），该报告指出，大学毕业生应同时符合专才和通才的能力要求，以进一步增强自我依靠、自我发展的技能，同时，职业发展教育被视为提高毕业生就业能力的有效途径，要求每个高等教育机构都要开设相关课程以帮助学生提升职业能力。1999年出版的政府白皮书《学会成功》（*Learning to Succeed*）宣布了一项新的、综合多学科的服务，用以帮助所有的年轻人发挥自己的潜力，成功过渡到成年生活，为他们提供信息、建议和指导，以帮助其做出职业选择。2001年，英国高等教育质量保证局明确规定，高等学校负有给毕业生提供就业指导服务、进行职业生涯教育和提供就业信息的义务，同年在该部门制定的《英格兰、威尔士及北爱尔兰高等教育资质框架（2001）》（*The Framework for High Education Qualifications in England, Wales and Northern Ireland（2001）*）中进一步阐明了大学生通过在校学习应具备的基本通用就业技能。2011年英国国会通过

的《教育法案》(*The Education Act*),明确了高等学校要为学生独立自主地接受职业发展指导提供保障。英国的这些就业促进法案,为高校在校生接受职业生涯教育提供了法律保障。

(三)课程实施

英国高校职业生涯管理技能(Career Management Skills,简称 CMS)课程伴随着英国大学毕业生人数增加和高校就业指导服务广泛普及应运而生。职业生涯课程设定的目标重在唤醒学生的内在潜力,以学生为客户、关注学生的意见与反馈,注重传授支持学生长远发展的技能。在实施层面,职业生涯课涵盖本科生、研究生各个层次的不同群体,与专业课相互融合或单独开设,分为课堂讲授和网络课程两种授课方式。以雷丁大学为例,所有本科生教育都融入了 CMS 课程。学生在大一时,就开始在学校的 CMS 课程网站上进行接触性学习;进入大二后,学生开始正式参加该课程学习,形式以“一对一”辅导为主;大三年级后,学校提倡学生继续关注职业生涯网站,从该网站丰富的资源库中寻找资料,进行独立学习,以此来帮助学生做好毕业后工作或继续学习的准备。近年来,CMS 课程还延伸到部分硕士和博士研究生。雷丁大学的 CMS 课程和学生的学分挂钩,每个学生要修满 5 个学分,相当于 50 个小时的课程,采取“混合学习”模式,即共三次每次两个小时的授课,其余的通过在线学习和提交作业来完成。雷丁大学的 CMS 课程自由度大,教师可以自由选择授课内容,学生也可以选择所学内容。每个学生都可以在网站上提交他乐于接受的学习内容,课程的开发者也可以根据大多数学生的需求进行调整。在职业教师任职资格方面,雷丁大学希望职业生涯教师的背景越宽泛越好,但要有就业指导资格,需要参加一年培训拿到证书,授课教师的学历要求至少是硕士。这种量体裁衣式的课程体系,既受学生欢迎,也保证了在校学生职业生涯教育的针对性。

(四)实习实践

英国高校普遍重视学生的实践体验,鼓励在校学生到企业进行脱产实习,以增加工作经验,尽早适应职业角色。学生在实习过程中也更加体会到学校所开设课程的有用性,通过全英一项调查显示,在校生在学习中期出去实习,最后一年回到学校时成绩有了明显的提高。以雷丁大学为例,学校鼓励在校的本科生参加 1~2 周、4~6 周或一年的实习。有证据表明,学生参加 4~6 周或一年的实习经历与其择业具有很大的关联性。近年来,雷丁大学先后实施了“雷丁实习计划”(Reading Internship Scheme,简称 RIS)、“本科生科研项目”(Undergraduate Research Opportunities Programme,简称 UROP)和“雷丁体验发展奖励”(Reading Experience and Development,简称 RED)。RIS 计划是利用雇主(一般是中小型企业)的资源和校友的基金给三年级学生提供实习机会,比如亨利商学院帮助学生在全球范围内寻找长达一年周期的实习机会,除一年的实习广受欢迎外,学生还有其他短期实习的途径。此外在一些课程中,也可以把实习作为考试的方式。通过多种渠道确保学生在校期间具有实习经历和实践经验。UROP 项目是在本科生中开展科研活动,利用暑期为学生提供 6~8 周的学术科研项目的机会,让学生与校内学术研究人员合作开展小型项目,通过海报展示研究成果并进行比赛,从中选出 2~3 名优秀项目参加全英比赛,胜出者的科技成果可以到议会大厅展示,调查显示,参加 UROP 计划项目的学生最终在就业中都找到了优质的工作。RED 计划包含有义工、带薪工作和实习三种方式,与学生成绩单挂钩,作为额外学分记录在案,鼓励国际学生参与其中,增加实习或工作方面的经验,规定学生必须参加 35 小时的义工或带薪工作、10 小时的学联或社团的工作,还有 5 小时的社团培训才能获得相应的学分。丰富的实习和实践经验,确保了学生在职业市场上具有领先的就业竞争力。

(五)校企互动

高校与雇主保持密切的合作,是英国高校人才培养的一大特点。大学积极为雇主与毕业生的直接接触创造条件,以全面提高毕业生对雇主价值的体验。在联系雇主方面,一是学校与雇主通过各种方式保持常年的联系,包括电话沟通、寄信、实地走访等,让雇主了解就业指导中心的服务,并从中感受到关注与尊重。二是学校和职业中介开展合作,以便争取到更多雇主资源。近年来,雷丁大学在人才培养方面实施了一个“绽放计划”(Thrive with Career Mentoring)[10],该计划是搭建毕业生与校友的纽带,邀请各领域成功的校友作为职业培训导师,参与大学三年级学生的职业生涯指导,帮助学生提供实习机会并予以指导。目前该项计划已经从 3 个系部扩大到 5 个系部,有 100 多位成功校友担任职业培训导师。此外,雷丁大学还广泛收集职业信息,为在校生提供实习的机会,每年定期邀请知名企业来校搭台招聘,与毕业生面对面双向选择,学校还邀请雇主来学校举办讲座或工作室。对于学生有自主创业想法的,学校搭建创新意识展示会,吸引雇主前来投资。此外,学校还重视雇主的意见和建议,把这些意见和建议反馈给教学部门,协调教学部门改进教学方法,有效促进了雇主与学校在人才培养方面优势互补,密切合作。

(六)辅助手段

英国高校在突出强调职业课程实施、强化学生实习实践、保持与雇主长期合作外,还根据学生的个性化需求,积极开展专业化的辅导、就业工作坊、创业教育等辅助教育手段,并充分利用信息技术和社交媒体的手段,为学生提供全方位的职业生涯指导服务。雷丁大学在学生职业生涯辅助手段方面的做法包括:一是提供“一对一”面对面指导;二是开展职业专业技能培训(指导学生如何演讲、沟通及做决策);三是充分利用社交媒体,通过报纸、网络等方式与学生和雇主联系,学校建设了 24 小时的职业指导交互式资源网站,学生可通过网络资源获取全球范围内的丰富信息;四是指导学生进行实战演练,学校提供角色扮演培训,让学生扮演应聘者,老师扮演雇主,或者学生扮演雇主,让学生了解雇主的需求和期望;五是开展创业教育,通过开设创业类课程、创业试验项目展示、创业社团活动、孵化园体验等方式培养学生具有自主创业的意识。这些辅助手段确保了学生在校期间时时刻刻可以接受学校职业生涯指导和各项服务。

三、英国高校学生职业生涯教育对我国的启示

英国高校学生职业生涯教育是全球的领跑者，其理念目标、课程实施、实习实践、校企互动以及辅助手段等方面的成功经验，对于我国高校深化学生职业生涯教育具有一定的启示。

（一）突出学生的主体地位

从“就业指导”到职业“生涯教育”递进式的发展要求高校就业指导和职业生涯教育工作从理念和目标上更加突出学生的主体地位，实现从帮助学生找到一份好工作，到帮助学生对个人人生发展路径的设计和规划的转变，既包括学生在毕业阶段正确进行职业选择的基本素养提升，也包括学生掌握在人生发展不同阶段能自我决策的基本技能，既关注于学生的现实需求，又关注学生的长远发展和终生能力养成。在实践过程中，要把学生职业生涯教育有机嵌入到人才培养设计体系，在专业学习中融入职业兴趣爱好、通用技能、价值观念、职业前景等方面的训练和熏陶，突出培养学生分析问题和解决问题的能力。

（二）量身定制灵活的职业生涯辅导策略

在职业生涯教育和辅导运行方面，借鉴英国高校的成功做法，从学生入学之初就增加职业发展的体验和熏陶，个性化量身定制每一位学生的职业生涯辅导策略，主动向学生征求授课形式和内容。根据学生的实际需求有针对性地修改授课大纲，开放相应的网络课程模块，为学生提供多样化的互动空间，增加课程的弹性，确保“以学生为主体”的个性化教育真正落到实处。借鉴英国职业生涯教育组织专家授课的独特经验，发挥职业生涯专家、企业人力资源主管、校友等多方力量参与授课或现身说法，有效提升职业生涯课程和辅导的实效性。

（三）强化学生实习实践体验

借鉴英国高校在人才培养中高度重视学生实习实践体验的做法，在人才培养方案设计过程中，重视用人单位对毕业生的需求和人才培养的意见建议，把学生实习实践体验纳入培养体系，制定承认学生实习实践学分的灵活政策，允许学生通过科技创新、产品研发、社会工作、志愿服务、顶岗实习、海外学习等多元化的体验获得相应的学分。切实发挥校企合作平台作用，充分挖掘学生实习实践资源；努力破解校企联合培养学生的体制机制障碍，推进校企联合培养、学生自主择业的培养模式；广泛依托毕业校友，聘任优秀校友担任职业导师，为学生提供有力的资源支持和职业辅导。

（四）重视网络技术对职业生涯教育的影响

借鉴英国高校重视信息网络技术辅助学生职业生涯教育的做法，在课程学习、生涯辅导、职业测评、职业信息服务、实习实践评价等方面充分运用互联网和新媒体的手段，可以有效缓解高校职业生涯指导教师师资力量不足和专业化程度不高的瓶颈问题。高校毕业生就

业信息网能够实现提供网上信息查询、网上生涯指导、网上职业课堂，网上职业测评、网上评价反馈等完整的职业生涯服务，社会毕业生服务机构能提供有关行业的调查，分析各行业毕业生需求形势和预测，从而为学生全程化的职业生涯规划提供有效的工具和手段。

参考文献：

[1] 冯刚，赵峰. 走进英国高校学生事务管理 [M]. 北京：中国人民大学出版社，2008：97-103.

[2] 孔夏萌. 高校职业生涯教育课程研究 [D]. 西南大学，2013：23-29.

[3] 周红，夏义堃. 英国高校就业指导服务的发展启示 [J]. 江苏高教，2006（5）：122-124.

[4] 王占仁. 英国高校职业生涯教育之启示——以英国里丁大学为个案 [J]. 教育研究，2012（7）：134-138.

[5] 匡瑛. 漫谈英格兰生涯指导的理念与模式之新进展 [J]. 江苏教育（职业教育版），2012（11）：22-23.

[6] HUGHES D.The changing UK careers landscape：tidal waves，turbulence and transformation[J]. British Journal of Guidance & Counselling，2013，41（3）：226-239.

[7] 王占仁，常飒飒. 英国高校职业生涯管理技能课程研究——以英国里丁大学为个案 [J]. 中国高教研究，2012（10）：58-61.

[8] http://www.reading.ac.uk/internal/urop/urop_home.aspx

[9] http://www.reading.ac.uk/internal/readingexperienceanddevelopmentaward/reda-home.aspx

[10] http://www.reading.ac.uk/careers/placements/thrive/

英国大学生职业生涯辅导多资源支持体系及启示

——以英国雷丁大学为个案

重庆师范大学　胡小强

摘要：英国高校是最早开展大学生职业生涯辅导工作的国家之一，有着较为完备的理论基础和实践体系。笔者通过对英国大学生职业生涯辅导开展情况的实地调研，梳理了英国大学生职业生涯辅导多资源支持体系，从中得出对我国大学生职业生涯辅导教育的一些启示，即要树立系统性的工作理念；提供规范化的辅导内容；建立专业化的师资队伍；构建高效率的网络平台；形成政府和社会参与的保障体系等。

关键词：英国；大学生；生涯辅导；支持系统

一、职业生涯与职业生涯辅导

（一）职业生涯

职业生涯，英文为 career，是指一个人一生中的职业历程。美国著名职业规划专家唐纳德·E. 萨帕（Donald E.Super）认为"职业生涯是指个人终生经历的所有职位的全部历程"（1957 年）。韦伯斯特（Webster）进一步扩大了"生涯"的外延，他认为，职业生涯不仅是个人职业，也包括社会与人际关系的终生发展历程[①]。根据中国职业规划师协会定义：职业生涯就是一个人的职业经历，它是指一个人一生中所有与职业相联系的行为与活动，以及相关的态度、价值观、愿望等连续性经历的过程，也是一个人一生中职业、职位的变迁及工作、理想的实现过程。职业生涯是一个动态的过程，它并不包含在职业上成功与否，每个工作着的人都有自己的职业生涯。

（二）职业生涯辅导

职业生涯辅导的概念 20 世纪初起源于西方，是指依据系统的辅导规划，在专业人员的

---

① MERTENS D.Schhuesselqualifikatiocnthesezur s-chulungfuereine modern gensellschaft [M]. Nuernberg：Mitteilungenaus der Arbeitsmarkt und Berufsforschung，1974:25.

协助下,促进个人探究、研判并综合运用相关知识与经验而展开的一系列活动。具体包括对自我的认识、对职业及其相关影响因素的了解、对生涯规划和生涯决策中必须考虑的各种因素的了解等。开展职业生涯规划教育,促进大学生就业,成为高等教育普遍关注的重要课题,尤其是对当下大学生就业形势愈发严峻的现状有特别的借鉴意义。英国高等教育在近百年的发展历程中,逐步探索出一条比较成熟的职业生涯教育实践经验,在指导高校大学生就业中发挥着重要作用。

二、英国大学生职业生涯辅导体系概述

(一)发展概况

在英国,职业生涯辅导服务是由具备专业知识技能的顾问提供支持,而且随着发展,已经渗透到各个领域。英国高校十分重视大学生职业生涯教育工作,有一套完整的体系,贯穿于学生整个大学生涯,服务对象不仅包括所有在校大学生,也包括已经毕业的学生。

英国传统的职业生涯发展模式是年轻人在职业发展决定上比成年人更有优先权。英国为了促进大学生就业,在学校专门设立职业生涯规划指导中心来帮助学生解答疑难。英国的整个教育体系中,职业生涯规划指导中心是不可或缺的一部分,在学生发展的每一个阶段,从小学、中学、高中到大学,都会有相应的跟踪和评测,某些大学甚至会在大学生毕业后继续进行评估,检测和反馈该学生的职业发展状况,从而与过去的数据进行比较,形成案例分析。随着发展,现在有越来越多的成年人,尤其是已经工作的成年人参与到大学生的职业生涯辅导工作中,私人职业生涯辅导机构也不断涌现,从而形成了在大学生职业生涯发展规划这一领域,公共资源和私有资源共同支持的局面。

以英国雷丁大学为例,专门设立职业生涯服务中心等专门的职业生涯辅导教育机构,配备了专业的辅导人员,所有应聘的辅导人员必须经过考试达标或者具有培训资格证书才能上岗。辅导人员有明确的分工,有职业生涯探索顾问、就业辅导导师、就业主管、就业顾问、学生就业助理、职业项目经理等,并配备就业指导课程专职授课教师。职业生涯服务中心专门开设职业生涯指导课程,并通过讲座、研讨会等多种形式对大学生进行职业辅导,同时针对大学生不同的职业就业需求,提供有针对性的个性化服务。整个就业指导中心是以学校应聘的专职人员为主,但同时学校也和社会上的就业咨询机构进行合作,定期举办一些座谈会,拓展学生的社会资源,增强对职业道路发展的判断力。

(二)多资源的相互支持体系

1. 依托于培训的职业发展规划支持(Training-Based Career Support)

这一支持是存在于英国各大高校教育资源内。在英国的各大高校,所有在校学生都有权限访问学校的就业指导中心。该中心聘任具备专业知识技能的老师对学生进行培训指导跟踪。这些服务由英国政府教育与技能部(Department for Education and Skills)提供资金支

持。英国高校职业生涯规划坚持全程化的服务理念，依托于培训，以讲座、小组共同讨论等形式，通过建立在各个学院各个系的就业指导中心为载体，从而得以覆盖各年级的大学生，帮助大学生熟悉职业生涯服务内容，探索职业兴趣，开发工作技能。在英国雷丁大学，新生入校第一年就对他们进行职业生涯基础教育。学校专门为此构建了一个网站，所有学生必须将个人信息在网站上注册，有利于职业顾问提前对学生的性格、兴趣、能力、价值观等进行评估，提供一对一的个性化辅导服务。学生可以通过该网站预订一些专业的职业技能培训项目，比如时长为 20 分钟或者半个小时的培训，指导学生如何改进简历，在培训中，不仅仅是顾问进行单一的解疑，更多的是学生之间相互审阅对方的简历，相互交流，相互提出建议；入学第二年，根据学生的自身特点，帮助学生选择专业，每个学生都会被分配到一个相应的个人导师，为学生在职业发展方向上提供专业的咨询，同时帮助学生分析自身优势、劣势，并与学业课程相结合，更好地跟踪学生的发展状况[①]。

一些独立的私立大学会把这一服务外包给一些独立的提供者，比如私人的职业规划组织或者咨询公司。英国政府出资成立了一个名为 Connexions[②] 的代理机构，专门为大学生等年轻人提供就业信息、建议指导和支持服务。这一代理机构在英国的每一个郡基本上都设有分部，从一对一的模拟面试到应聘公司的价值观念解析等。政府支持的职业发展计划使得成年人和年轻人能够更紧密相互地交流联系，良性互动，并且充分利用了这一面向社会大众的公共资源。也有一些私人的职业规划发展咨询公司会主动联系学校，在雷丁大学有一个“国际学生实习计划”，专门为中国留学生提供就业咨询和就业机会。该计划隶属于英国签证第五等级（Tier 5）政府授权交流项目。中国留学生通过该计划，可以接受相应的技能培训，有助于中国学生在英国企业实习。

2. 依托于就业的职业发展规划支持（Employment-Based Career Support）

为了满足大学生就业需求和帮助解决大学生就业问题，使得大学生能够自如应对毕业后会面临的各种就业问题，很多大型组织和个人给大学生提供支持，帮助他们建立自己的职业发展计划。在大学中设立职业发展中心，教练指导员计划。这些计划通常是由学校教授或者专职人员进行指导。

雷丁大学为此专门设立了就业中心，所有在校注册学生在学校相应的网站上注册之后，即可定期收到一些公司的招聘信息。大部分是以雷丁当地的工作机会为主。当地企业会主动与学校联系，在其网站上公布招聘要求时限，学校通过邮件的形式定期向学生发送这些信息并且组织进行面试筛选，学生在入学第三年可以通过就业中心了解求职的外部环境，参加社会实践和一些招聘会，让学生直接感受就业市场，帮助确定就业意向和进行职业潜能开发，最后形成完整的职业生涯规划。学校会辅导学生撰写求职信和个人简历，传授求职要领、面试技巧以及如何签约等专业技能，并帮助毕业生提供进入工作前的准备。同时，针对大学生的多种需求，雷丁大学的职业生涯辅导不但面向大学生就业和创业，还面向升学、临

① 刑晖. 国家中职助学新政策：职业教育发展的助动力[N]. 中国教育报，2008-1-10(3).

② WIDDOWS C. An introduction to the career advisory service & centre for career management skills [R]. University of Reading, 2009.

时就业、志愿服务等，满足了大学生的多元需求，并且兼顾各个需求主体的利益，对少数群体的特殊情况和职业兴趣，也提供专门的服务。

3. 追求独立精神的职业发展规划支持（"Independent" career support）

在英国的职业发展规划中，"独立"这一理念贯穿始终，而且很鲜明地体现于创业创新上。英国政府的工作和养老金部（Department for Work and Pensions）出资建立一个"创业建设者"项目（Entrepreneurship Builder），旨在提高学生的独立精神，为毕业选择创业的大学生提供资金、技术和咨询等一系列的支持。同时，在职业发展规划体系中，该项目帮助大学和一些公司对接，着重培养学生的创业创新精神。在英国的职业发展价值观念和体系中，企业家精神、独立的创业精神在英国越来越得到重视。

为此，雷丁大学在每个学院都配有 2 名就业指导教师，同时在不同的系又配备一定数量的老师，对不同专业的学生进行个性化的指导。以雷丁大学亨利商学院为例，商学院出资成立了一个企业家精神俱乐部，同时也支持学生建立了一个企业家精神社团，该俱乐部专门收纳一些当地创业公司创始人和社会支持创业的各界人士，同时负责联系亨利商学院毕业的自己成立公司的校友，定期举办一些交流会，对毕业后的雷丁大学的学生进行后续跟进和支持。而对在读学生，亨利商学院为企业家精神社团配备了两名专门的指导老师，帮助社团联系在创业方面颇有建树的人来和学生进行经验心得分享。学生通过参加各种活动了解创业的方方面面，并且学生被鼓励独立自主地起草一些创业计划。每年亨利商学院都会举办一次名为"亨利挑战"（Henley Challenge）的比赛，并设立高额奖金来奖励那些把自身计划付诸实施并且取得良好收益和回馈的学生，以此培养学生的创新能力和独立精神。

三、英国大学生职业生涯辅导体系对我国的启示

（一）树立系统性的辅导理念

职业生涯辅导具有典型的过程性、阶段性、系统化的特征。职业生涯辅导的过程性的特征体现在学生就业的基础上，通过职业生涯辅导使大学生深入认识自我，提升自身职业生涯决策和规划能力，从而最大限度地发挥个人潜能，实现职业生涯发展的目标；职业生涯本身是一个连续不断的过程，这决定了其阶段性的特征，职业生涯规划教育的开展不能仅仅集中在学生面临就业的特定时期，应在学生入学初就开始进行，持续整个学习过程；职业生涯辅导是一项系统性的工程，需要调动校内外涉及大学生就业与职业发展的所有机构、部门和人员的协助和支持。

（二）提供规范化的辅导内容

高校就业指导中心职业生涯辅导机构各部门应该相互合作，为学生提供全方位、多样化的服务。首先，职业生涯辅导机构内部要分工明晰，权责明确，保证在大学生就业和职业发展的各个阶段都能够接受专业化的服务和指导，从刚入校的职业测评、对实际职业环境的认

识、专业选择、实习岗位的提供到最后的就业都能够有特定部门和专人负责。其次，服务的内容也应该根据学生的不同需要力求更加全面和多样，既涵盖需求较多的求职类辅导，也针对继续深造的学生提供升学类辅导；既包括职业生涯测评服务，也包括职业生涯咨询服务；既包括实习岗位的研判，也包括面试的技巧。

（三）建立专业化的师资队伍

职业生涯辅导是一项专业性很强的工作，而且目前我国的职业辅导师资方面还存在对师资队伍建设的重要性认识不深、专业性水平不高、师资培训投入不足等问题，难以为大学生职业生涯辅导的有效开展提供坚实的人力资源保障。针对这些问题，一方面要建立完善的师资考核和选聘机制，加大师资培训力度，同时还可以聘请在就业指导、人力资源管理有所专长的社会人士充实到师资队伍中来，努力建成一支服务意识强、业务水平高、专业素质硬的职业生涯辅导的师资队伍。

（四）构建高效率的网络平台

互联网时代的全面到来，职业生涯辅导网络平台成为大学生职业生涯辅导体系的重要组成部分。要积极构建信息化网络平台，设立网络辅导测评体系，开展职业规划宣传和网上辅导；建设在校大学生和校友、企业之间的网络交流平台，使得在校学生得以拓展人脉资源，获得更多实习和就业机会；通过网络平台及时发布和更新实习、招聘信息，使学生在第一时间了解人才需求状况；购买或开发相关的心理测评软件，帮助学生进行职业倾向测评，更好地促进职业生涯辅导工作的开展①。

（五）形成政府和社会参与的保障机制

除高校自身努力外，大学生的职业生涯辅导需要政府、社会机构的积极参与，只有多方配合才能使职业生涯辅导各项活动得到有效开展。政府方面可以通过颁布与大学生就业和职业发展相关的法律法规以及推行有关计划项目，从而发挥其基础保障和宏观调控作用；推动产业结构优化升级，大力发展第三产业和高科技产业，有效地培育和开拓大学生就业市场；加强公共就业服务，改革社会保障制度，完善就业激励政策，为大学生就业和职业发展提供安全保障。从英国行业协会在职业生涯辅导体系中的作用来看，社会机构对促进大学生就业的重要意义不容低估，而我国的社会化就业服务机构虽已具有一定数量，但无论从专业化程度还是市场化程度来说，还需要很大的提升和改善。

（六）强化市场参与的导向作用

企业是促进大学生就业的关键因素，其先进科学的管理理念和机制能够加速和优化人力资源配置，从而引导大学生的职业规划，同时也可以为其自身提供高质量的丰富的人力资源保障。我国的高等教育长期以来都比较缺乏直接面向市场、灵活办学的机制，不管从课程

① 王莎佳，钱文彬. 我国大学生职业生涯规划教育的兴起、发展和挑战[J]. 教育与职业，2011(8):80-82.

内容和学科设置，还是从培养目标和办学模式来看，其对现代社会的适应性和实用性都存在较大的差距①。虽然目前我国高校的办学模式短期内无法做到和市场较好地契合，但是，大学生的职业生涯教育却比较容易先做到以市场为导向。高校要用“走出去，引进来”的方式来构建以市场为导向的职业生涯教育体系。“走出去”，就是高校必须主动加强和企业的联系，向企业咨询它们对人才的需求和标准，这样才能为大学生的职业生涯教育提供一个方向和标准。“引进来”，一方面要聘请企业优秀人才来高校任教，将企业的文化、理念、人才培养模式和高校的教学活动有机地结合起来；另一方面要邀请企业的高管来高校开讲座，将企业对人才的要求和行业标准介绍给广大学生，引导学生将自身的职业发展和企业的需求相结合。

大学生的职业生涯辅导是一项长期、渐进和系统的工作，从英国大学生职业生涯辅导多资源支持系统的成功经验可以看出，我国要逐步构建起符合国家、企业和大学生三方利益的就业和职业生涯辅导体系，需要高校、社会和国家等各个方面在具体实践中因地制宜和共同努力。

参考文献：

[1] MERTENS D. Schhuesselqualifikatiocnthesezur s-chulungfuereine modern gensellschaft [M]. Nuernberg：Mitteilungenaus der Arbeitsmarkt und Berufsforschung，1974：25.

[2] 刑晖. 国家中职助学新政策：职业教育发展的助动力 [N]. 中国教育报，2008-1-10（3）.

[3] WIDDOWS C. An introduction to the career advisory service & centre for Career Management Skills [R]. University of Reading，2009.

[4] TANNA S. How careers management skills developed of reading [N]，University of Reading，2008-4-29.

[5] LEE H. Defining and measuring employability[J]. Quality in Higher Education，2001，7（2）：97-109.

[6] 王莎佳，钱文彬. 我国大学生职业生涯规划教育的兴起、发展和挑战 [J]. 教育与职业，2011（8）：80-82.

[7] 唐国斌，赵婉婷. 大学生职业生涯规划教育模式研究 [J]. 商情，2013（51）：162.

① 唐国斌，赵婉婷. 大学生职业生涯规划教育模式研究 [J]. 商情，2013（51）：162.

英国高校职业技能课程的考察
——基于雷丁大学的个案分析

中国石油大学(华东) 高平发

摘要:职业生涯管理技能课程(CMS)是英国高校提高大学毕业生就业力的核心内容。其模块化的设计理念,以目标为导向的学生职业指导的运行方式,辅导帮助全程化的组织模式,互动式的教学和在线学习系统,对于客观认识和研究当前英国高校职业生涯教育课程的实施及其特征具有重要价值,对推动和促进我国高校职业生涯规划课程发展具有重要的启示。

关键词:职业生涯技能管理;技能;就业

英国高校学生就业工作在欧美发达国家中极具代表性,也是英国高校学生事务中最为重要的工作领域之一。随着20世纪初,英国政府扩大高校的招生,近20年来,高校扩招迅速,高等教育从精英教育向大众教育转变。毕业生的人数也在节节攀升,大学毕业生的上升数量由1992年的17%到2013年的38%,人数达到120万人[1]。2006年,英国大学的学费更是从每年1 200英镑涨至3 000英镑,2014年开始学费又从3 000英镑涨到9 000英镑,毕业生就业统计排名成为政府和社会排名以及学校之间竞争的焦点,学生就业状况对高校的社会声誉和招生非常重要,是对"潜在入学者"的最大影响因素。英国各高校普遍重视学生就业工作,将就业视为学校发展的生命线,全部设立了职业指导服务中心,将就业问题有机地融入教学、科研、管理的各个层面。就业能力不足也是目前英国大学生面临的一个关键问题,英国职业生涯管理技能课(Career Management Skills,简称CMS)能让学生了解专业、了解自我、了解职业,以及掌握择业面试、简历制作、职位申请、社交礼仪等通用技巧,提高求职的有效性,提升求职竞争力。课程既强调对通识、态度和通用社会技能培养,又很好地融合到专业课程的学习中。职业生涯管理技能培训成为英国高校提高学生就业力的新趋势。

一、英国大学生职业管理技能课程(CMS)设立情况

面对大学生就业过程中存在的问题,英国高校的"职业指导服务中心"(Career Advisor Service,简称CAS)开始致力于提高大学生的职业管理技能的研究工作。其中,英国政府所开展的"Centre of Excellence of Teaching and Learning"项目,从1999年开始,计划

用5年时间投入390万英镑支持雷丁大学(University of Reading)在大学生中进行"职业管理技能"项目的探讨、实施和推广工作[2]。1999年,雷丁大学开始规划"职业管理技能课程",2001年组建了"职业管理技能"专门培训团队,2005年成立了CMS中心,经过近十年的建设,雷丁大学大学生职业生涯管理技能培训体系已经十分完善,有着鲜明的特色,作为研究生和本科生的课程体系中不可或缺的主要项目,在全英国得到推广和全球的广泛认可。

二、英国大学生职业生涯管理技能课程(CMS)课程的实施

经过多年的运作,大学生的职业生涯管理技能课程已经形成了比较固定的模块。雷丁大学的CMS课程要求每个学生修满5学分,因此总共学习时间要满50个小时[3]。周期是从一年级开始,在网站进行接触;进入二年级,参加课程学习,认识自我;二年级下学期或三年级,以自学和实践锻炼为主。自学主要包括认识自我、模拟求职环节和实习实践环节三个模块,现在这些模块已经可以通过"在线职业中心"(Online Career Centre)进行学习。

(一)认识自我

大学生职业生涯管理技能课通常安排3次课,每次课时量是2个小时,课程的内容主要由就业指导服务中心(CAS)和CMS的工作人员负责上课,也有的是专业教师讲授,每一个学院都有一位专门讲授职业生涯管理技能的教师。职业生涯管理技能课与学生的专业课程相协调和适应。学生也可以在网站上提交其上课方式进行选课。课程的内容基本是一致的,主要包括个人意识的培养、职业意识的培养和技能意识的培养。当然根据学生的学科、专业和层次的不同,课程的内容会有一些改变,比如博士生的课程是围绕领导力的培养进行。每次课程结束后学生要结合自己的情况做练习和设计,现在这些练习和设计都通过"在线职业中心"进行流程操作。主要内容要通过一个概述(profile statement)简单地陈述自我意识,并写出自己的职业方向,结合自己的专业制作自己的个人简历和职业申请表格。其中网上简历包括基本信息、自我陈述、教育经历、工作经历、所取得的典型成绩(就)、技能、其他辅助内容及推荐人的推荐意见。

(二)模拟求职环节

这个环节的主要目的是让学生了解自己的优缺点。CMS培训项目模拟求职环节设计,共分为模拟招聘训练、技能测试训练和心理测试训练。在"在线职业中心"共有25个模块可供学习,模拟招聘训练把学生分成若干组,3个人一组,其中一个人扮演老板、一个人扮演求职者、一个人是观察者,让学生在这种情景下体验整个求职过程。同时也准备一些大公司面试学生的录像,"在线职业中心"提供了许多面试视频资料和许多大公司老板和人力资源部门对求职和面试的建议。技能测试训练主要包括沟通、领导、团队、协调、应变、总结及表

达等,学生按照小组要求的任务完成,学生可以设计问题进行提问。老师同时也会针对性地布置一些个人训练,让学生独立完成一个案例,在训练过程中对他们的技能进行评分。心理测试训练的目标是让学生明白自己的不足,通过一定的训练方法和心理技能,能使心理正常的人成为心理超常的人,帮助学生建立自信心,并能更好地发挥自己的技能水平,达到自己的目标和所需要的技能。

(三)实习实践环节

CMC 培训课程的重头戏是实习实践环节,主要靠学生自觉自愿地利用课余时间和假期来完成,其根本目的是让学生完善自己,增强自己的职业管理技能。学校为学生的实习实践提供制度保障。一是网上模拟训练。在"在线职业中心"网站中,有关实习的内容最多,包括招聘信息、企业文化、技能测试,训练中心会把大量信息分组挂到网上,学生需要做在线练习,网站有近 200 个专业视频和约 200 页的资料,网站上的视频涉及雇主、教学人员、就业指导人员、学生等各类人群,既有互动性的练习,也有信息提供平台,包括 PPT 资料、作业、讨论区、视频和其他资源等。通过网站,课程能适合不同风格学生的学习。二是学校推行的"实习生计划"(短期)。实习生计划一般安排在假期和空余时间(本地企业),雷丁大学每年除了组织毕业生招聘专场外,还定期组织"实习生招聘专场",帮助学生联系实习单位,雷丁大学与全球公司 1 000 多个公司建立联系,设立实习岗位。研究生导师、CMS 中心也会利用各种途径如校友资源等为学生实习牵线搭桥,帮助在校学生寻找实习机会。三是"三明治"实习计划[4](长期,一般一年)。学校允许和鼓励学生暂停自己的学业(尤其是二年级结束后),到用人单位工作一年,将学生的工作经历和用人单位的评价记作学分。实习生在实践中获得经验,培养职业态度,通过实习了解了自己,对自己的职业目标有了更为周全的规划,待回到学校学习后能针对性地进行就业,对提高学生的就业起到积极的作用,有近 50% 的学生是通过这一渠道找到第一份工作的。

三、职业生涯管理技能课程的主要特征

职业生涯管理技能课程的内容全面,形式多样,既有认识自我的专业测评软件,也有培训、专题讲座、模拟面试等多种形式传授就业技能,通过实践实习等亲身体会职业技能,充分利用互联网的影像、课件、在线服务等开展各种类型的职业交流洽谈,为提升学生就业力提供了丰富的手段,创造了良好的环境。通过其具体措施的实施可以折射出英国高校职业生涯管理技能课程的主要特征。

(一)辅导帮助全程化

职业生涯管理技能课程贯穿于每个学生的整个大学生涯,甚至延伸至入学前和毕业后,英国各大学在招生的专业介绍中就对各个专业的就业现状、专业性质和发展前

景进行详细的介绍,帮助学生根据自己的爱好、专长以及综合素质来选择自己的专业。毕业生依然可以通过职业技能课来学习职业生涯的技能和得到CMC的辅导,获得自己职业生涯的良好适应与发展。一年级新生获得对职业的基本认识,了解并接触就业市场发展状况;二年级学生进行职业技能的培训辅导,认识自我,发现和了解自己的特性、兴趣和专长,进行写求职信、模拟参加面试等求职专题练习;三年级参加职业实习和实践,参加各种规模的招聘会收集市场的需求和企业资料,让学生亲身体验职业感受。

(二)课程训练模块化

CMS课程面向全校所有专业和学位的学生,学生可以根据自己所学的专业选择自己感兴趣的内容进行学习。课程模块有职业基础知识、认识自我、简历制作、职业选择技巧、面试技巧、自我雇佣、职业价值观澄清、就业市场、沟通技巧、成为有潜质的雇员等25个模块[5]。各模块的内容相对独立,也相互联系,形成体系。通过该课程可以让学生对自己和职业有充分的理解,调整自己的心理,便于自己的职业选择。同时课程也注重实践训练,有针对性的安排,如模拟面试、书信交流技能和人际沟通的训练,还借助企业的力量安排学生参加实习生计划和安排学生实习。职业生涯技能课程可结合学生的专业嵌入式地安排到学生的专业课程学习中,成为其中的一部分,也可以单独讲授和练习,也可以采取"混合学习"模式。

(三)生涯课程个性化

课程的设计理念之一就是充分满足学生的个性化需求。英国高校一直都是把学生当成"顾客",认为顾客的需求就是最高的要求。他们非常重视学生的体验和感受,经常组织各类的调查来改善他们的服务。在英国很少看到"学生事务管理"这个词,雷丁大学的学生服务中心的主管叫前台经理,这里也体现了把学生作为顾客的理念。同样在CMC课程中,雷丁大学也非常重视其顾客的意见和反馈,并将在学生的调查作为一项制度。前文已提及每位学生都有一个账户,可登录到职业生涯管理技能课程的网站,提交自己的想法,学校根据学生的意见进行统计分类,设置不同的授课模式来满足不同学生的需求。在课程结束时,发放对课程的评估表,了解学生的掌握程度和对课程的意见,同时根据学生的意见完善课程。2006年雷丁大学对课程实施情况进行了一项调查。统计数据显示[6],在已参加的学生中只有20%的学生想参加此类课程,甚至有20%的学生不愿意参加该课程的学习,这与设计者当初全部覆盖的设计理念相违背。个性化的需求和多样化的模式就可以改变这种状况,个性化教育的特点之一是学校进行分群类教育,不同专业、不用年级、不同类型的人有不同的课程方案可供选择,CMS课程提供了虚拟学习环境呈现他们所选择的内容,如有专门针对博士生的主题,也有针对毕业生的主题,有专门针对女生的主题,也有专门针对困难学生的主题。这就充分体现了个性化学习需求。

(四)课程理念激励化

职业管理技能就是通过一系列的方法让大学生了解自己、发展自己、不断提高自身技能(包括专业技能),以积极的态度进行职业决策,管理好自己的职业发展方向。英国高校认为要发挥学生的潜能,就要通过激励学生的内在潜质,掌握职业选择的主动权。雷丁大学的CMC课程的第一步是让学生了解自己,包括专业、优缺点及就业所需的各种准备,第二步是根据外部环境的需求,包括就业意识、就业政策、雇主要求及各个职业的特点来提升自己的职业技能;第三步是让学生自己做出决定,做好与职业的对接;第四步就是帮助学生获得职业对接所需的各种能力,包括建立制作技能、面试技能、人际交往技能,进一步学习获得理想职位所需的各项技能。从其设计理念可以看出CMS课程是以激励学生的潜能,使学生能够充分唤醒的内在潜能,充分了解自己,明确自己职业目标,理性地做出决定,为获得理想的职位锻炼所需的职业技能。

四、英国大学生CMS课程的启示与借鉴

英国高校职业生涯管理技能课程(CMS)是一种很好的探索和尝试,其中有关学生职业指导的运行方式、组织模式等方面的好经验、好做法很值得我们借鉴,有助于我们切实推动大学生的职业管理技能培训工作。

(一)加强队伍建设,促进职业规划工作专业化

借鉴英国大学生CMS培训项目的做法,一是要转变就业指导观念,要树立引导学生进行职业规划、培养职业技能的转变,尤其是要克服就业工作的"经验型""应急型",向"研究型""复合型"的专业化发展转变;二是成立具有教学实体性质的职业管理技能办公室,组织专门力量,配套专项资金,进行职业管理技能的项目立项研究和资源开发工作;三是设立专门人员,严把职业技能培训教师的入口关,推行"职业培训师"准入和"职业指导师",培养更多适合从事高校学生职业管理技能培训的专门人才。

(二)强化课程建设,促进职业规划工作职业化

按照教育部关于《大学生职业发展与就业指导课程教学要求》,职业发展与就业内容包括:建立生涯与职业意识、职业发展规划、提高就业能力、求职过程指导、职业适应与发展、创业教育六个部分。借鉴英国大学生CMS培训课程的做法,一是要把大学生职业发展与就业指导课作为学生的必修课,计算学分,要求每个学生都参加该课程的学习;二是将加强课程建设,要根据市场的发展和变化及时地调整有关专业和课程,改进和更新教学内容,通过激发大学生职业生涯发展的自主意识,树立正确的就业观,促使大学生理性地规划自身未来的发展,并努力在学习过程中自觉地提高就业能力和生涯管理能力;三是建立模块化教学模式,将职业生涯规划和就业指导的内容模块化植入学生的专业学习中去转变授课方式,学习英国模块教学法,在教学过程中要实现以教师为中心的模式向以学生为中心的教学模式的

转换，采用教学与训练相结合的方式，运用课程讲授、典型案例分析、情境模拟训练、小组讨论、师生互动、角色扮演、社会调查与实践、实习等方法，让学生在轻松愉快的教学情景中感悟和体验；四是强化职业技能的测评，积极创造条件，通过问卷、仪器、情景设置等方式，定期对学生的各种职业技能、职业心理等进行测验。

（三）加强网络建设，促进职业规划课程网络化

随着互联网的完善，人类已进入互联网的时代，信息时代的特点就是能充分利用各种有利信息，包括图像、广播、影像、动漫等在内的视听媒体，从多方面影响学习。雷丁大学职业管理中心“在线职业中心”网站，嵌入了大量反映在校生、毕业生、雇主的音频和视频资料，对广大学生职业管理技能的学习提供了帮助。因此，我们要充分利用现代科学技术加大力度建设自己的职业生涯规划和就业指导的网站，建立同行业的就业需求信息，提高信息获取效率与流通的速度，让互联网来完成一些重复性的工作，如：电子简历的制作、计算机辅助职业能力测评、计算机辅助职业指导等。专业人员利用有效时间去做需要投入更多探究性的职业（就业）指导课程教学和职业技能教育研究。同时在网站开辟空间，增加短小精悍的音频、视频资料和有说服力的图文资料，让广大学生在交流和分享中提高职业技能，为学生的职业发展提供有力的帮助。

（四）建立长效机制，促进职业规划工作的科学化

职业发展与就业服务是高校人才培养工作的重要组成部分，其专业性强，贯穿着大学生培养的全过程，涉及教学、师资、实习实践等资源配置，需要整合政府、大学、企业、社会各种资源，建立一个完善的职业发展和就业服务体系。国家应该立法，通过立法将职业发展教育有计划、分重点地贯穿到各个层次、各阶段的教育中，以便顺利实现从学校到工作的过渡。高校应加强教学研究，将职业发展与就业教育纳入各专业的教学计划，配备专业师资，加强课程建设，对大学生进行以职业发展为基础的全方位就业指导，建立企业联系制度，让学生在实习中体验和学习实际的职业经验，促使职业发展和就业教育步入制度化轨道。社会和企业应培育和建设完善的毕业生就业市场，充分利用有形市场和无形市场，推进就业服务信息化进程，为毕业生和用人单位提供双向选择、平等竞争、择优录用的平台，充分发挥市场机制在毕业生就业过程中的积极作用。

参考文献：

[1] Full Report - Graduates in the UK labour market 2013[R]. Office for National Statitics, 2013.

[2] 仇道滨. 英国大学生“职业管理技能”项目分析 [J]. 教育发展研究，2009，29（5）：77-78.

[3] 王占仁，常飒飒. 英国高校职业生涯管理技能课程研究——以英国里丁大学为个案 [J]. 中国高等教育，2012（10）：58-61.

[4] 韩伏彬,董建梅.英国里丁大学职业管理技能中心的职能与启示 [J].创新与创业教育,2012,3(2):53-55.

[5] http://www.reading.ac.uk/ccms/about/ccms-about.aspx

[6] Careers Advisory Service. Destinations of Leavers from higher education survey 2006[R]. University of Reading, 2006-04-28.

[7] 邹小荣.国外大学生职业发展与就业教育对我国高校的启示 [J].武汉工程大学学报,2009(10):27-30.

中国西部地方高校与英国高校就业指导方式方法比较探析
——以西安科技大学和雷丁大学为例

西安科技大学　程卫星

摘要:英国高校采取系列措施不断探索提升学生就业竞争力的培育机制,在学生就业指导方面采取了嵌入式课程设计,强化学生实习经历及就业能力训练等方式方法,与我国西部地方高校就业指导的方式方法有较大不同。本文以中英两所高校为例,着眼于方式方法,对中英高校学生就业指导机制进行了比较,对我国西部地方高校学生就业指导工作有一定的借鉴意义。

关键词:中英高校;就业指导;方式方法;比较

高校学生就业指导是全世界高校共同面对的课题。"英国高校学生就业工作在欧美发达国家中极具代表性,也是英国高校学生事务中最为重要的工作领域之一。"[①] 英国高校以学生就业能力培养为重点,运用适合英国国情的方式方法,取得了较好的成效。在我国西部地方高校大学生就业难的大背景下,本文对中英高校就业指导的方式方法进行了对比分析,对完善我国西部地方高校毕业生就业指导有一定的借鉴意义。

一、体制机制及就业指导机构设置

"英国高校把毕业生就业率看作是关系学校人才培养质量和社会声誉的一个重要指标,因此职业指导中心是大学非常重要的一个部门。"[②] 英国高校均设立了诸如职业与就业服务中心、就业网络服务中心等就业指导机构,开展各类学科和商务模拟活动、职业技能培训等工作。如雷丁大学设有学生就业指导机构——职业指导中心,配备专人负责,根据其官网显示,目前共有 28 人。机构设有主管、经理和三个小分队。小分队(类似于我国高校就业指导机构的各职能办公室)分别负责职业咨询与指导、就业指导与政策实践、职业教学工作培训和技能指导等。职业指导中心建立有信息发布室、面试室、图书资料室等。

---

① 王占仁,英国高校学生就业服务体系的启示与思考——以英国里丁大学和巴斯大学为个案 [J],中国高教研究,2010(10):59-61.

② 刘桂华,英国大学生就业能力培养的启示 [J],教育与职业,2010(16):98-99.

我国高校就业工作大都采用“一把手”工程，也较为重视，建立专门的机构，配备人员及经费等。如西安科技大学设有专门的学生就业指导中心（科级建制，属于学生处），配备专人负责，目前有工作人员4名，分别在两个校区设立办公地点，建立有规模不等的信息发布室、接待室和面试室等。

相比而言，“英国高校就业指导工作发展较早，已经相当成熟。最早的职业指导中心成立于1892年的牛津大学，已经有100多年的历史。英国高校就业指导机构力量雄厚，对大学生就业发挥了主渠道作用”①。而我国就业指导工作主要是从大学生就业从计划分配体制到双向选择体制转型后的20世纪90年代起步的，相对较晚。所以英国高校学生就业指导工作在体制机制、人员配备、职能分工和经费配套等方面相对完善。

二、就业指导机构的工作职能

中英两国高校学生就业指导工作职能大致相同，如雷丁大学“就业工作涵盖了以下内容：需求信息提供、招聘会组织、求职心理辅导测试、职业生涯规划、择业决策咨询、职业管理技能培训、就业实习联系、创业计划指导、雇主联系、跟踪调查、就业资料图书室建设等”。西安科技大学学生就业指导中心的主要职责是毕业生就业政策宣传、就业技巧指导、就业咨询、拓展就业市场、就业信息发布、组织招聘会和派遣等工作。与英国高校相比，多了“派遣”职能，这与我国的人才流动、户籍等方面的制度有关。

相对来说，雷丁大学就业指导机构在工作职能方面注重与企业联系推荐毕业生和就业方面的培训两大方面，设有专门的社交媒体团队，除了与用人单位联系外，还与媒体加强联系，介绍学校，推荐学生。而我国西部地方高校就业指导机构更多地从事学生就业的事务性工作，如协议签订、组织招聘会等。

三、就业指导的具体方式方法

在对学生集中进行就业指导的方式上，两国高校均主要采取课堂内（就业指导课）和课堂外（面对面就业指导）两种方式。

在课堂内对学生进行就业指导的方式方法上，两国高校采用的方式相似，即主要通过教学计划内的课程进行。英国一些高校采用专业教师兼任职业顾问的方式，以便能更好地将就业能力嵌入教学大纲与具体的教学环节中。“这些课程是针对不同年级学生的生活轨迹设置的，具有循序渐进的特点。如大一、大二学习基本职业管理技能，了解带薪实习；大三为带薪实习做准备（简历改进，面试技巧）、参加兼职工作；最后一年明确就业目标、参加招聘会、心理测验等。”雷丁大学主要采用网上教程的方式，由学生自主学习就业指导的技巧和知识。西安科技大学就业指导课自本科三年级开设，列入教学计划，采用课堂教学的形式进行，有一定的学分，为考察课，学校编写有结合学校特色的集大学生职业生涯规划、就业指

① 向琪，英国高校就业工作的特色与启示[J]，黑龙江高教研究，2008(3)：63-65.

导、创业教育等内容于一体的《大学生职业·就业·创业指导教程》。授课教师主要由学工干部担任，学校对授课教师进行一定的校内或外派培训，并鼓励和支持他们考取国家就业创业指导师资格，提高授课水平。目前，我校授课教师全部具有国家就业创业指导师资格，部分具有高级就业创业指导师资格。

在课堂外对学生进行指导的方式方法上，两国高校也都采用了相似的方式，即通过一些具体的指导活动载体类进行指导。如雷丁大学通过三个小分队的分工职责，在职业咨询与指导方面，主要采用的是一对一指导（约占全体学生的三分之一）和开展各类研讨会以及工作室的方式，为学生提供基础的、普遍性的指导；在就业指导和政策实践方面，主要通过指导团队对提出的新指导建议与其他分队协调沟通后实施的方式，预计今年将对100多个学生进行指导；在职业教学工作培训和技能指导方面，主要通过与院系紧密合作对统计性数据进行分析的方式。如雷丁大学开设的一些就业指导类的活动或讲座，主要采用“经验日交流”和“博览会”两种载体，除了一些专家外，还邀请一些用人单位负责人、职业生涯团队和志愿者来校与学生面对面交流，学生可以得到有质量的经验，企业老板告诉学生目前企业的人才需求、求职技巧以及分析整体和各行业就业和市场形势等。西安科技大学开办了“就业创业大讲堂”，主要邀请企业负责人做客，介绍行业环境市场、大学生应该注重提高的职业素质和应聘技巧等。如2014年12月主办的“就业创业大讲堂”，邀请了深圳市易流科技副总裁、西安交通大学管理学院外聘研究生导师、西北大学国际商学院兼职教授黄滨作了题为“开启新的人生旅程”的报告。主讲人在报告中分享了自己毕业多年来就业创业的艰辛历程，用切身的体会和感悟就如何走好人生的第一步发表了自己的见解，并围绕“专业与择业、才华与平台、专注与成就”等内容与到场学生进行了互动交流。

对比两国就业指导方式方法，英国高校采用的专业教师兼任职业顾问的方式针对性和实效性很强，专业教师可从专业发展的角度，就自身学术研究、科研和社会服务工作情况，有针对性地对学生进行专业行业前沿、热点、发展前景等方面的专业化指导。而我国西部地方更多采用学工干部上就业指导课的方式，就业指导教师业务水平高低不同，在学科专业化指导方面，对专业学科发展前景、行业就业市场等具体情况的掌握相对少一些，随意性强。雷丁大学采用的网络视频均为专家视频，课程体系较为全面，授课质量高，资源积累相对比较多，但视频自学也存在对学生自主性要求高的问题，学生要在无人监督的情况下自主认真地去观看视频才能有所收获。

四、学生就业能力提升

英国高校将学生就业能力提升作为就业指导的重要内容，“早在1963年，英国的《罗宾斯报告》中就强调高等教育应该具有的目标是：提供适用于劳动领域的通用技能方面的教学。英国教育和就业部将高等教育的最重要任务之一确定为帮助大学生提升较高层次能力和技能以提高其长期可雇佣性”[①]。“英国教育与技能部认为：所有成年学生都能够通过工作

① 刘桂华.英国大学生就业能力培养的启示[J].教育与职业，2010（16）：98-99.

锻炼来发展他们的关键技能，提高他们的就业力。雇主看重的是有工作经验的、能在工作中明确表达和灵活运用所学知识的学生。”①

雷丁大学利用多种方式开展对学生就业能力提升方面的工作，内容很丰富实用，尤其特别重视学生课外就业经验的培养，估计这也是他们的职业指导中心有 28 名工作人员的主要原因。他们主要在就业技能培训和提供实习两个方面开展工作。

在英国，“学生在课程计划外获取工作经验的一个重要途径是兼职。许多高校开始鼓励和支持学生从事兼职工作。有些高校甚至还设立了兼职工作部，为学生从事兼职工作提供服务。调查显示，60% 的全日制学生长期从事兼职，超过 80% 的全日制学生暑期从事兼职。从事兼职的时间平均一周为 10~14 小时”。②

就业技能培训方面，雷丁大学主要采取了 4 种方式：一是设有职业生涯教育顾问，主要负责向学生提供一些个人定制类的一对一服务，如简历制作、面试应答等方面的指导；二是提供学生入职前相关业务方面的培训（类似于国内的岗前培训）；三是通过网络提供视频指导和网络测评，主要测试学生的职业倾向、适合从事的职业等；四是开展丰富的就业指导现场活动，以这些活动为载体，提升学生的综合就业能力，类似于国内的模拟招聘等。

就业技能实战方面，雷丁大学采用鼓励学生参与实习的方式，以提升学生的综合能力。雷丁大学积极为学生提供实习机会，有 1~2 周或 4~6 周，也有一年的实习，主要分为暑期兼职工作和学期内兼职工作：暑期兼职工作由一定的社会机构代理，需要学生付费给代理机构，主要提供一些大的企业进行实习；学期内兼职工作主要由学校和周边提供一些临时性的岗位（类似于我国的勤工助学岗位，面向全体学生），每年均有部分学生参加。通过实习可以提高学生的社会认知和综合能力，这是校园学习给不了的。雷丁大学把上述形式叫作“RED 奖励”，也叫雷丁大学学生就业技能计划，有义工、带薪工作和实习三种方式，与学生成绩单挂钩，作为额外学分记录在案的，鼓励国际学生参与其中，增加实习或工作方面的经验。学生要得到这个学分，必须要有一定学时的义工或培训，其目的就是鼓励学生到社会中去兼职，增强社会责任感和就业能力。雷丁大学要求学生递交实习作业，对实习经验进行系统总结。通过一项全英调查表明，学生实习返校后，成绩和学习态度都会有所转变，实习具有重要作用。雷丁大学建有一个 24 小时交互式网站，学生可以随时获得全球范围内丰富的实习信息。

在具体的一些方法上，需要我们学习借鉴的是，雷丁大学会邀请一些职业摄影师给学生拍照，把照片放在网站上，供用人单位查阅。西安科技大学由于日常学生就业事务工作量大及其他原因，暂时还没有这么做。

西安科技大学在学生就业技能培训方面开展的工作主要有三种方式：一是开展一些实战活动，如模拟招聘、商业实战大赛等；二是前面讲到的就业创业大讲堂，内容很实用，但受到场地、频次等影响，参与学生的人数相对有限；三是鼓励和支持学生到企业现场实习。西安科技大学及国内部分高校主要都采取二年级认知实习和四年级专业实习。20 世纪八九

① 苏敏. 英国高校提升大学生就业力的策略研究 [D]. 东北师范大学，2007.

② 雷培梁，连莲. 英国高校提升大学生就业力的经验探讨 [J]. 复旦教育论坛，2009（7）：74-77.

十年代这项工作在我国高校开展得非常好,学生都深入厂矿企业进行实际的工作锻炼,对毕业后走向岗位提供了很好的积累。而目前由于我国本科毕业生的数量大幅度增加,双向选择机制导致企业对应届毕业生的要求越来越高,部分企业甚至也和英国一些企业一样只招聘有工作经验的员工,再加上对校园安全、学生人身安全的考虑和压力,目前我们的实习可能更多地停留在参观阶段,学生并没有真正进入企业进行见习生的岗位锻炼,只有一部分已经和用人单位签约的学生在毕业前大四阶段到该企业进行实际实习,但是所占的比例并不大(没有统计具体数据,但是估计不到四分之一)。

整体而言,雷丁大学提升学生就业能力的方式方法比较多,比如他们在全球范围内与企业积极联系,提供学生实习岗位,国际化视野较宽;信息提供(如网站提供学生专门的照片及详细的简历信息等)与反馈机制较为健全等。

五、与用人单位的联系机制

在与用人单位的联系机制方面,雷丁大学主要采用两种方式:一是学校专门设立的"社交媒体团队"与用人单位取得联系,如运用一个像中国的社交 APP 微信一样的软件,主要用大量图片进行宣传推介,附加适当的文字,非常受企业和学生欢迎;二是积极利用校友资源,比如目前雷丁大学启动的名为"绽放"的新项目,聘请了 100 多名往届校友,无形中也加强了与校友及企业的联系,通过这项计划帮助毕业生搭建资源网络,促进学生就业。

西安科技大学目前主要采用三种方式:一是学校与用人单位直接联系,邀请用人单位来校招聘,此类主要是传统联系的或行业内的大企业(这里面本身包含了部分校友资源);二是通过学校与政府的合作,邀请企业来校招聘,比如与各地政府的人社局(人才交流中心)建立合作备忘录,由人社局组织当地企业团体来校招聘;三是一些企业主动与学校联系来校招聘,主要是一些新成立急需人才的小微企业。

然而我国目前部分行业就业压力较大,企业来校招聘大学生的需求不多,积极性不强。学校目前联系用人单位的精力更多是建立在开拓新的企业方面,主要采用与政府人社局合作及与小微企业联系。比如西安科技大学积极联系省内外人才市场及用人单位,已和浙江省人才、江苏省人才、南京市人才、南通市人才、盐城市人才、句容市人才等人才市场建立合作关系,在创维集团、长城汽车有限公司等国内知名企业设立毕业生就业见习基地等。

在一些具体方法上的相同之处是,市场开拓方面,中英两国高校就业指导机构都需要"走出去"开拓市场,这也是国际大环境。同时中英各高校都有一些相对固定的用人单位,为学生就业提供了一定的平台,一些大的企业也积累了一些校友资源。校友资源利用方面,中英两国高校情况类似,都是积极利用校友及校友所在企业,解决学生就业问题。但在一些具体操作方法上有所不同,如雷丁大学利用校友基金为学生实习提供经费和报酬支持,这一模式我们国内很多高校都没有。

在一些具体方法上的不同之处是,学校自身推荐方面,英国高校利用媒体较多(笔者理解就是做广告),国内本科以上高校在这方面做得较少,高职院校相对多一些,但也主要是对学校的整体宣传。我国高校数量较多,有 2 000 多所,如果全部都在报纸、电视等媒体上打广告,估计会给媒体的传播带来一些混乱和改变,所以国内高校推荐的方式方法可能更适合我国国情。

六、学生择业观念

受传统文化和体制影响,我国大学生择业观念比较保守,一是不想远离家乡,二是想要进入"体制内"的"正式工作",所以造成学生择业方面较为挑剔。虽然高校开展了一系列的"先就业、后择业"及创业方面的引导,但受社会文化影响,上述观念很难在短期内改变。

而受历史、社会环境及文化影响,英国大学生的择业观较为发散,不局限于"体制"等因素,他们认为在蛋糕店工作也是很愉快的事情,也可以当作事业来对待。"不再是随便找家单位工作一辈子,已经没有终身职业了。"这种观念对于学生就业无形中起到了添加剂的作用。

七、招聘模式

在招聘的方式上,西安科技大学与雷丁大学类似,主要采用招聘会方式和网络平台方式。

招聘会方式上,西安科技大学主要采用招聘会方式,分为三个层次:一是大型就业双选会,春、秋季各一次,每年累计邀请用人单位约 500 家,提供岗位 20 000 余个;二是一些规模较大企业的专场招聘会,我校 2013—2014 学年共召开专场招聘会 330 余场,接待用人单位近 600 个,提供岗位 9 000 余个;三是鼓励学生自行到其他高校(有时是学校联办)或人才市场参加招聘会,尤其秋冬季西安地区各高校的各类招聘会较多,所以学生可参加的招聘会也较多。雷丁大学也主要通过招聘会的方式,分为专场和综合类两个层次,大小型均有,由学生在招聘会上与企业进行联系,递交简历及面试等。学校踊跃和知名企业建立合作关系,邀请知名企业来校招聘,为学生提供更多的机会。这与我国高校的模式基本相同。

在招聘的操作方法上两者有一些不同:一是企业到雷丁大学招聘需要缴费(公益非营利性组织除外),而我国一般院校目前基本都不收费(除部分名牌大学外),甚至企业来校招聘学校还要进行简单的招待;二是国内招聘企业基本都是人力资源部门的工作人员来校招聘,而雷丁大学经常有一个企业的关键人物在校园宣讲招聘,对学生的吸引力更大一些(这估计也和英国高校较少有一定的关系,我国地域大、高校多,领军人物亲自到场宣讲可能精力不足,做不到)。

网络平台方式上,西安科技大学建立"西安科技大学学生就业信息网",将教育部"全国大学生就业信息服务一体化系统"嵌入学校就业信息网,努力使毕业生就业信息对称。同时开通微信公众平台、QQ 在线、网络发布等新媒体辅助手段,形成全方位、立体化、无间断的"网上就业服务平台"。近几年来,我校累计发布各类需求信息 5 万余条。2013—2014 学年累计发布各类需求信息 1 000 余条。

雷丁大学建立了“我的工作”在线平台，学生可以通过学号登录后完善自己的“机遇兴趣点”“目标职业”等个人信息，系统将自动筛选出符合学生兴趣点的宣讲活动、专兼职工作机遇等信息以供学生选择。每一条专兼职工作机遇信息都附有详细的说明，包括用人单位简介、岗位信息、招聘专业以及特殊技能要求、工作薪金等。如果学生觉得机遇合适，可以直接通过“在线申请”来安排面试时间。除此以外，学生还可通过在线平台提出职业生涯规划、就业指导等方面的疑问，就业指导中心工作人员会通过邮件回复的形式进行详细地解答。

在网络平台的一些操作方法上，整体而言，雷丁大学的比较细致实用，例如在线申请、在线咨询等，与学生的互动多且及时；西安科技大学的就业信息网更多地是作为信息发布平台来使用，与学生的互动相对少一些，这方面今后需多加努力。

八、启示

英国高校通过成熟完善的就业指导机制，“以提高雇主价值体验为中心开展市场建设工作，以提高学生受雇能力为中心开展咨询指导工作，以职业发展为中心开展信息工作”，采用针对性较强的方式方法，使得学生就业指导工作更加丰富充实，对提升大学生就业能力起到了重要作用。但两国也有些学者认为，“英国大学生就业能力培育机制也存在一些理念冲突问题，在就业能力培育甚嚣尘上的今天，大学到底是坚持传统的学术性标准，还是实用性标准，仍然存在争议”。

通过以雷丁大学和西安科技大学为例对英国高校和中国西部地方高校就业指导工作的对比，笔者也发现两国高校就业指导具有几个相同特点：就业指导工作的任务目标基本一致，都以促进学生充分高质量就业为目标；就业指导工作的方向基本一致，主要都是注重结业指导的质量和效果；就业指导工作的领域基本一致，都集中在市场拓展、就业指导、信息共享等方面。

在今后的工作中，我国西部地方高校更应在加强就业指导工作的体系化建设、就业指导人员的职业化培养、学生就业能力的系统化提升和以用人单位为中心的专业化服务等方面做出努力。

英国高校学生就业评价体系的现状与思考

南开大学　胡军

通常来讲，就业评价是指在广泛收集毕业生就业行为信息的基础上，对毕业生就业这一既具有时效性又体现连续活动特征的评价客体进行综合评估，并为学校教育教学改革和相关部门改善管理提供参考和依据的过程。就业评价是大学生就业工作的一项重要内容，也是评价大学人才培养和办学水平的主要指标，对高等教育改革起着非常重要的导向性作用，在很大程度上推动和引导高校调整专业结构、改革课程设置和提高办学质量。

英国的高等教育发端很早，教育水平相对较高，同时由于社会保障体制比较健全，大学生的就业体系与管理相对健全。毕业生就业评价是英国大学排名的一个重要衡量指标，政府和社会非常看重这一指标。学生就业质量对高校的声誉和招生非常重要，甚至可以说它是对高校的社会声誉和“潜在入学者”的最大影响因素，因此毕业生的就业评价得到英国社会的高度重视。

一、现状及特点

（一）多方参与，互为补充

英国高校毕业就业评价由英格兰高等教育拨款委员会（HEFCE）、高等教育统计局（HESA）、英国毕业生就业指导服务协会（AGCAS）、高校和权威媒体共同完成，各司其职，互为补充。其中，英格兰高等教育拨款委员会是毕业生就业评价的资金支持者，也是毕业生就业评价结果的需求者；高等教育统计局是毕业生就业评价的具体设计和统筹实施者；高校是毕业生就业评价的数据采集与具体操作者。它们按照高等教育拨款委员会的要求，对本校毕业半年后的学生通过问卷、电话、电子邮件等方式进行调研，并逐步建立起每届毕业生的调研数据群，以便日后相关调研活动的开展。

英国毕业生就业指导服务协会在高校毕业生就业评价工作中发挥第三方调查的职能，协助高校完成毕业生就业评价调查。权威媒体包括《泰晤士报》《卫报》等是高校毕业生就业评价相关信息的发布者，这些机构通过向高等教育统计局或英格兰高等教育拨款委员会购买数据或分析报告，并结合自身需要进行整理分析，最终向社会发布。

（二）多维分析，全面梳理

从评价内容上看，英国高校毕业生就业评价调查对象针对性强、问题详尽，一般由 7 部分组成,分别是个人资料、当前状态、具体工作描述、深造情况、从事教师行业毕业生情况、业余时间深造情况和调查提示等。学校将调查获得的数据上报后,由高等教育统计局根据各方的需求进行不同维度的分析。评价方法主要采用"毕业生水平就业"评价体系。这一体系由英国华威就业研究所提出,是指毕业生具备以下三项条件之一即可算作以毕业生水平就业:一是是否在高等教育中获得职业所需的知识、技能和经验;二是是否具有承担管理者职务的趋势与潜能;三是是否具有高层次的交际能力。

英国高校对毕业生水平就业的职业类型进行了全面梳理,形成了包含 4 种类型的分类体系,分别是传统毕业生职业(律师、医生等)、现代毕业生职业(工商管理、信息技术等)、全新毕业生职业(市场营销经理、理疗师等)、边缘毕业生职业(休闲体育经理等)。在评价过程中,依据此分类体系进行专业与行业对接和人职匹配方面的研究。

总体而言,英国高校毕业生就业评价体现出以下几个特点:

一是组织体系完善。由国家统一规划部署,并将高校毕业生就业质量评价与学校拨款和教育经费挂钩,由此形成全员重视和参与的良好局面。同时还引入了第三方调查机构,提高了就业评价数据的真实性和有效性。

二是监测指标详尽。英国高校毕业生就业评价内容的指标有数十个,在分析过程中进行组合研究,从结果中挖掘出潜在规律,具有很强的研究参考价值。

三是实施方法科学。从数据收集到分析,从就业质量的评价到发布,每个步骤设计得都比较严谨,且将有效性作为其监测过程中的第一要素,整个过程不存在任何假设与猜想,均是以事实为依据。

二、思考与启示

针对我国当前高校毕业生就业率统计方法和评估体系中存在的问题,借鉴部分国家和地区的经验,我国高校毕业生就业评估体系可以从以下几个方面进行提升。

(一)明确界定毕业生就业的概念

毕业生就业状况的分类标准各国不同,就是一个国家中的不同地区和层次的高校也有差异。我国高等教育管理部门应借鉴国外对"就业"状况的划分标准,结合我国的国情,研究如何明确界定我国高校毕业生"就业"的概念,并以此为标准作为我国高校毕业生就业统计的根本依据。

(二)加强就业指标的多维度选取

国外对就业率的统计不仅仅局限于就业率这一数据本身,通常与一系列相关指标结合起来进行统计评估,如就业途径、就业满意度、就业相关性及工作稳定性等。这使得就业评估体系不仅能反映单纯的数据,更能反映高校毕业生的就业质量、教育质量和人才市场需求的多方信息。我国高校对此应加以借鉴,使得高校毕业生就业评估体系能反映出学生就业和高校的毕业生就业服务的质量。

（三）构建科学的就业评价系统

由于以往对“单一就业率”的高度要求，使得各级教育部门多重视数据统计的高低问题，而忽视了对数据的科学分析，并且单一指标本身也无法对评价系统提供有效的基本支持。在指标选取完备的基础上，选用科学合理的分析工具和评价模型就成为改进整个系统的关键所在。

（四）完善就业评价系统的功能

依靠“就业率”建立的就业评价系统由于指标的单一性很难提供更多的有效信息，从国外发达国家的就业管理经验中，我们可以看到，除了进一步挖掘“就业率”本身蕴含的更深意义外，还应该通过构建更为科学的评估系统，实现评价的多功能模式，既能满足就业指导和服务的要求，还要为学校的招生、学科建设和教育管理提供及时的信息支持，努力打造一个多方共享的教育信息平台。

（五）加强就业评价的后续工作

包括毕业生就业稳定性、工作满意度和用工单位的反馈信息等的后续性工作是当前我国高校毕业生就业评估系统最需要改进的地方，要提高我国高校毕业生就业服务的质量，必须要大力加强我国高校毕业生就业评价的后续工作。

（六）设立多层次的就业监管机构

我国目前的高校就业评估模式主要为高校上报自身毕业生情况，还没有大量引入专门的第三方评估或监督部门。借鉴国外的成功经验，对就业率的统计和评估一般应包括以下三个层次，即政府专职部门、社会组织或行业以及院校自身。采用多渠道的信息收集方式一方面增加了就业率统计的客观性，另一方面可以弥补当前我国就业信息系统单一、信息采集缺乏监督的现状。

建立科学有效的高校毕业生就业工作评估体系，并通过该体系的反馈机制，使之成为检验高校专业设置和人才培养模式合理性的一个预警系统，不仅能为教育部门和高校在对毕业生就业竞争力进行客观的市场评估时提供依据，而且有助于高校根据市场调查和评估的结果制定出相应科学的人才培养战略。大学生就业评估体系的构建，对全面提高高等教育质量、缓解就业压力、促进社会和谐发展具有相当的现实意义。

关于英国大学生创业教育体系的思考
——以“牛津剑桥”为例

华东理工大学　朱姝

摘要:英国大学重视创业教育,在政府、高校、企业以及社会资源的共同协调下,形成了较为完善的创业教育体系。本文以牛津大学和剑桥大学为例,在描述两校创业教育实施现状的基础上,通过与我国的大学生创业教育体系相比较,指出政府、高校、企业、社会资源应当各司其职,相互协作,从宏观政策、理论教学、资金扶持、实践平台等方面给予引导和支持,以完善我国的大学生创业教育体系。

关键词:大学生创业教育;牛津大学;剑桥大学

英国大学生市场化就业的历史非常悠久,高校就业服务体系的发展已经进入到比较成熟的阶段。近年来,随着社会环境的变化,企业家精神被众多年轻人所推崇,加之经济竞争日益激烈,为提高学生就业竞争力,英国大学逐步转变办学理念,把服务社会作为学校的重要职能,对创业教育日益重视。在政府、高校、企业、社会资源的相互协调下,形成了较为完善的创业教育体系。

一、英国大学生创业教育现状

(一)机制保证:政府组织机构鼎力支持

从创业教育的宏观组织机构来看,英国最主要的两个创业教育组织机构分别为:英国科学创业中心(UK Science Enterprise Centres,简称 UKSEC)和全国大学生创业委员会(National Council for Graduate Entrepreneurship,简称 NCGE)。前者成立于 1999 年,是英国最早的政府所属创业教育管理和实施机构,由多所大学共同组建、联合运营。作为英国政府战略构成的一部分,英国科学创业中心借助教学过程将创业植入大学使命。截至 2012 年,科学创业中心已发展到 13 个,涉及高校 60 多所、高等教育机构 80 多家,并与 500 多家企业建立了合作伙伴关系。科学创业中心的高校成员涵盖了牛津大学、剑桥大学、诺丁汉大学、布里斯托大学等英国著名高等教育学府。后者成立于 2004 年,负责英国的创业教育,培养在校大学生的企业家精神。两者共同负责全国创业教育的宏观规划、组织、指导与监督。

2009 年, NCGE 开始实行“起飞计划(Flying Start)”,该计划是针对想要或者已经建立公司的高校毕业生和研究生提供专家的咨询和对其创业项目进行评估和培训，教授学生如何在实践中运营企业。

在此机构指导下，牛津大学、剑桥大学均设立了自己的创业中心。牛津大学塞德商学院（Said Business School）成立于1991年，其所属由美国易趣公司创办的斯科尔社会创业中心（Skill Center for Social Entrepreneurship）和牛津科学创业中心（Oxford Science Enterprise Center）在高校中相当具有影响力。斯科尔社会创业中心创立于2004年，是专门支持和帮助创业者的学术机构。通过牛津大学一流的学术资源为创业者提供支持和帮助。牛津科学创业中心于2001年成立，主要鼓励学生在科学和医学领域进行创业。中心通过讲座等形式为创业者进行创业技能等方面的培训。

剑桥大学通过其下属的“剑桥创业中心”加入UKSEC，双方互惠互利，在教育方面实现了共赢。剑桥创业中心依托高校的智库实现高科技创业，通过校际联合等方式构建高层次创业教育网络，提升创业教育活力。同时，有效利用各类创业基金项目，推动剑桥科研成果转化，为创业和创业教育提供源动力，推动学术的资本化。

（二）理论护航：高校创业教育课程精心设置

在英国，几乎每所高校都拥有一支高素质的专业化就业创业指导队伍，指导服务中心的工作人员主要由职业顾问和信息职员构成。职业顾问往往具有心理学、教育学学科背景，并有在大型企业和相关部门从事人力资源管理工作的经历，信息职员则具有一定的图书馆工作经历或学科背景。

牛津大学的师资力量雄厚，教师学术能力层次高，教师主体来源多样化，有本校的知名教授和学者，也有校外的著名大公司的高管。这些教师的教学能力涵盖了电子商务、运营管理、科技领域等各个方面。塞德商学院主要培养工商管理硕士（MBA），其教学目标就是要使学生成为商业中的佼佼者。因此，为学生创造良好的创业环境，提供扎实的创业理论基础是实现教学目标的当务之急。塞德商学院的创业教育课程分为核心课程（Core Curriculum）与选修课程（Elective Curriculum）。核心课程有8门，主要是相关的专业课程；选修课程共有27门，涉及创业及企业运营的各个方面，供学生根据自己的需求进行选择。此外，还有项目实践课程（Project Curriculum），即在实践中进行一个创业项目，使学生能够在具体的操作中获取创办、经营企业的经验。

剑桥大学创业中心有10位全职人员，负责课程的开发与编制，将目前市场的现状与学生的实际情况相结合，提高学生的兴趣和参与性。其课程设置分为无学分课程和有学分课程。无学分课程根据学生的期望和调研结果进行安排，主要以讲座、座谈、小组讨论为主；有学分的创业课程，分为面向MBA和理工科学生两类，大约有十几门课程，不同专业的课程内容与上课时间均不同，最终以完成一份商业计划书为考核标准。

（三）校企互动：企业家亲临校园近距离指导

英国企业中的成功企业家经常会被邀请到学校，以自身的成功经验激励大学生创业，交流创业的经验。同时,他们还会积极地赞助一些有意义的商业策划大赛,设立有关创业的奖学金等。成功的企业还经常为学校的老师提供在岗培训,参与大学课程的设置,为学生安排到企业进行参观学习等。

牛津大学塞德商学院邀请企业家担任客座讲师、荣誉教授,企业家参与教学,把创业经验与教师和学生共同分享。课堂上,企业家和学生一起讨论案例,谈论经验和教训,以此增加教师和学生的实战性,从实际出发给予学生更多的实质性的指导和帮助。课堂上的案例分析,一般会邀请案例中的主人公亲临现场进行面对面的讲述与交流,以现身说法的形式让学生明了创业的艰辛及其需要面对的挑战,及早做好各种准备。

剑桥大学的创业中心挂靠在贾吉商学院(Cambridge Judge Business School),由该学院负责对创业及创业教育项目的设置、督促实施与评估。他们会邀请已经成功的创业者以及企业家为大学生提供创业实训的机会,为创业项目提供师资、经费以及课程等资源,以此带动全校的创业氛围。

(四)同声相应:社会资源介入全方位覆盖

牛津大学和剑桥大学两所高校历经近千年,为社会培养了大量的精英人才,两校十分注重校外资源的利用。在创业教育中,秉承以学校为中心,合理引入社会资源,使之参与到学校的创业教育中,在学生受益的同时辐射社会广大受众。

牛津大学向来注重校友资源,学校成立了商业校友会(Oxford Business Alumni)和商业网络(Oxford Business Networks)。凡是牛津大学的毕业生都可以加入校友会,充分利用校友资源优势。同时,那些在商界知名的校友们也会为牛津大学的学生提供各种支持和帮助。

塞德商学院也有自己的校友网络,该网络分为 9 个分支,涵盖了消费者与市场、能源与资源、创业与风险投资、管理咨询、媒介与传播、房地产、科学与技术、社会创业等各个领域,在校学生可以根据自己的兴趣与意向,任意选择加入。每个校友分支网络均由在校生和校友共同主持,学生可在其中组织讨论、学习、实地参观、企业访问等。

剑桥大学则是以其校友澳大利亚物理学家、早期高技术创业者赫尔曼·豪瑟(Hermann Hauser)命名了剑桥大学赫尔曼·豪瑟专家中心。该中心利用校友资源,为大学生提供创业教育课程;通过俱乐部、创业计划大赛等活动吸引在校生的参与,并提升学生的创业技能和水平;通过直接的经费支持让校友们和成功的创业者主动提供经费,参与课程建设及创业活动;以中心为桥梁,将剑桥大学的科技成果、专利技术等进行转化,成立公司,为学生提供实训平台,共享校内外创业教育资源。

(五)双管齐下:政府公共政策引导资金扶持

英国政府从 20 世纪 80 年代开始,就将创业与创业教育作为优先发展的领域,先后出台了大量的政策进行引导和规范,同时成立相应的基金委员会,从资金上给予充分的支持和帮助。

1963 年,英国政府出台《罗宾斯报告》(*Robbins Report*),1987 年,发起高等教育创业计划(Enterprise in Higher Education Initiative,简称 EHE),成为政府引导下的大学生创业教育的开端。

1997 年,《迪林报告》(The Dearing Committee Report)出台。它不仅将经济需求、社会政治哲学与课程改革紧密联系,更是将职业教育从职业培训转变成个体为就业而进行的终身学习,足以显示教育与培训对个体发展的重要性[①]。

英国的教育与技能部、贸工部、财政部以及首相办公室这四个部门专门负责制定和协调与高校创业相关的法律和政策。

除此之外,英国政府还相当重视对创业教育的资金投入,先后成立了高等教育创新基金、科学创业挑战基金和地区的发展基金等,并且通过各种途径募捐,按照市场化机制有针对性地增加资金来源,设立大学生创业教育基金,进一步拓宽创业教育的经费渠道。

1983 年开始的"青年创业计划"由英国王室创立,直到今天,仍然是全英最重要、最具影响力的项目。其下设立的"王子基金"已先后扶持了数万个创业企业,基金会为每位申请者提供 5 000 英镑的低息贷款用于创办企业。

1999 年,英国政府成立了"科学创业挑战基金",作为政府在高校内外培育创业文化政策的组成部分之一,该基金致力于为学生、教师和商业机构提供创业知识和技能。它为 13 个成功的科学创业中心提供了 2 800 万英镑的资助。

创立于 2001 年的"高等教育创新基金"则是专门用于支持高校师生的创业活动;2004 年,英国贸工部下属机构"小企业服务"拨款 15 万英镑设立"创业远见"项目,通过全国性的活动鼓励 14~30 岁青年的创业行为;英国首相"创新计划"更是专门拨巨款,资助英国高校开展创业教育领域的国际交流与合作。各地区发展局也积极推动地区大学生创业活动,鼓励大学生在当地创业。

2004 年 9 月,英国政府设立英国大学生创业促进委员会,旨在促进英国高校对大学生企业家的培养,鼓励毕业生自主创业。随着影响力的扩大,创业促进委员会升级为创业教育中心,不仅与英国百余所高等院校共同开展创业辅导,还为毕业生创业项目提供贷款支持,为高校和企业牵线搭桥,同时举办国际创业教育者年会,评选大学优秀创业辅导和创业方案等。

整体而言,为避免后金融危机时期的青年人成为"失去的一代",英国政府在多管齐下拓宽青年就业渠道的同时,更在鼓励青年人自主创业方面发力,为他们提供全方位服务以化解青年就业难题。

二、客观积极:我国大学生创业意愿调查

根据教育部《高校毕业生自主创业研究成果报告》(2010 年)显示,尽管 75% 的高校毕业生渴望自主创业,但最终真正创业者仅占 1.46%,大学生创办的企业存活率也仅为 1%。

---

① 吉小炜. 英国职业教育倡导的核心能力及其实践过程 [J]. 中国成人教育,2010(13):122-123.

如何将创业意愿转化为创业行为是高校创业教育的重要环节。笔者以上海市在校大学生为调查对象，对他们的创业意愿进行了调查、统计、分析。

大学生创业意愿调查以上海市具有代表性的 4 所高校抽取的 1 000 名全日制普通本科在校大学生为调查对象，有效问卷 809 份，有效样本率 94.73%。其中完全没有创业意愿的样本 177 份，获得有创业意愿的有效样本 632 份。问卷调查时间控制在 15~20 分钟。

样本的具体分布情况见表 1。

表 1　样本分布情况

类别		频数	百分比
性别	男	378	59.81%
	女	254	40.19%
	合计	632	100%
年龄	18	12	1.90%
	19	36	5.70%
	20	188	29.75%
	21	218	34.49%
	22	150	23.73%
	23	25	3.96%
	24	3	0.47%
	合计	632	100.00%
专业	商科	89	14.08%
	理科	59	9.34%
	工科	308	48.73%
	人文科	176	27.85%
	合计	632	100.00%

通过文献整理归纳和前期访谈资料的分析，初步拟定创业意愿测量指标可以分为 5 个维度：时间、强度、指向性、坚持性、成就感。5 个维度下各有若干小指标。

采用克朗巴哈系数(Cronbach' s alpha)来估计量表的一致性①。经调整分析，创业意愿测量的信度为 0.850 2，总量表的信度为 0.928 5。问卷的信度比较高，因此可以接受。

对创业意愿测量的巴特利特球形检验和 KMO 检验结果说明，变量间共同因素非常多，非常适合进行因子分析，见表 2。

① Cronbach' s alpha 系数法利用各题得分的方差、协方差矩阵或相关系数矩阵来计算同质性，得出唯一的信度系数。所得的 Cronbach' s alpha 系数越高，则代表量表的内部一致性越佳。一份信度系数好的量表，其总量表的信度系数最好在 0.80 以上，如果在 0.70~0.80 便是可以接受的范围。如果是分量表，其信度系数最好在 0.70 以上，如果在 0.60~0.70 便是可以接受的范围。

表 2　创业意愿测量 KMO 检验和巴特利特球彩检验

Kaiser-Meyer-Olkin Measure of Sampling Adequacy		0.913
Bartlett's Test of Sphericity	Approx. Chi-Square	5 648.581
	df	595
	Sig.	0.000

对量表的主成分分析结果见表 3。

表 3　创业意愿 Total Variance Explained

Component	Extraction Sums of Squared Loadings			Rotation Sums of Squared Loadings		
	Total	% of Variance	Cumulative %	Total	% of Variance	Cumulative %
1	10.024	31.324	31.324	7.129	22.277	22.277
2	2.427	7.585	38.909	4.204	13.138	35.415
3	2.149	6.716	45.625	2.631	8.221	43.637
4	1.590	4.969	50.595	1.952	6.100	49.737
5	1.466	4.582	55.177	1.741	5.439	55.177

对创业意愿以固定因子个数提取公因子后，提取 5 个公因子。经过对创业意愿测量量表探测性因子分析，完成对量表的修正，最终量表修正结果见表 4。

意愿作为动机的较弱化的表现形式，是动机的一种，但又不同于动机。它是一种心理状态，引导个人的注意力甚至经验和行动，为获得某种动机（某种方法），而指向一个特定的目标或道路（Bird，1988）[①]。Katz & Gartner（1988）[②] 认为创业意愿是指能够被用来帮助达成创业目的的信息搜索，旨在创立一个新公司或是在已有公司中创造出新的价值增长点。

笔者将创业意愿界定为大学生对从事创业活动与否的一种主观态度，其强度有强弱之分。弱到一闪即逝的创业念头，强至最终导致创业的创业动机，都属于创业意愿。

笔者将通过创业意愿测量量表测量在校大学生创业强度的分布，分析不同层次学生对创业信息、创业环境、创业教育等的不同需求。通过建立合理的创业服务体系，有效刺激大学生的创业意愿，使大学生创业意愿整体增强，并重点激励高活跃创业意愿向创业行为的转化。

① BIRD B. Barbara. Implementing entrepreneurial ideas: the case for intention[J].Academy of Management Review，1988，13（3）：442-453.

② KATZ J，GARTNER W B. Properties of emerging organizations[J]. Academy of Management Review，1988（13）：429-441.

表 4　创业意愿测量量表

变量		内容	测量指标
创业意愿测量	创业意愿	自评创业意愿的强度	自评对人生职业规划的明确程度
			自评绝对创业意愿强度
			自评相对创业意愿强度
	时间	创业意愿存在的时间长度	创业想法存在的时间长度
			创业计划作为职业规划目标存在时间
			创业意愿存在的时间连续性
	强度	创业意愿引导个人的注意力甚至经验和行动的强度	创业意愿强度自评
			创业意愿引导个人注意力绝对水平
			创业意愿引导个人注意力相对水平
			创业意愿引导个人创业能力培养
			创业意愿引导个人创业相关人脉关系培养
			潜在创业团队成员的计划程度
			创业意愿引导个人搜集创业项目信息
			创业意愿引导个人计划创业项目行为
			创业意愿引导个人搜集创业资金信息
			创业意愿引导个人计划创业资金行为
	指向性	创业意愿激发个人更倾向于参与与创业有关的活动	个人在创业方面做过许多努力
			同样的机会面前，个人更倾向于选择创业机会
			因为选择了创业，个人愿意在其他方面做出牺牲
			是否进行过创业有关的尝试
			是否有创业有关的计划
	坚持性	大学生在维持创业意愿的前提下，对创业阻碍的承受程度	对放弃同等机会的承受程度
			对来自家庭阻力的承受程度
			对来自师长、专家的阻力承受程度
			对来自同学朋友等同辈人的阻力承受程度
			对缺乏合适创业项目的承受程度
			对缺乏资金的承受程度
			对缺乏创业人脉的承受程度
			对缺乏创业能力的承受程度
	成就感	大学生对创业的偏好程度	通过创业可以将我的构想变成现实
			通过创业，我的努力将会直接导致一个企业的成功
			创业可以让我指导他人工作
			成功的创业者相比较而言拥有更高的社会地位
			创业是实现我人生目标的最好途径
			创业是实现我人生目标的唯一途径

（一）对创业意愿自评结果的分析

根据调查结果统计，在校大学生对创业的认识是客观积极的。

（1）不同专业之间学生的创业意愿没有显著差异。可以解释为，无论是文科、理科还是商科，学生的创业意愿主要还是受到学校教育、家庭教育、社会氛围的影响，而在当前整个社会大环境下，就业形势严峻，创业正日益成为大学生就业时的一种选择，因此学生对创业的认知表现为无差异。

（2）男生的创业意愿强度明显高于女生。这主要是由性别差异形成的。在性别角色的社会化过程中，传统的社会观念、性别的刻板印象等文化因素对女性的职业道路选择有着根深蒂固的影响。社会普遍认为，男性更适合创业，适合在社会上“闯荡”，而女性则应该选择相对比较轻松、稳定的工作，以便更好地照顾家庭。

（3）农村生源的创业意愿强度明显高于城市生源。造成这种结果的原因可能是因为农村生源的家庭经济条件相对而言要劣于城市生源，他们更加迫切希望通过创业成功来改变家庭的经济状况以及自己的命运。而城市生源的家庭经济条件相对较好，在择业、就业问题上考虑得较少，对家庭的依赖性较强。

（4）不同学校的学生的创业意愿存在差异。财经类高校学生的创业意愿强度要高于综合性大学以及师范院校。出现这一差异的原因可能与学校在教育、宣传上的力度、广度、频度等有关。商科专业毕业生一向是创业的主力军，商科的课程设置中的专业知识与创业的关联度很大，同时，财经类学校有更多鼓励学生创业的措施和政策，能够营造良好的创业氛围，注重创业教育，这些都容易激发学生的创业意愿，并付诸实践。而理工类、师范类的学校更注重培养学生严谨求实的工作作风，在专业课程设置上也缺乏对学生创新性、灵活性、应变性等方面能力的培养与锻炼，学生的创业意愿相对比较弱。

（二）对创业意愿维度的分析

在对创业意愿 5 个维度进行分析时，建立了如图 1 的模型。

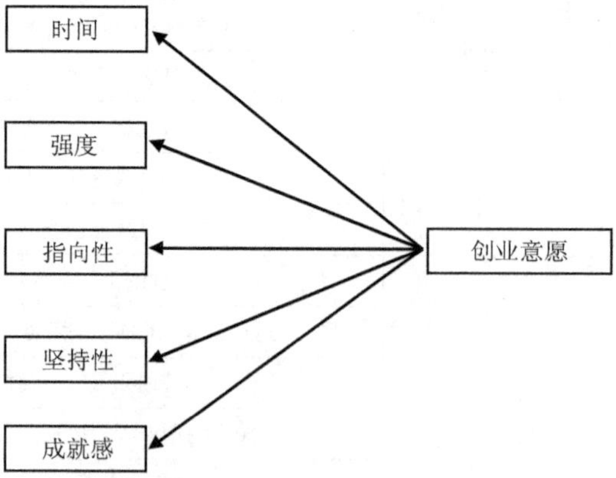

图 1 创业意愿维度分析模型

经 Amos 运作发现各个指标之间的平方复相关系数都处在 0.1 到 1.5 之间，属于合理的水平。说明各个指标的设立都有意义. 通过验证性因子分析，经过拟合修正后，关联相关残差，设定差别极小的方差，各构面最终通过验证。说明模型具有合理性和可行性。

通过路径系数发现，强度指标的因子负荷量最大，也就是说强度与创业意愿之间关联性最强。创业的强度指标是指创业意愿对大学生注意力、经验甚至行动的引导力强度。越是强烈的创业意愿越容易表现出注意力的吸引、与创业相关的行动或思考等，例如"搜集创业项目的信息""对创业进行构思""经常思考与创业有关的事"等。

指向性与创业意愿的关联性排在其次。指向性是指由创业意愿激发的人们更倾向于参与和创业有关的活动。主要表现为在同等效用的机会选择面前更倾向于选择与创业有关的程度，以及为了选择创业活动而愿意放弃的机会成本大小。两者之间的路径系数为 0.95。可以看出，越是高的创业意愿的大学生更倾向选择与创业有关的机会，并且愿意为此付出的牺牲和努力也越大。

时间维度与创业意愿的联系也非常紧密，在路径图中因子负荷系数为 0.88。时间维度是指创业意愿在时间轴上的延续情况，主要表现在两个方面：时间延续的长度和时间的连续情况。一般来说，创业意愿越是强烈，创业意愿持续的时间段越长，并且越不容易出现间断的情况。量表在测量时间延续长度时又分为"创业想法存在的时间"和"创业作为明确的目标存在的时间"，二者对时间维度的负荷量分别是 0.48 和 0.61，明显的，创业作为明确目标存在的时间长度更有说服力。在时间维度中，创业意愿存在的连续性负荷量最高，达 0.73。因此，具有高度创业意愿的大学生创业意愿存在时间越长，且创业意愿在时间轴上存在更加连续。

对创业阻碍的承受程度也就是坚持性，与创业意愿也有较大的关联。大学生在大学期间对于创业总是会接受到来自各个方面的不同的刺激，这些刺激中有的会正向强化，也有的会负向减弱创业意愿。这些负面刺激有来自父母、师长、专家、同学的反对或不支持，来自创业条件的缺乏，甚至是比优于创业的诱惑等。高强度的创业意愿对这些创业阻碍的承受程度更强、受其影响更小。

创业成就感与创业意愿有一定关联。成就感部分量表借鉴 Taomina & Lao(2007)的创业量表自我实现部分。经过统计分析得出，创业意愿强烈的大学生认为能从创业中获得的成就感越高。值得注意的是，由于被调查者绝大多数没有进行创业，只能测量被调查者认为创业活动可以带来的成就感，而并不是真正创业活动带来的成就感，由于被调查者的主观臆断可能带来误差。

三、质量提升：我国大学生创业教育的启示

由上文的描述可以看出，在英国大学生创业教育中，形成了以大学生为核心，通过与政府、高校、社会资源、企业之间建立起密切联系，培养大学生创业精神，促进大学生创业，实现大学生的个人价值和社会价值的较为完善的创业服务体系。政府的主要任务是通过完善创

业政策、保障创业基金、加强宏观调控来引导创业；高校通过加强学生教育培养、完善创业指导、调整创业教育课程设置、安排创业活动、搭建实训平台、增强大学生的就业竞争力；企业则是密切联系高校，参与课程设置，及时转化科研成果，为大学生提供创业实训场地；社会资源则要加强与各方面的联系，提高全民的创业意识。

而对应大学生创业意愿的调查结果，根据我国目前大学生创业现状以及“十三五”期间面临的就业形势，完善大学生创业教育体系需要从以下几个方面入手。

（一）政府：完善政策协调，营造良好氛围

实现积极的创业政策，一方面可以保证就业的充分，实现和谐的劳动关系；另一方面，也可以提升全民的创新意识。因此，国家要实施更加有利于促进大学生创业的政策，从完善和落实促进大学生创业的税收政策；鼓励引导金融机构支持符合国家产业政策导向的小型微型企业发展和自主创业，落实促进小型微型企业贷款、自主创业贷款的财税支持政策；鼓励大学生创业的扶持政策等多个方面建立完善的创业政策体系，营造大学生创业服务的良好氛围。

（二）高校：密切关注市场，夯实理论基础

高校在大学生创业服务中起着不可替代的作用。高校要密切注意市场需求，有目的地进行教学改革和专业调整，在当前“终生学习”的社会形势下，高校更要注重培养学生的学习能力、实践能力、创新能力，以提高其就业能力；高校的课程设置、专业设置、培养目标应当与社会发展、社会需求相对应，与创业指导相结合。高校在教学改革中，要提高专业设置与社会需求的契合度，有针对性地完善学生培养，提高人才培养质量。应当加强实践训练，提高学生的实践能力；加强产学合作，增强学生的就业竞争力；完善创业教育，提高学生的创业能力。

1. 注重创业意识的培养

西方发达国家早在20世纪70年代末就强调了创业教育的重要性，强调了创业教育是通过各种可利用的教育方式培养创业者意识、思维和技能等各种创业综合素质。而在我国，创业氛围刚刚兴起，还没有形成一个完整的创业教育体系，因此，高校应当展开全方位的创业教育，注重对大学生就业观念的转变，培养学生主动的创业观念，鼓励学生将创业作为自己职业的选择，努力创造出自己所期望的价值。

2. 合理设置创业教育课程

对大学生进行创业教育，是提高大学生创业素质的最有效途径。高校应设置以培养具有开创性的个体为目标，以教师指导下的学生主动学习为基础，主要通过各种实践活动进行的新课程，可以分年级、分层次、分专业进行创业教育。

（1）分年级的创业教育。高校可为低年级学生提供更多的职业实践岗位，鼓励高年级学生向低年级学生交流信息、传递经验。校内适宜于学生的岗位尽量让学生顶岗，校外争取有更多的岗位让学生参与，使他们提早接触社会；对高年级学生可以通过设立专门的大学生

实习实践基地来有效整合他们的实践活动,这样既有利于学生自身提高,又有利于用人单位发现和优先录用人才,同时也可以为学生建立自己的社会网络打下基础。

(2)分层次的创业教育。高校的创业教育应将普及型创业教育和专业型创业教育相结合。在引导学生做好未来生涯规划的同时,面向全体学生,采用普及型创业教育,以培养创业精神为教学目标,从大学一年级开始注意培养学生的创业精神和创业意识,并且随着学生年级的升高而加大这种教育的力度。面向在校期间有特别明确的创业意向的同学,采用专业型创业教育,以培养成功的创业者为教学目标,并积极提供企业实习实践的机会和配套政策。

(3)分专业的创业教育。面向各专业,对所有学生实施创业教育是共同的教育目标。但在共同目标下,包含了实施对象专业的不同和个性特点各有差异的现实。文科生、理科生、商科学生在知识背景、思维方式、思想观念、个性特点、做事风格等方面各有不同,他们在接受同一事物的能力与方式上也是有差异的。这种差异是教育过程中不容忽视的客观存在。因此,创业教育要关注个体差异和专业差异,根据不同专业、不同个体的不同需求与定位分别实施不同类型的教育方式。

3. 强化创业实践活动

创业实践活动可以有效整合大学生的知识与能力,使学生直接获取相应的经验。高校可以以创业计划大赛为抓手,全面提升大学生的创业素质。在创业教育教学中,可以把学生分成若干个创业团队,每个团队选择某一创业项目,团队成员专业各不相同,团队每位成员用自己的思维方式去考虑问题,用自己掌握的专业知识去解决问题,大家通力合作,共同完成一个高质量的创业计划设计。通过创业计划设计,学生可以学到很多非本专业课程的东西,锻炼综合应用知识的能力;学会和不同的人打交道,培养团队合作的精神;学会面对各种困难,培养坚强的意志和品质。

4. 加强对创业教育的正面引导

在创业教育实施的过程中,教育评价有利于加强对整个系统的宏观指导和管理,督促学校达到基本的质量要求;有利于开展校际在创业教育实施过程中的良性竞争,使之办出各自的特色;有利于调动社会各方面的力量关心创业教育,促进创业教育向纵深发展。

建立内容广泛、形式多样、具有动态性的教育效果评价制度是实现创业教育的要求。具体而言,评价的内容要包括知识量的考核和创造力的考核两部分内容,二者应具有科学的比例。评价的方式应多样化,可采用试卷、实验、设计以及调研等多种方式或通过网络定期测试。评价教学效果时,既要纵向比较,也要横向比较,力图使考核变得更为客观、合理和科学、公正。

(三)企业与社会资源:创业资源共享,创业资金多源

在大学生创业教育体系中,企业和社会资源之间的职能主要是根据自身发展的需要,与高校之间建立起良好的沟通关系,利用自身优势与现有资源,为大学生创业搭建良好平台。

两者是大学生创业教育体系中非常重要的组成部分，它们可以承担政府的一部分职能，协调市场与大学生之间的关系，从政策和法规上提供咨询服务，提供多渠道、多形式的资金来源。

在创业资金的来源上，虽然国家和政府对国内高校中的部分创业项目进行了扶持，但是各高校、各项目之间的竞争非常激烈，最终获得的比例也比较少，一些有潜力的项目因缺少资金的扶持而流产，而获得资助的项目资金数额非常有限，对大部分真正的创业者来说也就是杯水车薪。而企业或者校友等社会资源的捐赠、赞助、校企合作、项目入股、风险投资等，进而都能使学生的创业梦想付诸实现。

企业、校友等社会资源可以利用自身优势，建立覆盖不同产业尤其是战略性新兴产业的创业基金，为大学生创业者提供良好的融资平台；可以以创业项目为依托，实现校内技术成果转化，为创业者提供资金支持；可以借助创业计划项目，为有意向创业的大学生提供创业实训平台和实践基地。

参考文献：

[1] 范巍，王重鸣. 创业意愿维度结构的验证性因素分析 [J]. 人类工效学，2006，12（1）：14-16.

[2] 刘佳. 论大学生就业过程中政府职能的发挥 [J]. 经济视角（下）. 2011（6）：77-78.

[3] 全球治理委员会. 我们的全球伙伴关系 [M]. 牛津：牛津大学出版社. 1995：2-3.

[4] 王保义. 中欧大学生就业指导比较研究 [J]. 黑龙江高教研究. 2007（3）：64-67.

[5] 杨国军. 从欧美经验看我国大学生就业服务体系的完善与创新 [J]. 职业教育研究. 2008（6）：119-120.

[6] 杨淑岭，王娜，腾斯玮. 美德日三国大学生就业服务体系比较分析 [J]. 经济研究导刊. 2011（28）：145-149.

[7] 吉小炜. 英国职业教育倡导的核心能力及其实践过程 [J]. 中国成人教育，2010（13）：122-123.

[8] 胡新华，周月. 创业教育与大学生就业能力的培养——英国高校的经验与启示 [J]. 四川理工学院学报（社会科学版），2014（3）：43-50.

[9] BIRD B. Implementing entrepreneurial ideas：the case for intention[J]. Academy of Management Review，1988，13（3）：442-453.

[10] KATZ J，GARTNER W B. Properties of emerging organizations[J]. Academy of Management Review，1988（13）：429-441.

英国高校大学生创业教育基本概况、突出特征以及对我国的启示

上海外国语大学　张敏

摘要：在充分调研英国高校创业教育的基础上，本文对英国创业教育的基本情况进行概括，总结出英国创业教育全方位、体系完备、师资专业等突出特点，并结合我国的实际情况，就英国创业教育对我国创业教育的启示进行了思考和建议。

关键词：创业教育；英国；特征；启示

创业教育与经济发展密不可分，鼓励创业是经济发展过程中“稳增长、保就业、促转型”的重要抓手，2015年中国政府工作报告中，首次提出“大众创新、万众创业”理念，成为经济工作的新引擎。创业教育对于高校育人事业与国家发展战略对接、提升高校学生的创新精神和实践能力、缓解就业压力具有重要意义。英国的创业教育经过20多年的发展，已经形成了比较成熟的体系架构，值得学习和借鉴。

一、英国创业教育的基本概况

（一）英国创业教育的政策支持和理论探索

经受第二次世界大战的英国经济遭受重创，经济重建引发了高等教育的改革。20世纪60年代，英国政府委任高等教育委员会对英国高等教育前景进行发展规划，形成《罗宾斯报告》（*Robbins Report*），报告提出：“要加强高校与政府研究机构及企业之间的联系，要加强双方人员之间的交流与合作。高校也应邀请更多的政府研究机构人员和企业成功人士进入大学兼职教学工作，传授成功经验。发展商业和经营教育，建立两所设有经营学的研究生院。”报告强调了高校应该加强与政府、企业关系，高校教育对于经济复苏的促进作用，为创业教育的理论探索奠定了基础。第二次世界大战后英国政府过度强调经济国有化的经济政策，在推进经济发展的同时产生了一定的消极影响，促成了新自由主义和私有化经济政策的诞生，核心内容是扶持中小企业发展，鼓励中小企业创新并与国有企业竞争。

在此背景下，英国政府对高等教育进行频繁改革：1981—1983年《雷沃休姆报告》中提出开辟更多的奖、助学金渠道，为大学生创业提供资金支持；1985年出版《20世纪90年代

英国高等教育的发展》绿皮书，其中提出："为了确保高等教育更好地为经济发展服务，高等学校首先应该端正对工商业的态度，谨防'重工轻商'的势利观念，要努力培养大学生的创业精神与创业能力。因为具有这种精神和能力就可以增加就业机会，而且对繁荣国家经济和完善公共服务都有重要作用。"报告还明确提出，当时英国社会最急需的人才就是具有创新理念的创业者和企业家。1984 年，英国国家咨询委员会和高等教育拨款委员会发表联合声明，要求在所有本科教育中开设创业教育课程，以培养大学生的创业意识和创业能力，并且将创业技能或创业能力看作高等教育创业计划的一个重要部分。在这个时期，高校主要在商学院开设创业课程，形式为创业相关课程与创业实践活动相结合，加强和工商界联系。1987 年，政府开始实施"高等教育创业计划"，该计划强化了学生创业能力的提升。1997 年，《迪林报告》（*the Dearing Committee Report*）提出深化创业教育，建议高等教育机构通过创新方法和专项研究来促进创业教育；对职业培训和创业教育进行了详细区分；提出"创业需要一系列的知识，如果学生对这些知识应用自如，创业成功率就会提高"等观点。1999 年，由伦敦商学院参与建立的 GEM（Globe Entrepreneurship Monitor）全球创业观察项目，对世界各国的创业、政策、环境等进行了调查研究。如今，英国创业教育已经形成了较为完整的理论体系。这一理论体系对其创业教育的健康发展发挥着积极而有效的指导作用。在政府的有力支持下，英国的创业教育已经拥有充分的理论探索和政策支持。

（二）英国创业教育的资金来源和管理机构

政府投入、公共资源和社会各界对创业教育的支持，是英国创业教育资金的主要来源。"科学创业挑战基金"和"高等教育创新基金"是英国最重要的两个创业教育发展基金，还有针对少数民族的"凤凰基金"和针对弱势群体的"王子基金"。1998 年，"大学挑战基金"由政府、卫康基金、悉善基金会各大学共同出资设立，推进大学研究成果成功进入市场；1999 年，政府设立了"科学创业挑战基金"，为建立专门服务创业教育和知识技术转化活动的中心网络，为学生、教师和商业机构提供创业知识和技能。2001 年，"高等教育创新基金"设立，支持非研究高校将现有知识转让给产业部门，加强校企合作。该项基金顺应时代特征，用来支持在大学周围建立各种科技网络群，同时支持高校师生包括专利申请、资金启动和市场开发等方面的创业活动。2009 年，英国高等教育基金委员会与社会事业慈善基金会合作，在伦敦和伯明翰发起了一项"社会创业奖金"计划，旨在鼓励大学中的人员从事创业活动，鼓励参加人员用创新思维解决社会问题，促进师生社会创业活动能力的培养和提升。社会各界对创业教育的支持，是英国创业教育资金的另一重要来源。各种民间组织、工商界、大中小型企业通过赞助基金、设立奖学金和成立服务机构等方式为高校创业教育提供资金支持。2000 年 4 月，由中小企业创业家组成的专门机构"小企业服务"，提供专业引导和商业咨询，并从资金上支持创业学生从事创业项目。威廉姆·巴特学习公司设立"威尔士学生创新奖学金"，奖励有创业创新意识的高校学生。

英国高校创业教育主要有两大管理机构：成立于 1999 年的英国科学创业中心（UK-

SEC）和 2004 年的全国大学生创业委员会（NCGE）。英国科学创业中心覆盖全国 80 多所高校，目前共有 13 个中心，每个科学创业中心来具体管理和实施周围区域内的大学的创业教育，调动社会资源，并通过商务训练、研究课程和商务社交等活动形式，来促进大学生商务技能的提高。同时，科学创业中心还具有承担创业企业孵化、鼓励大学师生创办知识型企业、鼓励技术转化等功能。全国大学生创业委员会则负责开展创业教育的调查研究、服务及师资培训等。此外，从学校层面来看，部分英国高校设有学生创业创新服务中心，提供系统收费的创业服务。科学创业中心侧重具体实践，全国大学生创业委员侧重理论指导，高校的创业创新服务中心提供服务，可以看出，英国的创业教育体系是实践与理论有机结合，其实质是在政府支持和引导下，做到了社会资源和高等教育的有效融合，充分保障了创业教育的平台优质、人力和资金支持。

二、英国创业教育的基本特征

（一）英国创业教育形式多样，全方位覆盖

20 世纪 80 年代创业教育开展初始，英国高校开设创业课程主要集中在商学院。随着创业教育 20 多年的发展，目前英国无论文科学校、理科学校还是综合性高校，都已经开设创业课程，创业教育覆盖全英 67% 的高校。据统计，至少 45% 的高校开设 1 门或多门创业教育课程，专业也从商科向各学科全面拓展。开展创业教育的学校类型也从开放型高校向保守型高校延伸，在曾经以保守著称的牛津大学、剑桥大学中也逐步开展创业教育，如牛津大学设立国际性创业竞赛——“21 世纪企业挑战赛”、开展硅谷走进牛津大学等创业项目。有些大学不仅在本科阶段开设创业课程，还在研究生阶段开设创业学 MBA，并尝试创办创业型大学。创业教育从学校、专业、课程、学历全方位覆盖。

英国创业教育形式多样，创业教育理论知识学习第一课堂和实践操作第二课堂相结合，线上学习与课堂学习、线下实践相结合。课堂理论教学课程涉及学科范围广，涵盖了经济、技术、金融、管理等创立企业的必备知识，不仅理论知识实用丰富，还有直接可以借鉴运用的案例教学。除课堂教学之外，以考文垂大学的创业中心为代表，部分高校开发了互动交流型在线网络学习模块，包括在线调查、资料收集和讨论组等，运用网络提升创业学生的交流和互动。第二课堂实践操作层面，形式多样，内容丰富，各高校有多种有特色的创业实践项目、带薪实习项目等，比如，谢菲尔德哈勒姆大学在全校推出了带薪实习项目，鼓励学生提升实践能力和创业视野，将学生的课堂学习和去企业实习相结合；曼彻斯特大学设立针对创业主意的“Venture Out（初级创业）”和针对创立新企业的“Venture Further（深度创业）”竞赛项目。

（二）英国创业教育课程设置体系成熟完备

英国高校创业教育课程分为实践导向和理论导向两大类：一种是实践导向的“为创业”

(for)课程,"做中学",以企业实践或创业项目为依托,提升学生实践能力,包括企业实践实习、创业课程设计、创业项目大赛、创业实务专题、案例操作和分析等;另一种是理论导向的"关于创业"(about)课程,采用固定教材教授的方式,向学生传授创业必备的理论、知识和技能,涉及经济、管理、法律、人力资源等多学科,着力培养学生的创新意识和创业知识储备。按照课程的性质可以分为核心课(Core Curriculum)、选修课(Electives Curriculum)、项目实践课(Project Curriculum),保障学生在选课时的自由度和自主性。对不同类型的创业课程运用不同的教学方法,见表1所示。

表1 创业教程的教学方法

课程类型	理论导向类	实践导向类
教学方法	知识讲授	案例教学
	情境教学	客座演讲
	互动教学	实训实习
	论文与测试	商业项目

英国创业教育课程分阶段、分层级、成体系。本科阶段侧重创业领域的知识广度,研究生阶段侧重创业领域的专业深度,具体分为创业启蒙教育、创业通识教育、本科与研究生阶段的创业专业教育三层次的创业教育。针对不同的学生群体,因材施教,根据不同年级、不同专业学生,将创业课程细致划分,满足各类学生的需求。英国高校注重通过多种形式的教学方式来提升学生创新意识和创业能力,通过案例研究、嘉宾演讲、小组项目、撰写商业计划、演讲等多种教学形式,最大限度地逼近真实的创业活动,使学生获得"近似创业的经验"。

(三)英国创业教育着力打造具备创业精神的多元化专业师资队伍

英国政府重视创业教育师资队伍的专业化建设,2007年,"国际创业教育者项目"由英国高等教育学院和美国考夫曼基金会共同设立,旨在通过此项目提升教师的创业意识和教育能力。政府努力把创业精神纳入大学的所有课程和教职工的意识中。

创业教师师资来源多元化,注重教师具有创业经历和企业任职的经历。一方面,除商科之外,还选用其他创业相关领域的师资,将他们更熟悉其所在领域内的知识传授学生;另一方面通过选用在企业兼职或有创办企业经验的校友、企业人士等担任创业教育教师。教师不但可以为学生提供创业实践指导,还能与时俱进地根据市场的变化调整教学内容。例如,牛津大学的"创业与商业技能课程",有一半的课时是由企业管理人员或技术转移主管承担的,这些兼职人员被称为"客座教师"。有商业管理经验和创业经历的教师,负责实践导向类课程比负责理论导向类课程的比例要高,具体见表2。

表 2 实践导向类课程比例

课程类型	有商业管理经验比例	有创业经历比例	兼职教师比例
理论导向类	61%	36%	7%
实践导向类	98%	70%	21%

三、英国创业教育对于我国创业教育的启示

（一）树立培养具备创新意识和实践能力的人才培养观

作为素质教育的一部分，创业教育的本质应该是促进人的全面发展。我国创业教育相比英国起步较晚，对于创业教育的理解大多停留在缓解就业压力层面上，把创业教育作为就业指导的补充策略或者阶段性的项目实施，反映在具体操作层面上为不够深入和专业、阶段性和功利化。英国国家创新创业教育中心（NCEE）的执行主任保罗·汉农（Paul Hannon）教授曾说过："并不是所有人都愿意或者都能够成为创业者，创业成功者毕竟是少数，但是培养学生的创业意识和创业精神恰恰是创业教育精髓所在。"教育主管部门和高校应该明确创业人才培养观，将创业教育贯穿到高校学生培养的全过程，融入教学科研的各环节，将以就业为目标转变为培养学生的创新意识和实践能力、自立精神和社会责任感，从而全面提升学生的综合素质，以培育创新实干型人才为目标，真正有效地开展创业教育。

（二）形成适应创业教育发展的成熟完备的体系架构

英国政府专门成立的科学创业中心和全国大学生创业委员会，分工明确，有机结合，管理全国的创业教育，各高校也设有专门的创业教育机构和中心，配备专职人员，开展创业课程教学和模式研究。我国各高校对创业教育的管理机构不同，各学院具体操作也不同。我国可以形成相应的组织机构，进行创业教育的理论探索和实践操作指导。

（三）完备创业教育课程设计和专业师资队伍培养

在完善创业教育顶层设计的前提下，逐步完备创业教育课程设计和师资队伍培养。科学严谨、符合社会需求的创业教育课程体系是确保创业教育效果的重要因素，具备创业精神和专业技能的师资队伍培养是创业教育成功的关键所在。在创业教育组织机构统领下，培养一支专业的师资队伍，可以分为两类：一类为创业教育理论研究人员，另一类为创业教育实践指导和授课人员，探索符合我国国情和学生发展特点的创业教育理论，形成行之有效的教材和创业项目计划设置。

（四）构建政府、学校、社会三位一体的创业教育培养模式

校企合作是英国高校创业教育的重要指导思想，2003 年发布的《兰伯特报告》（*The Report of Frank Lambert*），是规范英国高校和企业合作的标志性文件。在英国政府统一协调

下，社会资源从人力和资金支持高校创业教育，高校培养创新人才输送往企业服务社会，形成了良好的创业教育生态体系。我国也可以将创业教育作为切入点，从制度上保障、政策上鼓励、资金上支持学校和企业加强合作，通过高校知识成果转换、学生赴企业实习实训、创业教育老师赴企业挂职锻炼、聘请有经验的企业人士到高校担任创业教育兼职导师等多种渠道，构建政府、学校、社会三位一体的创业教育培养模式。

参考文献：

[1] 王娜. 英国高校创业教育研究——以剑桥大学为例 [D]. 西南大学，2010.

[2] 牛长松. 英国大学生创业教育政策探析 [J]. 比较教育研究，2007（4）：79-83.

[3] 韩建华. 英国高校创业教育研究——以牛津大学赛德商学院创业教育实践为例 [D]. 河北师范大学，2011.

[4] 陈碧娥，李德平. 英国创业教育体系及对我国的启示 [J]. 现代企业教育，2010（8）：192.

[5] GIBB A. Meeting the challenge of development of entrepreneurship educators around all innovative paradigm[C]. Published Paper of NCGE，2008：13-18.

英国高校校园文化建设

人类在与世界相处的生存过程中,所独有的实践内容和行为方式形成了复杂的人类文化。人们对于文化复杂规律的探索与实践过程,共同形成了人类文明的发展轨迹。特定的组织环境和行为必然形成特定的文化。

高等学校的校园文化从本质上是社会文化范畴的一个重要亚文化组成部分,是高校办学特色与质量的灵魂。校园文化的范畴由校园内众多的文化载体所体现,既包括建筑与环境,更体现在学校的历史、制度、仪式、师生的言行和社会声誉与感受上。高校校园文化所展现的是高校里所有人物与事件共同发生作用的结果,承载的是高校的核心价值。校园文化的产生、变化和发展不仅受到校园环境内各种事物的影响,具有校园的独特属性,也必然接受着社会环境内各种事物的影响,具有时代的独特属性。校园文化是置身于大大小小的文化环境之下,以其独特的形成与发展规律共同产生作用的结果。

鉴于文化发展的客观规律,研修组的同学们从不同的切入点与视角剖析了中英校园文化的异同,并总结出了这些特点对中国高校文化建设的意见和建议。

大家都感觉到,没有文化的发展必将是失去灵魂的发展,没有文化的建设必将是对文明的毁灭。文化建设不仅应该拥有重要地位,也必须辅以重要措施。英国高校几百年现代大学教育制度实践的结果,不仅仅是使其能够长期跻身于世界大学排名的前茅,也不仅仅是培养出了人数众多的诺贝尔奖得主群体,更体现在英国独有的大学教育文化上。脱胎于英国老牌资本主义文化土壤的英国高校文化,具有英国社会文化的显著烙印,“务实、自由、服务”为核心的大学精神,创新与严谨、科学与民主、开放与保守相统一的理论品格,造就了英国大学几百年来傲立于世界高等教育的文化基础。回眸英国高校教育历史,触摸着不断变革中的英国高校现状,我们都深深感觉到高等教育对社会和人类发展所带来的震撼。中国拥有现代大学教育不过百年历史,虽然走过了许多曲折与坎坷,尚有很多的不成熟与缺陷,但是仍然取得了令世人瞩目的伟大成就,特别是中华人民共和国成立以后,通过现代大学教育体系所培养出的大量高素质社会建设者,汇聚成了民族复兴的中坚力量。

在新的历史发展时期,正在快步追赶上世界经济发展潮头的中国,也在急切地呼唤着文化的大发展。作为文化重要组成部分的大学校园文化不仅要顺应这种发展趋势,更有责任引领这种发展,为全社会做出良好示范。

我们思考高校发展的未来,既不能崇洋媚外,更不能闭关自满。怎样创造出一种为世界人民所接受的中国话语和中国文化,是我们当代知识分子与全民族不可推卸的历史责任。作为高等教育工作者,我们将勇于承担起这份社会职责。

改善环境生态，促进高校文化发展

四川大学　陈森

摘要：文化是文明的符号，是人类社会历史发展过程中所创造的物质财富和精神财富的总和。文化的产生、变化和发展都是在人类活动大环境下发生作用的。随着人类活动空间的不断拓展，孵化文化果实的环境也在发生着变化。我们要从对文化产生重要影响的自然生态、社会生态、网络生态的改善工作开始，不断促进高校文化的良性发展。

关键字：文化；文明；环境生态

我们通常所说的广义的“文化”概念，泛指人类在社会历史发展过程中所创造的物质财富和精神财富的总和。文化是文明的符号，是社会生活的提炼，是生活质量的标志，是社会核心价值观的载体。人类社会中，除却生死的自然循环，最伟大的事情莫过于文化的诞生、交融、传承、再生。当我们感知另一个陌生甚至未知的人类世界时，我们首先感受到的便是文化的差异。

笔者利用在英国短短3个月的研修时间，在感受着英国文化的特点，思考中英文化的差异的同时，对于中国文化的优势和如何促进中国高校文化的发展，有了较之以往更加切肤的体会和深入的思考。

一、英国文化环境感受

英国作为全球范围内老牌的发达资本主义国家和君主立宪制国家，在人类近现代史上扮演着极其耀眼的角色，发挥着重要的作用。其独特的历史文化传承和战略视角，造就了今天英国独特的文化环境。英国研修使我感触颇深的有以下几点。

（1）自信的文化。英国很多地方保留着上百年历史的房屋和道路，并且精心维护，有效使用。很多博物馆宣讲着各个文化载体中的英国历史。无论是银行家还是街头艺人，都尽可能地保持着华丽整洁的外表。

（2）务实的文化。英国人崇尚节约，垃圾分类、低能耗小汽车、二手货品市场随处可见。使用旧物品并不会给一个英国人带来“穷困”的感觉。

（3）民主的文化。这里所说的民主，是公民意识与参与意识。英国的国家意识和公民意识都非常强烈。民众积极参与国家的各项纪念和社会活动，行动一致，态度认真。所有事情的讨论与管理都要听取多方意见，流程严谨，渠道繁复。

(4)居安思危的文化。历史给英国留下了庞大的物质和精神财富。英国的岛屿格局和英国人的务实作风,使他们常常处于居安思危的状态,自我革新和要求进步的社会基础与动力都很强大。

二、从怎样的角度看待高校文化发展

讨论高校文化发展的前提是正确的文化认识观。能够清晰、准确地认识我们的文化现状,是我们开展文化建设的必备前提。

(一)从整体上看文化本质

文化是社会生活的结果(或者说是产品),是融入社会生活方方面面的有形或无形的物质。虽然以不同的外在表象,体现在很多物质和非物质的载体上,但是文化却不会因此而显得分散。恰恰因为文化对社会生活无孔不入地渗透,使特定社会的文化成为一个特定的整体。人们常用"浸润"这个词来形容文化发生作用的方式,特定社会的整体都"浸润""浸泡"在特定文化中。这个浸润物是一个整体。

高校文化是社会文化的衍生品,是社会文化的一部分。高校文化从来、也绝不会脱离所处的社会文化而单独形成与存在。我们看待、研究和发展高校文化,首先要认清文化的这种整体性,深刻了解高校文化发展的背景和发生衍变的方法与可能性。抛开整体妄谈个体文化的发展,都是自欺欺人的。虽然个体文化对整体文化具有反作用,但是这种作用是相互作用的结果,绝不具有独立存在的可能性。

(二)从根本上看文化力量

文化是社会活动的结果,社会活动在不同的阶段遵循着不同的社会规律。今天世界的文化大环境是经过人类几千年的发展和近、现代人类战争、资本膨胀与科技飞速发展形成的。不同地域的文化都受到了强烈的冲击,新旧文化间产生了复杂的交融状态。从根本上说,推动社会变化的根本力量就是推动文化变化的根本力量。

发展高校文化,就是要寻找到这个根本力量,利用好这个根本力量,发展出新的更有利于我们发展的根本力量。如果不去深究或者不愿意承认这种根本力量在高校文化中发挥的作用,那么我们采取的所有方法和措施都是隔靴搔痒,时间稍长,必定会暴露其本质问题。

(三)从历史上看文化发展

文化的形成与发展并不是一匹脱缰的野马,不能驾驭。人类的社会思考和活动是文化生命力的源泉。离开了人类这个载体,文化就会立即停止发展,所以我们研究文化发展要从历史的角度、从人类的发展需要与必然趋势去分析。高校文化发展也不例外。

三、理解文化生存与发展的环境生态

文化的起源和发展犹如庄稼在土壤中生长,最终能否生存,是种子、土壤、空气、细菌、化学物和所有作用物的综合反应。研究文化发展,就要明确文化发展所处的环境生态。纵观文化的发展历史,在当今社会,一种文化的发展至少需要以下几种环境生态。

(一)自然生态

自然环境是人类生存的最原始、最基本的生态环境。古人类文明往往来自利于生存的人类空间。这种对自然环境的依赖,虽然体现了古人类受制于自然的低下的社会生产力,但是也给自然环境下的人类带来了某一种特定的文化传统。高度文明和自信的文化都会使自己的生存环境变得更加适宜人类生存。在无法解答宇宙全部奥秘的今天,自然环境对人类文化的影响依然深远。

(二)社会生态

不同的社会体制必然导致不同的社会生态。这种社会生态是某种社会体制下的人类共同游戏规则。人类不是世界上最强悍的动物,却是对世界外在改造最大的动物。除了智能的因素外,最重要的原因是人类是群居动物,是以团体社会的方式而存在的。社会体制能够集合起最多的人类力量与人类力量的附属体,共同对目标发生着作用。

(三)网络生态

随着世界网络化、信息化、一体化进程的加剧,人类脱离自然的环境空间、脱离社会的团体空间,在网络上形成了新的文化生态,即网络生态。网络生态是人类历史上的一种全新的生态环境。在人类越来越高度依赖的网络生态上,各种新的生态环境模式正在形成。虽然社会一再呼吁人类放下手机,离开电脑和网络,回归社会与自然本真,但是我们现在已经不可能真正离开网络生态环境了。网络正以前所未有的效率调动着人类资源,改变着人类的生活与文化。“网民”这个新的称呼是一种脱离人类自然属性和国家属性的人类存在新状态。在自然生态和社会生态中的一个身体残疾、无法远行、没有工作的人,也许可以成为网络上极具号召力的网民领袖。毫无疑问,他可以回避身体和社会地位给他带来的各种制约,通过点击鼠标赚取金钱和赢得尊重,最终改变他的自然生态和社会生态。这种情况在过去是不可想象的。

四、我们文化发展的目标

随着人类文明的进步和社会的发展变化,文化也需要发展变化以适应新的环境生态。今天中国的文化不同于以往任何时候的中国文化,也必然会明显区别于当今世界上的任何一种文化。中国的历史与现实地位要求我们所形成的文化至少应该具有以下两个重要的特性，这也是我们文化发展的目标。

（1）新的文化。新的时代造就了新的环境，历史上任何优秀的文化传承融合到今天，必定会发生新的变化。今天的人们正在以新的思维、新的方式做着新的事情，我们在讨论文化发展的时候，要明白“新”是时代的必然，传承的目的就是为了创新。创新并不是反对传承，也不是一味地否定过去，而是反对一成不变地继承，要在传承的基础上突破、发展。

（2）参与世界发展的文化。历史上曾经出现过很多辉煌灿烂的文明，出现过许多强大并对人类共同文明产生过深远影响的文明。近现代以来，以工业革命为基础，西方国家对全球经济和文明产生了深远的冲击和影响。100多年的时间里，在中国大地上发生的一切活动，既有世界大潮裹挟下必然发生的一些事件，也有在中国文明基础上才能产生的中国智慧和中国行为。中国始终以独特的方式参与着近代世界文明的衍变与发展。现今，中国化再次掀起了世界范围的中国热，向世界证明了中国文化的博大精深。

五、发展校园文化的方法思考

校园文化作为社会文化的一个分支，具有所有文化的共性。依据上述对文化特性、环境、目标、面临问题的分析，我们对今天校园文化的发展做出如下几点思考。

（一）坚持人性化原则，提高教育理念

大学的基本功能是教育，还肩负着科研与服务社会的功能。大学是社会质量的一个缩影，是社会未来的一个演练场。我们要提高教育理念，转变教育观念，将管理延展为服务，将刚性的管理与柔性的文化结合在一起，发挥和挖掘出大学更大的社会功能。高校应以问题为中心，以师生为主体，从师生感受的角度进行细节的改造和建设，从细节处让每一位师生感受到优秀大学文化的熏陶。

（二）坚持师德引领学风，抓好文化载体的核心群体

我们在社会实践中，对教师的重要地位有着很多的定义和描述。所谓“一日为师，终身为父”“经师易遇，人师难遇”，都在描述教师的重要性和好教师的难得。大学文化固然在一届届学生中传递，但更体现在长期存在于大学里的教师身上。教师自身的修行就直接代表了一个学校的校园文化，因为教师不仅是文化展示的载体，更是文化传播的载体。

（三）坚持世界眼光，客观评价文化发展状态

在坚持主流价值观、主体文化发扬的过程中，不能一味地灌输，要通过客观、全面、生动的分析，把主流价值观和文化摆在历史的、世界的、发展的维度客观评价。发展面对的困难虽然越来越多，但是发展的真理是掌握在我们手里的。在全球一体化的今天，我们的声音早已融入世界声音。这就要求我们的教师加强学习，提高自己，学会用世界眼光看待问题，充满文化自信。

（四）坚持法制建设，构建良好文化发展环境

文化并不具备鉴别良莠的功能。如果不加以管理和限制，不好的文化现象就会由个别人、个别地区、个别时间扩展成更大范围的影响，就像田间的杂草，若不及时清除，就会破坏庄稼生长的环境。我们要用法制的手段给优良文化的发展提供良好的环境。法制社会的建设必须深入人心，落实到教育管理的每一个细节，要用法制围栏保护社会安全，用法制底线维护文明发展。

（五）坚持网络社会管理与建设，促进网络文化发展

网络虽然是个虚拟空间，但是虚拟空间里流动的却是现实的人类活动与思考。人类社会从未像今天一样在现实和虚拟的双重空间中重叠。当网络承担起了越来越多的人类基本经济和社会任务的时候，网络就已经是现实了。所谓关注现实、轻视网络的观点有其历史合理性，但是从发展的眼光看，我们不能再把现实与网络世界截然分开，而要承认网络就是现实的一部分。我们存在的问题不是现实对网络的吸引力不够，而是网络社会建设、网络文化发展落后的问题。网络有其自身的规律，我们不能想当然地认为现实的方法和思维过程在网络里都是顺理成章地可以实现的。我们要发展文化，就必须加快现实文化与网络文化的发展，解决好两种文化发展不均衡的问题。

参考文献：

[1] 史洁，翼伦文，朱先奇. 校园文化的内涵及其结构 [J]. 中国高教研究，2005（5）：84-85.

[2] 刘志坚. 论多元文化背景下的校园文化建设 [J]. 理论界，2005（10）：138-139.

[3] 冯刚，赵峰. 走进英国高校学生事务管理 [M]. 北京：中国人民大学出版社，2008.

[4] 鄢一龙，白钢，章永乐，等. 大道之行——中国共产党与中国社会主义 [M]. 北京：中国人民大学出版社，2015.

英国雷丁大学学生社团调研报告

山西大学　段霖瑶

摘要:本文在对英国雷丁大学学生社团深入调查研究的基础上,客观地分析了该校学生社团的管理机构和管理模式、社团的组织运营、特点和功能,指出学生社团在社团成员的学业发展与个人成长中、在高校的校园文化建设方面发挥着极其重要的作用。通过调研,学习雷丁大学社团管理方面的有效模式和理念,汲取成功经验,为加强我国高校学生社团思想政治教育工作提供新的思路与借鉴。

关键词:英国;大学;社团;调研

高校学生社团是高校学生自愿按照共同的兴趣爱好自发组成的,以实现会员共同意愿的组织,遵守法律并按照其章程自主开展活动。高校学生社团建设由于它所具有的特殊作用,在近年来越来越为人们所重视。特别是2004年《中共中央国务院下发关于进一步加强和改进大学生思想政治教育的意见》(中发〔2004〕16号)下发后,对于高校学生社团在高校学生思想政治教育领域内重要作用的认识被提到了一个新的高度。2005年,共青团中央、教育部《关于加强和改进大学生社团工作的意见》(中青联发〔2005〕5号)要求"高校加强和改进大学生社团工作,以邓小平理论和"三个代表"重要思想为指导,坚持科学发展观,全面贯彻党的教育方针;以推动大学生全面发展为目标,坚持育人为本,全面推进素质教育,充分发挥学生自我教育、自我管理、自我服务的积极性;坚持建设与管理并重,积极扶持、规范运作,促进健康发展;推动大学生社团在活跃校园文化、加强和改进大学生思想政治教育、服务学校改革、发展、稳定等方面发挥更大的作用"。

遗憾的是,目前我国高校学生社团的功能和作用没有得到充分地发挥,对于学生社团的研究也不够全面和深入,对于社团发展中面临的各种各样的问题还没有清晰的思路,这些问题的存在势必影响学生社团的健康发展。

目前针对美国高校学生社团的研究比较多,而对英国高校学生社团的研究还比较少见。作为有着悠久高等教育历史的英国,不到25万平方千米的国土面积上,分布着百余所高等学府,除了牛津大学、剑桥大学等世界顶级学府外,还有很多排名世界百强的大学。本文所考察的英国雷丁大学始建于1892年,于1926年得到皇家授权,是英国1994大学集团前成员,曾于1998年、2005年、2009年、2011年先后四次获得英国女王周年奖。由于其各方面的成就,如今已成为一所集研究和教学为一体的综合大学,位列世界排名前1%的大学(2015/2016QS世界大学排名)。雷丁大学由艺术学院、人文和社会科学学院、理学院、生命科学学院和亨利商学院组成。雷丁大学特别重视科研与研究生教育，学校设有 43 个系，5 大学科，近 90% 的科研成果都被认定为达到了国际认可水平（Research Assessment Exercise 2008）。现有约 1.7 万名学生，其中本科生 9 326 名，研究生 7 714 名。作为一所国际化大学，海外学生来自 150 多个国家和地区，其中本国学生 10 638 人，来自欧盟的学生 2 408 人，国际学生 3 994 人，光是来自中国的学生就有 700 多人。在这样国际化和多学科交叉的学术氛围中，参加各种各样名目繁多的学生组织成为学生课余生活最重要的调剂。笔者在英国雷丁大学研修期间，通过走访相关部门和一对一访谈社团相关人员，对该校学生社团的管理机构和管理模式、社团的组织运营以及社团成员个人的学习与发展等方面进行了深入的调查研究，客观地分析了雷丁大学学生社团的类型、特点和功能以及对学生学业发展与成长的作用。希望通过此研究，汲取雷丁大学学生社团建设的成功经验，学习借鉴其有效的管理模式和理念，对比我国学生社团管理的成功模式，取长补短，为加强我国高校学生社团建设提供新的思路与借鉴。

一、雷丁大学学生社团调研情况介绍

去英国雷丁大学之前，我制订了访谈计划并撰写了 3 份针对不同身份人员的访谈提纲，计划利用在雷丁大学访学的三个月时间，访谈 10 位与学生社团有关的人，分别是：2 位校方社团管理者，4 位社团负责人和 4 位社团核心成员。由于种种原因，实际访谈 9 人，包括：1 位校方主管学生社团的官员、5 位学生社团主席和 3 位学生社团核心成员。雷丁大学学生会副主席、公共关系官员詹姆斯·哈特（James Hart）是我的第一个访谈对象。这位获得雷丁大学经济学硕士学位的 21 岁毕业生，一毕业就成功竞选为学生会全职官员。5 位学生社团的主席分别为：雷丁大学中国学生学者联合会主席冯晨旭（男，中国）、企业家精神社团主席 Ilda Krekurri（女，英国）、辩论社团主席 Anna Eatsepina（女，乌克兰）、模拟联合国社团主席 Richard Hydes（男，英国）、霹雳舞社团主席 Dejanira Rio-Alves（女，葡萄牙）。3 位学生社团核心成员分别为：创行社团核心成员 Fridthiov AndhØy（挪威）、哈利波特和魁地奇社团魁地奇团队负责人 Chris Thomas（英国）、赛艇俱乐部成员 Christopher Obryan（英国）。

总体来说，这些访谈对象的共同点有以下几点。

（一）学习成绩很好，认为社团活动对学习发展有很大帮助

在受访谈的 9 人中，所有人的学习成绩都是处在一等的水平，而且都没有因为社团的工作而影响自己的专业课学习，都认为社团的工作经历对自身学习及个人发展有很大的促进作用。比如企业家精神社团主席 Ilda，在亨利商学院读三年级，她的专业课其中一门为：企业家精神，这门课的教授也义务地为这个社团做指导。她认为参与运营这个社团对自己的学业很有帮助，同时在社团活动中学会和锻炼的很多技能是在专业学习中无法学到的。

（二）领导能力强，能够组织管理并协调好社团相关工作

所访谈的人当中，社团主席和社团核心成员都被认为有很强的领导能力，能够胜任所担任的职务，并且具有组织管理协调能力，推动社团工作积极有力。

（三）活动主动性强，乐于加入学生组织并积极从事相关工作

受访者都非常喜欢自己所参加的社团，并且享受在社团所做的工作带来的成就感。他们都是因为感兴趣而主动加入社团中，并积极地为社团的发展贡献力量。如哈利·波特和魁地奇社团的委员之一的 Chris Thomas，就是因为非常热爱魁地奇这项运动而参与这个社团的，他每周定期组织两次训练，一年还要举办 3 次比赛和带领团队外出比赛。虽然这些会占用他大量的学习时间，但是他说这反而成为学习的动力，激励他更加努力地学习，以便有更多的时间去参加社团活动。

（四）认为学生社团可以交到更多的朋友，拓展自己的社交圈

几乎所有的受访者都提到广交友这一点，如辩论社团的主席 Anna Eatsepina，她不仅参加辩论社团任主席，同时还是法律社团的委员，因为她的专业是法律，同时她还特别喜欢辩论。她认为，参加不同的社团可以交到很多志同道合的朋友。这大概是因为在英国高校中，没有班级概念，学生倾向于通过参加社团来寻找归属感，拓展自己的社交圈，因而参加社团活动是学生课余生活很重要的组成部分。

此外，在英访学期间，我还聆听了雷丁大学现任学生会主席 Oli Ratcliffe 的专题讲座，在校学生会的网站上查阅了大量的资料。通过讲座、访谈和查阅资料，对整个雷丁大学的学生社团组织有了比较系统的了解和认识。

二、雷丁大学学生社团的管理机构及组织体系

（一）学生社团的管理机构及社团概况

雷丁大学的所有学生组织都由雷丁大学学生会（Reading University Students' Union，简称 RUSU）统一管理。在 2015 年全英学生满意度调查中，雷丁大学学生会满意度为 85%，排名全英前十位。学生会设有 5 个全职官员职位，分别是学生会主席和负责教育、公共关系、学生福利、社区发展的官员，均为学生民主选举产生。其中，主管公共关系的官员负责学生社团、运动俱乐部和学生媒体，他领导一个专门负责学生活动的团队（The RUSU Student Activities Team），团队由 3 人组成，分别为：社团和学生媒体协调员、体育运动协调员以及志愿活动和宿舍协调员。

学生会官方划分的 4 大类学生组织分别为：学生社团（Societies）、运动俱乐部（Sports）、志愿活动（Volunteering）、学生媒体（Student Media）。

1. 学生社团

雷丁大学有超过 100 个大大小小的学生社团（目前网站上共计 129 个），学生会根据各社团的不同特点，又将他们分成了 6 类：

（1）兴趣爱好类（Hobbies and Interest），包括 27 个社团，如：动漫社团、烘焙社团、国际象棋社团、辩论社团、摄影社团、摇滚社团、旅行社团、野生动物保护与生态社团等。

（2）活动和事业类（Campaigns and Causes），包括 8 个社团，如：女权主义社团、霍华德联盟社团、不喝多社团、素食和素食者社团等。

（3）文化和信仰类（Culture and Faith），包括 28 个社团，如：非洲加勒比社团、学习圣经社团、基督教联盟、印度教社团、斯普鲁斯和希腊人社团、德国人社团、中国学生学者联合会、国际化社团等，其中不少是各国学生组成的本国学生社团。

（4）政治类（Politics），主要有 4 个社团：雷丁大学保守协会、雷丁自由主义思想社团、劳工社团、模拟联合国社团。

（5）学术和职业类（Academic and Career），包括 35 个社团，如：AIESEC 国际经济学商学学生联合会、农业社团、动物科学社团、考古学社团、生物科学社团、商业社团、化学社团、英语社团、法语社团、法律社团、数学和统计学社团、生物化学社团等和学术有关的社团，以及创行、企业家精神、光明的未来等和就业职业有关的社团。

（6）艺术和舞蹈类（Arts and Dance），包括 13 个社团，如：芭蕾社团、乐队社团、霹雳舞社团、喜剧社团、戏剧社团、音乐社团、摇摆舞社团等。

2. 运动俱乐部

雷丁大学有 52 个不同的运动团体，包括足球、篮球、网球、板球、高尔夫、独木舟等各种运动俱乐部，俱乐部又分：初级、中级和校队，其中校队负责校际竞争，有些队员还有志于竞技运动，最著名的是划艇俱乐部，他们获得多项比赛荣誉，拿过奥运会冠军。校队也有与其他校队的活动，雷丁大学的主要对手是牛津大学，每年会进行各种比赛。

3. 志愿活动组织

志愿者活动分三类：

（1）学生领导的项目（10 个），如：帮助之手、keen、学习实验室、血液中心志愿者、玩转街区、提高和给予、放学后的志愿者、学生试吃、学生中介服务、茶会。

（2）一次性的项目（4 个），如创造和生产、不同的一天、社区服务、参观校园活动志愿者。

（3）学校领导的项目（3 个），朋辈支持、继续学习（鼓励 16 岁的学生）志愿者、博物馆和特别收藏品服务。

4. 学生媒体

雷丁大学有学生会管理的报纸《火花报》、“11 交叉点”电台和电视台 3 家媒体。

由于雷丁大学学生组织分类众多，而本研究主要聚焦学生社团，所以本文将重点对学生社团进行研究分析。需要指出的是，在我国，广义的学生社团不仅包括本文研究的学生社团，即狭义的学生社团，还包括一些运动类社团、志愿者组织、学生媒体等。

（二）学生社团管理模式及相关制度

雷丁大学校学生会统一管理100多家学生社团，对学生社团的建立进行审批，对社团活动的合法性和安全性进行审核，对社团的工作进行考核等。同时，学生会为学生社团提供支持和帮助，包括：为符合申请条件的社团发放经费支持，并为社团活动提供和协调场地。但这并不意味着学生会也要插手社团自身的运行。各个社团内部的运行需要社团成员自我管理。

1. 新社团成立的条件

在学生会制定的关于成立新社团的文件中，要求新成立的社团，在学生会网站上下载并填写《新社团（俱乐部）申请表》，同时，必须收集50个支持这个即将成立的新社团或俱乐部的同学的名字和电子邮件地址，同时还要有不少于15个人的社团初创成员。每一个社团都必须设有主席、财务、秘书和副主席或社交秘书至少4个人的领导机构。社团一旦提交了申请表，将会在相关的学生活动团队和工作人员间传阅并最后被批准，而负责学生活动的团队将会在任何时候为所有新成立社团（俱乐部）提供帮助。

2. 相关管理制度

在学生会网页上，专门有关于学生社团（俱乐部）的网页，在这里，罗列了所有社团和俱乐部工作需要的申请表格和重要制度，包括：

①重要日期：这里列出了与社团有关的会议的日期，这些会议包括：社团委员的培训（内容涉及组织活动和旅行）、政策文件签署会议（签署学生团体章程、机会平等政策以及行为政策）、预算会议（申请学生会拨款，但此会议并非强制参加的）；②旅行申请（包括填报与旅行有关的信息及提交详细的风险评估报告）；③活动申请（包括填报与活动有关的信息及提交详细的风险评估报告，报告内容同旅行申请）；④财务（包括拨款账单明细、储存账单明细、赞助协议、赞助程序、额外拨款申请表）；⑤交通（包括外部小型公共汽车申请表、内部小型公共汽车申请表和旅行大巴申请表）；⑥运动俱乐部（包括运动俱乐部提供培训服务的合同表和指导费发票）；⑦社团选举和年会（须在线提交选举表格，按照相关制度规定召开年会完成换届）；⑧设备登记（社团购买新设备必须在学生会登记，以便于在设备丢失或损坏时得到学生会保险政策的保护）。

通过研究这些申请表格和管理制度，可以看出，雷丁大学学生会对社团的管理是一个科学系统的体系，包括了社团日常活动所涉及的方方面面的工作，值得学习借鉴。

（1）关于社团外出或举办活动的安全工作，风险评估做得非常细致，风险评估表格一共有三个部分。

第一部分列出了社团活动可能涉及的8大类40多种具体的风险，如：水（溺水、体温过低等）、天气（热、冷等）、一般性因素（照明、温度）、设备（管理和存储、武器等）、感染（动物、有害物质等）、地点（密闭空间、通风等）、旅行（交通工具、活动形式）、其他（显屏幕、噪音、火灾等)。

第二部分要求针对申请活动可能涉及的风险(在第一部分表格中打钩标出),具体描述可能存在的危害,选择风险等级并打钩(高、中、低),现有的减少风险的措施、即将采取的减少风险的措施。

第三部分关于名誉的风险,只有在必要时才提交这一部分表格,要求写明活动可能潜在或存在的对学生会名誉的风险,以便学生会决定是否批准。

(2)关于社团的换届和年会,也有非常详尽的制度,规定了学生社团须按照规范的程序和严格的要求,在统一的时间段,召开年会,集中完成换届工作。其中,在线选举表格,要求所有的社团都要填写,任何一项没有提交都将导致选举设置的延迟;换届表格,要求所有社团在 5 月初完成年会和换届,年会必须有至少 25% 的社团成员参加,会议的召集和主持须为即将离任的社团主席,会议记录须为即将离任的秘书等。这些制度极大地保障了学生社团的健康发展和顺利延续。

3. 考核评价机制

雷丁大学学生会对于社团有星级评价标准,需要社团对照标准自评和互评,最后由学生会认证,最好的社团为五星社团,三星到五星的获奖社团都会在学生会网站的奖励和荣誉页面上公布,这些社团是指那些影响力巨大,超额完成相关评价标准的社团。在每年的春季学期评选完毕后,那些获得分数最高的社团将会得到丰厚的奖励和荣誉。

三、雷丁大学学生社团的特点、功能及作用

(一)雷丁大学学生社团的特点

1. 社团国际化

大学国际化是学生社团国际化的根本原因。雷丁大学是一所国际化办学的大学,招生范围遍及全球 150 个国家,国际学生(不包括欧盟学生)占学生总人数的 23%。国际化表现在成员的国际化以及社团活动的国际化。各个学生社团的成员来自不同国家,不同文化背景的学生共同参与,是学习不同文化的好机会。 而学生社团的活动也不仅局限于本校和英国,不少学生社团的活动遍及欧洲其他国家以及美国、加拿大和澳大利亚等国家。如模拟联合国社团,这个五星社团的成员,就经常赴其他国家参加国际比赛和国际会议,该社团委员会里有一个专门负责国外活动的委员,社团还和比利时一所大学长期合作,近期还将去德国参加会议等。

2. 特色鲜明性

雷丁大学的学生社团种类繁多,而且每一个社团都有很鲜明的特色,得以区别于其他的社团。这些五花八门、丰富多彩的学生社团,构成了校园课余生活的重要部分,吸引着越来越多的同学参与其中。各具鲜明特色的社团,也便于同学选择参与。在被访谈的几个同学中,都曾经有过参与两家以上不同社团的经历。

3. 管理独立性

虽然雷丁大学学生会在学生活动和学生社团管理方面有系统的规定，但是这些规定都是从学校管理学生社团的角度出发制定的，而每一个社团具体如何运作，则需要各社团的委员会“八仙过海，各显神通”了。各社团独立自主管理本社团的运营，对学生会和社团成员负责。在访谈中，社团主席和核心成员都提出，如果学校能够给予更多的支持会更好。因为雷丁大学的学生社团都是学生自我管理的，鲜少有指导老师，任何一项工作都需要学生自己做出决定，而学生限于年龄经历等关系，所掌握的社会资源相比老师要少，在需要社会化运作一些项目的时候，很希望能够得到学校及老师的支持。有的社团则充分发挥顾问的作用，比如创行社团，用发邮件的方式在老师和校外人员中召集顾问，邀请他们为社团做义务指导，目前，创行社团有 11 位顾问，其中有两位是雷丁大学的教授，其余的来自一些大的公司和企业。这些顾问的加入，极大地提升了社团活动的质量，拓展了社团活动的范围，也为社团带来了不少的赞助。

4. 活动频繁性

雷丁大学的每一个学生社团基本上每周至少要有一次活动，有的社团会组织两次甚至更多。主要原因还是由于英国大学没有班级的概念和班级活动，学生上完自己所选的课程以外，再想和同学交流的话，只有参加学生社团这一重要渠道。比如辩论社团，每周至少有一次社团活动，每年会组织一次大型活动。哈利·波特和魁地奇社团，每周有两次固定的活动时间。

此外，雷丁大学学生社团的研究生参与度较低也是一个显著的特点。这大概是由于硕士研究生学制仅一年，完成学业时间有限，没有时间参加社团活动；而博士研究生虽然学制三年，但大部分时间都在搞研究，也没有时间参与社团活动。所以研究生整体的社团参与度较低，这也是学生会官员詹姆斯·哈特提到的目前需要解决的一个重要问题。詹姆斯·哈特提出的另一个问题是：如何提高国际学生特别是中国学生的社团参与度。因为中国学生大多比较害羞、不自信，除了有一部分学生参加到雷丁大学中国学联之外，较少有中国学生参加学校的其他社团。

（二）学生社团的功能与作用

1. 从学生层面来讲：与专业学习和个人发展密切相关

1）促进学业

参加学生社团，尤其是学术类社团，无疑对于学业是有极大帮助的。而参加与学术有关的社团，可以拓展学生的知识面，对于专业课的学习也益处良多。

2）提升能力

通过参加学生社团，可以提高学生的综合素质，锻炼学生的技能，提高学生各方面的能力，如组织协调、沟通合作、写作、表达等能力，以及培养团队精神。我所访谈的几位学生社团主席和成员，在社团工作中经过锻炼，都非常自信，有较强的领导力，善于与人沟通，得到了社团其他成员的信任和拥护。

3)丰富生活

除去上课,参与社团的工作和活动,可以丰富学生的课余生活,对学生而言,这是一个很广阔的平台,充满了机遇与挑战。

4)拓展社交

对学生来说,参加社团的一个重要理由就是能够拓展社交圈,结识不同的朋友。社团的社交功能在英国的大学体现得尤为突出。

2. 从学校层面来讲:与校园建设和学校知名度密切相关

(1)学生社团是对课堂教学的有益补充。不少学术类社团,本身就是以专业命名的,在课堂学习之外,各院系都鼓励学生参与这些专业性的学术社团,更好地提升专业知识和技能。

(2)丰富校园文化生活,活跃校园文化氛围。丰富多彩的学生社团,使校园文化生活变得五彩缤纷,各类社团活动极大地活跃了校园文化氛围,使学生在枯燥的学习之余有放松休闲的渠道和空间。

(3)提升学校知名度的窗口。雷丁大学学生会网站上的宣传语:我们是很多学生报考雷丁的理由。国外大学生选择一所高校,除了看高校的专业排名、地理位置等,比较关注的一点就是学生社团。雷丁大学有很多比较有名的社团和运动俱乐部,例如最知名的划艇俱乐部,曾获得过奥运会奖牌等,因而成为很多学生选择到雷丁大学就读的理由。这些学生社团和运动俱乐部的存在,极大地提升了学校的知名度,扩大了宣传效应。

四、对我国高校学生社团管理的启示

通过以上研究分析,可以看出英国高校在学生社团管理方面有好的经验,同时也有不足之处。好的经验值得我们学习借鉴,不足之处正是我们需要着重加强的地方。笔者认为,以下几方面是今后我国高校社团管理工作的努力方向。

(一)重视学生社团管理工作是社团顺利运转的首要保障

学生社团必须得到高校各级部门和院系的高度重视。目前,有的人对学生社团还有偏见,认为参加学生社团会荒废学业,影响成绩;还有的人认为社团活动有安全隐患,不搞或少搞是最保险的。这些认识都极大地阻碍了学生社团的发展建设。学生社团要想得到长远发展,在校园文化中发挥重要作用,必须得到大家的认可和支持。只有这样才能保障学生社团的管理建设顺利进行。

(二)加强学生社团制度建设是社团有序活动的基本前提

英国高校学生社团的相关制度体系比较系统,值得借鉴。笔者所在的山西大学,在社团管理方面也有一套比较完善的制度体系,但在某些具体的细节上,不如雷丁大学学生会规定得详尽。学生社团的制度建设永远是进行时,需要与时俱进,进一步加强制度建设,完善相关制度的漏洞,特别是关于风险防控和规范学生社团选举方面的制度,使社团活动有序开展,是需要我国高校下功夫改进的地方。

(三)强化学生社团指导监督是社团健康成长的力量源泉

我国高校的学生社团是在党委领导下、团委的具体指导下开展工作的。相比英国的学生社团,有的连指导老师都没有的现实情况,我们在这方面做得比较好。笔者所在的山西大学有 120 多个学生社团,学校要求每一个社团都要挂靠一个单位(学院或部门),并且要配备指导教师,为社团活动的开展提供指导、帮助和支持。这就从源头上保障了社团活动的合法有效。学生社团是高校思想政治教育工作者的重要工作阵地,这个阵地必须坚守。

(四)加大学生社团支持投入是社团良性发展的持久动力

学生社团的发展,离不开各方面的支持,特别是整合校内外资源,对学生社团的健康发展提供扶持。高校应积极推动学生社团发展,增加对学生社团的经费投入,增强对学生社团的活动支持。要积极整合资源进行社会化运作,帮助学生社团与社会建立联系,拓展学生社团的活动范围,促进学生社团的良性可持续发展。

综上,高校学生社团管理工作,需要高校学生事务管理部门,尤其是共青团组织要不断加强相关制度建设,提高工作水平,真正达到学生社团“自我服务、自我管理、自我教育”的目的,这也是我们高校思想政治教育工作者的共同目标。

英国高校的学生会建设
——以英国雷丁大学为例

中国海洋大学 林旭升

摘要:高校学生会是高校教育系统的重要组成部分,其良好发展对于发挥高等教育的学生主体作用,完善大学的现代治理体系具有重要意义。本文以英国雷丁大学学生会为例,分析了中英学生会在干部选举、组织架构、职能发挥、权益工作等方面的差异。

关键词:英国高校;学生会;差异;借鉴

英国高等教育具有悠久的历史,是现代意义上大学的发源地①,其学生会制度最初起源于18世纪,近300年的发展使之日趋完善,形成了当今的英国学生会制度。我国学生会制度自"五四运动"诞生以来,经过百年的发展,也已形成今日完善的、有中国特色的组织管理架构。英国的学生会制度和我国的学生会制度是不同时代与社会背景下的产物,具有历史合理性。笔者有幸在英国雷丁大学访学,借机对国外高校学生会建设进行直接深入的观察,从中得到一些有益启示。

一、雷丁大学学生会概况

雷丁大学学生会是典型的英国大学学生会,是独立于学校之外的非营利的学生组织,也是在英国注册的慈善机构。雷丁大学学生会代表着全校18 000位学生,管理着136个学生社团,帮助600多位学生参与志愿服务。学生会拥有自己的报纸、广播和电视台,拥有8个校园销售商店、一个咖啡厅、一个餐吧和一个可以容纳2 300人的夜总会。学生会还雇有63位全职员工为学生服务。所有进入雷丁大学的学生均自动成为雷丁大学学生会的会员。在雷丁大学的校园夜总会、咖啡厅中花费的钱会全部被用来为学生服务,这是雷丁大学学生会取之于学生、用之于学生的理念体现。

雷丁大学学生会由5名全职学生官员领导,分别是学生会主席、主管学术的学生官员、公共关系学生官员、福利工作学生官员与社区社团发展学生官员,他们是雷丁大学毕业生或者是处于休学期间的在校生,每一年换届一次,通过投票选举产生。在主管福利工作学生官员的指导下,有8名兼职学生官员具体负责亚裔和黑人学生福利、国际学生福利、女生权利、环保和绿化、成年学生群体福利、残疾学生和有特殊需要学生群体福利、研究生福利等工作。

① 初建松,孙波.理性发展与回归的必然选择——对英国高校学生会组织的解读[J].辽宁教育研究,2006(8):90-91.

兼职学生官员均为在校学生。在主管学术的学生官员的指导下，有 12 个负责教职员工的学生代表和 300 个课程代表，他们负责和教职员工沟通，确保学生们关于教育教学的意见可以畅通地传达，为雷丁大学的学生营造良好的学术氛围。此外，雷丁大学学生会还设有 2 名学生理事与 2 名外聘理事，他们的工作是保证学生们的意见可以被学生会官员所得知，同时肩负着选举和监督全职学生官员的工作。

在学生活动方面，雷丁大学学生会主要有以下几类工作：一是争取对学生有利的政策，比如要求学校降低学费；二是做与提高学生意识相关的工作，比如有关学生们心理健康方面的工作；三是提供咨询方面的服务，比如学生对于住房、金融方面问题的咨询；四是通过其经营的酒吧夜总会等，开展派对、音乐会等娱乐性活动，供学生课余时间娱乐。

二、中英高校学生会差异化对比分析

国内高校与英国高校学生会组织都是学校与学生的中间纽带，英国雷丁大学学生会的口号是“Led by students for students”（由学生领导，一切为了学生），国内大多数大学学生会的宗旨则是“全心全意为同学服务”，两国的高校学生会组织运作模式的共同原则均为以学生为本，但是由于两国所处的社会背景不同，在具体的职能和运作方式上，两国的学生会有很大差异。

（一）学生干部选举方式及工作方式不同

英国学生会的学生官员选举类似于英国政府大选的民选制度，由直接选举产生。各候选人可通过演讲、宣传等方式拉票。雷丁大学每年 2 月份开始组织学生会选举，并有专门的选举周期和投票流程，候选人在拉票的同时必须接受学生的质询，并且还会组织专门的“选举团队”。而国内高校学生会管理机构一般采用间接选举的模式，通过召开学生代表大会进行差额或等额选举，这种自下而上的选举方式与国外高校学生会的平面式选举都植根于所处的社会经济制度，是不同背景下社会历史文化在高校校园的直接体现。从学生干部的工作性质看，英国的学生会干部是专兼相辅的模式，学生会的全职学生官员为雷丁大学毕业生或是处于休学期间的在校学生，学生会还雇有专职的社会人员负责财务、商业运作等，成员组成多样化。相较国内学生会的所有学生干部均为在校学生而言，在工作经验、精力投入、心理成熟度等诸多方面，国外学生会专职学生官员具有一定优势，这段专职工作经历也有益于个人今后发展。

（二）学生会的内部构造不同

英国高校始终施行平等多元化的发展战略，是一个以“服务、支持、指导、发展”为核心的一体化组织。国内高校大多以活动类型为主进行部门设置，部门内部工作以统筹协调为主，英国高校学生会部门设置更加细致，雷丁大学学生会的福利部门内设 8 名兼职学生官员，分管不同的工作方向，特别强调重视特殊、弱势群体的利益，通过设置残疾人部、特殊群体部等方式确保学生会的工作可以覆盖到所有群体。相较国内高校学生会粗放式的部门结构而言，细致化的部门设置使学生会组织能深耕工作领域，聚焦学生需求，更好地服务全体学生。

（三）学生会的商业化程度不同

英国高校学生会的经费十分可观，除去学校的财政拨款之外，它所经营产业取得的收入也占了不小的比重。学生会的经费来源较为自由，目前，雷丁大学学生会就拥有校园销售商店、咖啡厅、餐吧、夜总会等多个经营场所。学生会可以通过商业活动获得资金，学生会雇有专职的社会人员负责财务工作，每年对外公布收支明细。国内高校学生会的经费来源主要是学校的拨款，还有一部分来源于各类活动的商业赞助，但是由于活动周期短，目的性强，通常无法与商家建立长期的商业合作关系，同时学生会一般不被准许在校园开展经营活动，经费问题因来源所限，不能极大地满足工作需求。

（四）学生会的组织职能发挥不同

中英两国学生会组织兼具“自我教育、自我管理、自我服务”功能，不同的是，英国学生会是独立于学校行政的学生组织，是与学校其他管理机构平行的独立机构，在财政、人事、政策方面都有很大的自主权①。学生会拥有自主场地，举办的活动无须接受学校的行政审批。此外，学生会还承担了一些高校管理机构的职能，比如给学生提供住房、金融等方面的咨询服务。国内高校学生会受学校党委领导，在学校团委直接指导下开展思想引领工作及学术、创业、文体、实践和志愿服务等活动，工作内容及形式相对传统，“自我教育、自我管理、自我服务”功能尚待进一步加强。

参考文献：

[1] 王辉. 中外学生会组织运作模式对比研究 [J]. 产业与科技论坛，2013（1）：144-145.

[2] 陶妤，袁雪璠，倪昊森，等. 中外高校学生会管理模式的比较研究 [J]. 科技视界，2014（14）：173-174.

[3] 童静菊. 英国高校学生事务的特点及启示 [J]. 高等教育研究（武汉华中科技大学），2009，30（1）：106-109.

[4] 李永山. 英国高校学生事务的概况与特点——以里丁大学为例 [J]. 合肥工业大学学报（社会科学版），2008（2）：162-165.

[5] 羽离子. 英国大学学联的组织结构和活动实践 [J]. 贵州师范大学学报（社会科学版），2002（4）：115-118.

[6] 王飞. 国外高校学生组织管理的特点及启示——以美国、英国、德国、澳大利亚为例 [J]. 高教论坛，2013（6）：134-137.

① 王文文，陈浩，雷晓锋，等. 中英高校学生会的比较研究及思考 [J]. 思想教育研究，2015（1）：94-97.

[7] Did you know RUSU [EB/OL]. http://www.rusu.co.uk/about/. 2015-11-29.

[8] Student's Union of Reading University [EB/OL]. http: //www.reading.ac.uk/15/life/life-union. aspx. 2015-11-29.

主体性教育视角下的英国高校校园文化及启示

天津大学 陆丽

摘要：主体性体现人的本质力量，主体性教育是现代教育的显著特征。大学生（毕业生）主体性薄弱，是当前中国高校人才培养普遍面临的突出问题，也极大地制约现代社会发展和创新型国家建设对卓越创新人才的需求。人是环境的产物，大学生主体性的激发与培育，与大学校园文化的熏陶与塑造息息相关。英国具有世界一流的高等教育质量，本文从主体性教育的视角研究英国一流高校校园文化的特点与影响，探寻加强和深化国内大学生主体性教育、提高大学生主体性的良策。

关键词：主体性教育；英国高校；校园文化

我国高校经过持续十余年的扩招和快速发展，在校学生规模跃居世界首位，每年为社会输送 700 余万名毕业生。在取得显著成就的同时，我国高校也正艰难应对大众化教育阶段涌现出的诸多关于人才培养的严峻挑战和质疑，大学生（毕业生）的主体性薄弱甚至缺失就是突出问题之一。英国高等教育具有悠久的历史，在进入大众化阶段之后人才培养质量仍在世界享有盛誉，人口仅 6 600 余万却产生了百余位诺贝尔奖获得者，这些必定得益于并沉淀在其独具魅力的校园文化中。研究英国高校校园文化的特点和影响，学习其建设经验，对于我国高校完善主体性教育的育人环境和机制、促进学生主体性的培养和作用发挥、提高新时期创新人才培养的质量具有积极意义。

一、主体性教育简述

（一）主体性教育的基本内涵

主体性，从哲学上讲是人的本质属性，体现人的本质力量，其基本内涵包括人的自主性、能动性和创造性。主体性教育是一种建立在马克思主义哲学的基础上，相对于依附性教育或客体教育的现代教育观念或教育哲学思想，是对教育要培养什么样的人以及教育活动、教育系统的认识。主体性教育的基本观点是：人是教育的出发点，人的价值是教育的最高价值；培育和完善人的主体性，使之成为时代需要的社会活动的主体，是教育的根本目的；其过程必须把受教育者当作主体，通过创设和谐、宽松、民主、支持的教育环境，有计划、有目的地组织和规范各种教育活动，激发起受教育者的主体意识，发挥受教育者主体的自主性、能动性和创造性，使教育成为受教育者的内在需要，进而把受教育者培养成为能够独立自主地、自觉能动地、积极创造地进行认识和实践的社会活动主体。简言之，主体性教育就是教育以主体性的方式，建构和发展教育者主体性的活动，包含教育目的和教育方式的主体性。

（二）主体性教育的形成与发展

主体性教育，是在20世纪80年代我国社会思想大解放和教育内外现实因素的大背景下兴起的一种具有中国特色表述的教育思想，但其哲学依据源于西方的主体哲学，其核心理念与人本思想、人本教育多有共通之处。比如，英国数学家、哲学家和教育学家怀特海就曾指出“教育的根本目的，是激发和引导他们（学生）的自我发展之路”。主体性教育在我国经过30多年的探索和发展，逐步获得社会理解和认可。在理论层面，形成了主体性教育、主体间性教育、他性教育等不断丰富和拓展的视角和内涵；在实践层面，在不同阶段的学校教育中得以落地，成为国内方兴未艾的各类教育教学改革实践的主要出发点和依据。教育领域对于学生“三自教育”“翻转课堂”、社会实践等的热烈讨论、积极实践和大力推动，既是对主体性教育科学成效的肯定，也彰显了主体性教育的生命力。

二、中西结合深化主体性教育的意义

主体性教育的最终目的，就是要培养出具有自主性、能动性和创造性的人。聚焦和推动主体性教育，有助于促进社会各方包括教育界从思想根源上深刻反思“应试教育”之殇、“素质教育”之困，不断提高教育资源的育人效益，并在实践中逐步破解“钱学森之问”。这应该也是新时期教育者对党和国家卓越创新人才需求的有力回应与支持。

教育是一项需要日积月累的实践活动。我们对于主体性教育的研究和认识还不够深入和清晰，在理论转为实践、理论指导实践等方面还存在很大的盲点、误区和不彻底性，阻碍了主体性教育的发展步伐，削弱了主体性教育的实践力量。比如，有时学生对一些我们自认为很好的“三自教育”党团活动并不十分领情，一些新的旨在强化学生主体地位的教学改革常会引起师生们的“怨声载道”等。而相对的，主体哲学、人本教育早在文艺复兴时期就被西方社会提到了空前高度，至今已在西方文化中根深蒂固，在社会和教育领域形成了具有高度自适应的育人模式和系统丰富的经验，极大地支持了英国等西方发达国家在独立创新人才培养方面的公认成就。

“它山之石可以攻玉”。笔者结合在英国高校三个月访学期间的课程学习、教育参观和校园文化活动体验，尝试以“主体性教育”的中国眼光，观察、思考和分析英国高校校园文化中蕴含的“主体性教育”的积极因素和规律经验，以期获得更贴合中国传统、立足中国国情、能够切实对接国内教育实践问题与困惑的有益启示，权当抛砖引玉。

三、以主体性教育视角解析英国高校校园文化

英国高等教育发端于11世纪末，至今已历经800余年的发展，拥有牛津大学、剑桥大学、帝国理工学院、圣安德鲁斯大学、伦敦大学、南岸普顿大学等多所世界顶级及百强名校，长期引领和启发各国高校的改革和发展，在世界高等教育发展史中占有举足轻重的位置。一流的大学都具有一流的校园文化支撑，深刻地影响自身大学的人才培养水平和特质，正如徐志摩所言“多少伟大的政治家、学者、诗人、艺术家、科学家，是这两个学府（指牛津大学和剑桥大学）的产儿——烟味儿给熏出来的”。

笔者主要访学的雷丁大学，在1926年之前是牛津大学的分校，与牛津大学、剑桥大学同属于英国著名的“红砖”大学，虽然具有各具魅力的校园文化，但都秉承了英国社会的文化传统和先进教育理念，积淀和展示了英国成功的大学教育模式和丰富经验。以下就以这三所大学为主要观察点，从制度、精神、物质、行为等四个维度对英国的高校校园文化特点进行简析，研究其在大学生主体性教育方面所具有的优势与作用。

（一）在精神层面，虔诚的人本理念强化了主体性的内在动力

大学精神是校园文化的核心要素，也是一所大学办学水平的重要标志。它与这所大学所处的发展时代、独特历史和地理、文化特色等紧密相连，一旦形成则具有较强的稳定性、融合性和渗透性，对于身处其中的人往往具有春风化雨、潜移默化的影响，是最有力量的文化底蕴。在以国教圣公会为主的多宗教和崇尚“贵族文化”“骑士文化”“绅士文化”的环境影响下，英国许多大学都具有独立与自由、科学与民主、创新与严谨、开放与保守相统一的文化品质，拥有追求真理的科学精神、敢于人先的创新理念、敬业合作的责任意识、主动思考的积极态度、开放包容的学术风气、市场化的竞争意识、诚实守信的行事作风等优良品格，重视在价值导向、精神陶冶、规范约束、社会辐射等方面发挥作用。

这些在大学校园里涌动的大学精神，无时不给师生带来无形的熏陶和浸染。其中，广为社会虔诚认同的“以人为本”的理念，因其对人自身最直接、最彻底的关切，深度地影响着英国国家和高校教育政策的重心，也使得广大教师员工能够自觉、真诚地将挖掘、培养和激发学生的自主性、能动性和创造性作为自己的岗位义务，全员参与学生主体性的培养。

比如，英国国家规定的教育目的之一，就是“培养学生具有活跃探索的头脑；能理性地提出问题和解决问题；能理解人类的成就和抱负；能了解现实世界；能了解国家、组织和个人之间的相互关系”；要求大学“要促进学生拥有成熟的社会判断力和行为，这种成熟就是要提高个人的素质和能力”。这就使得各高校必须将培养学生健康的人格，突出学生主体地位的要求始终放在优先考虑的范畴。雷丁大学学习顾问金·沙哈巴丁（Dr.Kim Shahabudin）博士在工作介绍中也提到，“我们的工作宗旨是让学生学业有成，但不是为学生代办事情，而是告诉他们学习技巧……我们所要做的是培养学生独立学习的能力”。雷丁大学学联的

口号就是“由学生选举,从学生中产生,为了学生的一切”。牛津大学原校长卢卡斯则特别强调“大学从事的是人的教育,大学应该是这样一个场所:在这里能够培养独立思考能力、清晰的头脑、想象力等个人成功所必备的品质”。作为教育系统的各参与主体对学生自主性、能动性、创造性的高度重视和自觉强化,无疑会对学生主体性的发展与完善之路注入源源不断的强劲动力。

(二)在物质层面,丰富的资源服务支撑了主体性的发展需求

“经济基础决定上层建筑。”作为校园具体文化活动的物质性载体,校园内的各种建筑物等物质形态存在,既是构建校园文化的基础,更是大学人才培养中不可或缺的宝贵资源。在规模庞大的政府财政投入和社会资金资助下,英国各高校经过长期建设,都积累了较为雄厚的物质基础,并以优良的机制体系较好地实现了资源的因地制宜、优化配置、高效利用,为高层次人才培养特别是学生主体性的培养和发展创设了针对性强、配套灵活、资源充足、服务到位的物质条件和环境,既为教育活动顺利开展提供了必要的物质基础,也通过对校园文化各类物质载体呈现方式、内涵等的精心设计和打造,促进学生在体验和使用各类资源服务的过程中能够自然地融入教育活动的情景中,触发学生在直观感触、实践探索、理性认知和情感升华等综合方面的学习行为,进而为主体性教育目标的实现铺平道路。在以下三个方面,英国高校物质文化的优势和作用尤为突出。

1. 优美的校园自然环境,为学生主体性发展提供了舒适的畅想空间

得益于英国长期稳定繁荣的历史和得天独厚的气候,英国大学校园中最常见的就是绿意盎然的草坪、多样的树木、翱翔的鸟禽、嬉戏的鸭子、木制的长凳和典雅的古建筑。人与自然和谐相处,校园与社区自然交融,不同肤色的师生或谈笑风生或擦肩而过,漫天云彩变幻,咖啡飘香四溢……身处这样开阔、多样的空间环境中,学生一定拥有更多静心感悟和思考的机会,很自然地通过对校园物质文化景观的解读,建立起融洽的个体与整体、个体与自然、个体外在与内在的关系,由此就可能激起个人无穷的想象力和梦想冲动,学生主体性教育模式随时会自动开启。由此可见,牛顿与苹果树的神奇故事,也应是偶然中的必然了。

2. 科学精细的学生事务服务,为学生主体性发展提供了安全的专业支持

英国大学大多都设立学生服务中心,负责教学以外的学生的全面事务,除了与国内学生工作职责内容相似的心理、职业、就业、资助、艺术教育等以外,还在学业辅导、残障学生事务、国际学生及海外学生管理等方面形成特色,机构齐全、分工精细、职责明确,倡导“一站式”服务,学习顾问、指导师、咨询师等人员都有较高的专业水平和职业操守,视学生为顾客,以“满足学生个体需求”“激发学生潜能”为首要目标,努力贯彻“学生参与”“成人”和“全人”等现代教育理念。此外,还有学生会夜间热线、朋辈支持、院系学生代表等多种渠道支持学生自主发展。

3. 智能便捷的信息化服务体系，为学生主体性发展提供了可靠的高效工具

英国高校信息化交互体系的构建，更突出务实与高效。在雷丁大学的图书馆、每栋教学楼和学生公寓等地方都设置服务前台，专人面向师生服务。各服务机构几乎都印有制作精良、便于携带的信息手册，放置在随处可见的信息栏和服务台中，供学生便捷、自主地了解各方动态和讯息，使学生及时获得相应服务。各服务设施功能齐全，自助服务信息细致温馨，促进学生"自我服务"。更重要的是，经过系统设计、功能集成、智能共享的网络信息系统，比如雷丁大学等大学使用的Blackboard学习系统、诺丁汉大学的自主学习中心和牛津大学"成长记录"在线管理系统等，将实际工作和虚拟工具紧密融合，以强大的现代信息网络技术扫除学生在自我服务、自我管理、自我教育的诸多实际障碍，为学生在诚信自律、能力培养、发展规划等方面的自主拓展提供了强力支撑和保障，大大提高了学生主体性发展的机会和效益。

（三）在行为层面，系统的教育模式孕育了主体性的自我实现

一个高校的校园文化，只有将制度、精神、物质等其他形态的内涵和效应，体现到校园各参与主体在行为文化上的统一、和谐上，才算是真正地形成并发挥了最佳效益。英国一流高校校园文化极其成功和可贵之处，就在于能够很好地将教师精湛高超的教学科研技能和职业水准、敢于让学生质疑的平等开放民主的教风、高效科学的管理制度和模式、精细周到的服务水平、以学生为中心的教育理念、丰富的教育资源等整合在一起，形成了宏观优质高等教育理念下的高素质的群体行为文化。这种行为文化，使得学校的整个教育模式产生出积极的系统"涌现"效应，展现出稳定、高质、灵活的自适应状态，并促使在微观教育层面各教育活动中自然地形成"学生主体、教师主导"的良性互动模式。在这种行为文化的影响和熏陶下，学生的主体性得以在各类大小教育活动中获得启蒙、激发和培养，从而走上健康、持续的自我实现之路。在这方面，以两个实例为佐证。

1."轻松"的英国高校学生学术诚信规范模式

相比于国内大学"天天讲、时时防、重点盯"却还常常"东边不亮西边亮"的令人头疼的大学生诚信教育工作，英国大学对此似乎很"轻松"就管好了。表面上，一本发给新生的学术规范手册、网站上的学术规范指南和告示、一个作业提交系统，就几乎杜绝了英国大学生关于学术不端行为的所有"念想"和"可能"，即便是国内大学生到了英国也直呼不敢"侥幸"试错。实际上，更多的是手册 / 指南 / 告示中蕴含的科学性和实操性、支撑系统具有的可靠性和严密性等内因发挥了效力；深层次上，教师群体的严格自律和示范、诚信制度的人本设计，乃至整个社会的诚信体系、舆论环境等，共同形成的诚信"权威性"筑牢了"底线"和"防线"。

2."稳重"的英国大学学生会组织建设模式

在英国高校，学生会是一个和其他管理机构平行的独立机构，由刚毕业的大学生或者在校休学的学生主席团全职负责运营，各类学生代表和兼职学生参与建设管理，全体在校生作

为自然会员。学生会通常拥有自主管理和经营的酒吧、超市和一系列学生娱乐设施,甚至包括幼儿园等,统筹和支持大量学生俱乐部和学生社团建设,年运行费用达几百万英镑,既代表和组织学生参与学校重大管理决策,又争取和维护学生权益,还具体服务和支持学生发展。学校其他涉及学生事务的相关管理服务部门,都希望与学生会开展工作上的合作互助伙伴关系。此种情景若在国内,可能遇到的最大质疑会是"学生有这能力吗?"毋庸置疑最大的担心则是"一定会乱的!"而英国的各高校学生会大都井然有序地运行,成为大学生观察、体验、锻炼和发挥作为独立的学生、社会人的主体性的典型场域,获得高校治理机构以及广大学生的充分认可,其治理水平和学生满意度已经成为全英国大学办学质量与特色评估的一项重要指标。

四、英国高校校园文化对我国高校主体性教育的启示

英国源远流长的高校校园文化,滋养了一代代求学于此的不同国度、不同种族、不同出身的学子,熏陶出的无数卓越人才以其不凡气质和创新业绩,纵横各界、名扬国际、裨益人类。这样的人才,正是当前国内一流高校所致力培养和现代化国家建设所期盼和急需的,也是我们大力开展各类主体性教育的根本所在。中英虽然国情不同、社会传统和教育体制不同,但现代社会对优秀人才的主体性需求以及大学人才培养的根本规律相通。因研究尚浅和篇幅有限,以上从主体性教育视角对英国高校校园文化的阐述与分析远不足以体现全貌。笔者结合十余年来在高校学生教育一线的实践与思考,简要提出当前国内高等教育无论在宏观还是微观层面都亟须给予足够认识、强调、坚持和贯彻的三点启示。这些启示,对于全面深化国内高校大学生主体性教育,更好地为党和国家事业发展输送优秀人才,加快建设国际一流的中国高等教育,或有重要意义。

(一)要在进一步扩大全球视野下增强本土教育自信

中国的现代高等教育,发轫于百廿年前国内"西学体用"教育新思想的成功实践,在对"兴学救国""兴学强国"的强烈价值认同和追求下,一个多世纪来都甘当西方现代大学教育的"小学生",从初创时学英、美、法、德到 1949 年后学苏联,从早期的学分制、专业设置到现在的书院制、认证评估等,在学习、模仿和消化中不断提高与进步。当前在大学教育大众化背景和建设世界一流大学的全民诉求下,中国社会再次聚焦西方教育。与英国师生和民众自然流露出的充分自信与理性不同,在 Tims/QS 等世界大学排行榜引发的社会热议中,在一些中西教育比较的"专家"帖不断刷屏时,在挥金或穷扛都要设法送孩子海外留学的教育"时尚"中,在一些教师讲台上下动辄阔谈"还是西方教育好"时……我们更多地感受到消极、焦躁与狭见。对此,作为高校教育的管理者、教育者,必须持有清醒的认识,要坚持以系统、理性、辩证的思维,在进一步扩大全球视野的浪潮中重新审视中国当下真实的高等教育,避免过度否定和激进学习带来的负面影响,不断引领和增强高校、师生和社会民众对中国高等教育的信心。因为没有这种坚定信心,我们自己培养的学生就不可能真正拥有自主、自信

和创造力。

构筑这样的信心,是有深厚的现实支撑的。百余年来中国各高校探索发展,形成了独具特色的教育基础和教育经验,尤其在大规模育人上取得举世成效;跃居世界第二的经济体量和持续增长的教育投入,为各高校发展提供了日益丰足的财物资源;绵延数千年的中国传统文化,也积淀着深厚的人本教育养料。笔者三个月来的在英体验,也印证了国内一流高校办学质量虽还难以比肩牛津、剑桥这样的顶尖学府,但整体上与英国一流高校的差距在不断缩小,在一些领域比如学生事务方面已几乎对等,甚至局部已实现弯道超越。增强这样的信心,要做到知己知彼,既避免盲听自乐,又克服偏传偏信,正如习近平总书记在北京大学师生座谈会上的讲话中指出的"我们要认真吸收世界上先进的办学治学经验,更要遵循教育规律,扎根中国大地办大学"。因此,中国高校既要进一步推进国际化战略,鼓励开放活跃的国际交流与合作,努力将对西方先进高校的学习由"放大"粗犷模式转入"显微"精细模式,进行深度比较、鉴别和吸收;更要不断强化特色的教育道路自信、教育制度自信和教育理论自信,着力增强对中国高等教育的哲学思考和解构研究,不断提高对中国高等教育的解读能力、阐释能力、创新能力和传播能力,既善于用当下语言讲好和推广当代中国教育故事,又擅于运用中国办法解决普遍教育难题。只有中国高校更加自信,才能更好地引领和激发民众和师生们对于发展主体性的坚定信心。

(二)要在进一步突出以人为本下全面依法办学治校

当前"依法治国""以人为本"已经成为治国方略和理念,我们要加快推动其在高教领域不同层面上的落地生根。要破除"情""法"不兼的旧思维,充分认识和坚持好"依法办学治校"与"以人为本"的协调统一。新时期高校的内涵建设,要进一步实践和发展"以人为本""以生为本"的科学发展观,不断强化以人为本的法治理念。既要以"法治"规范教育领域中的"行政行为"、规避"人治"弊端;更要通过精细的人本制度设计,让中国大学教育更加着眼人的科学发展、成为洋溢"人情味"的充满爱的教育,充分保护、激发、培育和弘扬好教育各主体的自主性、能动性和创造力。当前在三个层面上的工作必不可少。

一是制法层面,要将"以人为本"贯穿《大学章程》制定和核准的全过程。要以民主方式广泛发挥高校和师生对于章程制定的自主性;以法律手段规范和优化大学治理结构,明晰大学、政府与社会的关系,明确师生的主体地位;与时俱进地调整、完善章程与其上位法和大学内部规章制度,使每一部《大学章程》都能反映特定高校和师生意志,代表大学历史传统、精神理想和办学特色。二是普法层面,要通过多渠道大力宣传《大学章程》及相关教育制度的理念和价值,努力营造尊重教育规律、遵守《大学章程》的信念和意识,使大学章程的法律地位和教育法治的精神得到全社会、政府、大学、师生、家长等各教育参与主体的认真对待和广泛认同、接受和信奉,使教育法治在"人"的思想与实践中能够生根发芽。三是执法层面,要立足中国法治现实基础,坚持用发展的眼光、改革的精神、法治的思维推动高校的法治进程。在思想层面要把依法办学治校作为一种校园文化,渗透到学校运行的各方面和环节;要协调处理好高校、师生在理想与现实、适应与引领、中国特色与国际惯例等方面面临的冲突与困惑，要从细节处强化以法律手段充分重视和保障各教育主体的切身利益，努力为受教育者提供法治体验和支持，最大限度地发挥和促进法治在大学生主体性发展上的引领和推动作用。

（三）要在进一步加强供给侧改革下深化主体性教育

"供给侧改革"，是中国进入改革深水区寻求经济新增长、新动力的新思路，其意指"在适度扩大总需求的同时，着力加强供给侧结构性改革，着力提高供给体系质量和效率"。这对于指导中国高等教育全面深化改革、加快高校以质量提升为核心的内涵发展步伐，进一步深化大学的主体性教育，提高大学卓越创新人才培养的质量和效率，同样非常贴切和适用。尽管主体性教育研究已经在中国教育领域发展 30 多年，从教育实践层面我们也已进入加快明晰主体意识、身份、地位和责权利的阶段，宏观上教育多主体、中观上"师生双主体"、微观上"学生主体、教师主导"的共识逐渐形成，但长期以来在具体教育活动的组织和开展中，我们更多地专注于从教育"需求侧"——大学生群体的情况、特点、需求、动力和成长问题，企业单位用人需求、国家和社会人才需求等方面进行直接观察、分析、推进和评估，而对于从教育"供给侧"——高校教育体系机制、教育者状况及特点、家庭教育环境、社会支撑等方面进行系统地反思、剖析、调整和挖潜的相对较少。

因此，当前"供给侧改革"无疑也能为中国高等教育、各高校全面建设发展带来一个新的巨大增长空间。对于深化大学生主体性教育而言，加强"供给侧改革"意味着要专注于科学统筹、全面提高教育教学活动中各教育主体等全要素的投入与产出效率、效益。从政策手段上，就是要加快推进《大学章程》的制定和落实，创新修订和完善大学内部管理制度，保障高校、教师在教育中的主体地位和权利，支持高校、教师、学生在法定范围内依法独立自主地开展教育和自我教育。从物质手段上，不仅要保证政府对教育资源投入总量的持续增长，更要拓展社会、企业等多渠道的教育资源、切实构建和完善公平高效的资源投入、调配和评估机制，以资源导向激发各教育主体的积极性、主动性，以科学的效益评估规范和促进各类教育资源发挥作用。从教育具体实践上，教育者要坚决地摒弃大包大揽、贪大求全、急于求成的思想和情绪，敢于向学生放权，善于为学生明确规矩，勇于进行教育理念与模式的自我革新，切实提升精致具体的教育教学活动品质，注重尊重和凸显学生的主体地位和作用，自觉地将所有的教育行为目标方向锁定在全力引导和激发学生的自主发展意识、规范和保护学生的言行积极性、帮助和支持学生的创新能力发展上，充分发挥教育教学活动全要素、全过程对学生自主性、能动性和创造性的激发与培养。

参考文献：

[1] 冯刚，赵锋. 走进英国高校学生事务管理 [M]. 北京：中国人民大学出版社.2008.

[2] 岳伟，涂燕国. 我国主体性教育研究 30 年回顾与展望 [J]. 中国教学学刊，2009(6)：20-

23,41.
[3] 李绪萍,刘业娇. 我国大学生主体性现状研究 [J]. 科技创新导报,2015(19):33,35.
[4] 朱祥海. 大学章程奠定依法治校的基石 [N]. 中国教育报,2013-12-04.
[5] 李育球. 主体性教育的三重性:主体性·主体间性·他者性——后形而上学主体性教育内涵的探索 [J]. 教育理论与实践,2010,30(4):3-6.

英国大学校园标语的使用及对我国大学校园文化建设的启示

——以英国雷丁大学为例

中国矿业大学 孙玫贞

摘要:在英国雷丁大学访学期间笔者发现精心设计的校园标语是英国大学重视校园文化建设的例证。雷丁大学校园标语的精心使用体现在:在有限的空间使用;标语与周围空间协调;标语本身的设计极具艺术感;标语内涵丰富。以此反观,我国大学校园中的标语的使用有标语形式与标语使用环境的不协调、标语本身缺乏艺术感和美感、标语发布主体与针对对象的不协调等问题。作为我们惯常使用的校园宣传教育形式——标语,仍然有其现实价值,但不同的是无论在标语使用本身,还是使用标语内含的教育理念和思维方式都需改善,标语是目前我们改进当前大学校园文化建设的切入口。

关键词:标语;校园文化

"标语是用文字写出的有宣传鼓动作用的口号。"① 标语是我国大学校园中宣传教育的常用形式,在校园文化建设中发挥着重要的作用。我们惯常认为标语是中国语境下使用的显性教育方式,其有效性的发挥有地域和历史的局限。作为一种文字宣传教育手段,当代中国"标语时代已经逐渐淡化,成为过去,标语的生存空间受到前所未有的挑战"。② 笔者赴英国雷丁大学访学期间,发现与我们通常思维中认为西方国家高校不注重显性宣传教育的认知不同,该校的不同场合出现了很多标语,但该校在使用标语时却显示出与我国大学校园标语使用截然不同的特点。本文拟通过介绍英国雷丁大学的标语,分析研究其标语使用的特点,给我国当前的校园文化建设带来启示和借鉴。

一、英国雷丁大学简介

英国雷丁大学(University of Reading)起源于 1860 年和 1870 年在雷丁分别建立的艺术学院和科学学院,1892 年成为牛津大学基督教会学院的分院,1926 年获得皇家授权正式成为大学,是英国传统的优秀大学之一。在 2021 年 QS 世界大学排名中雷丁大学居第 202

---

① 商务印书馆. 新华字典 [M]. 北京: 商务印书馆,2004.

② 聂德民,宋守华. 民众评价视野中的标语研究 [J]. 兰州学刊,2008(6):77-79.

位，排名全世界前1%。在REF英国官方大学科研实力排名中，雷丁大学位居全英第28位。目前雷丁大学在全世界140多个国家和地区招生，在校生17 000余人，其中国际生有3 000多人，享有世界声誉。

雷丁大学位于英国南部伯克郡，在英国本土有三个校区：分别是白骑士校区（Whiteknights Campus）、伦敦路校区（London Road Campus）、格陵兰校区（Greenlands Campus）。白骑士校区是主校区，占地约130公顷，校园内有湖、草地、树林、图书馆和植物园，湖光水色、景色宜人。2014年经英国人投票入选“绿旗人民选择奖”（2014 Green Flag People’s Choice Award），该校区是前十名绿色空间中唯一的大学校园。校园内有些建筑被列为保护文物，修缮必须经批准。伦敦路校区是大学最初的校区，有很多该校的历史遗址，规模较小，现主要用于教师培训，校园环境也非常优美。因为时间关系，笔者没有在格陵兰校区进行访学，所以本文涉及的资料都来源于白骑士校区和伦敦路校区。

二、雷丁大学校园标语使用情况及特点

（一）雷丁大学校园标语的使用

雷丁大学的标语示例如下图所示。

白骑士校区主楼外观上的标语

白骑士校区图书馆门前的室外标语

伦敦路校区的走廊标语

伦敦路校区的走廊标语

白骑士校区 Palmer 教学楼内的室内标语

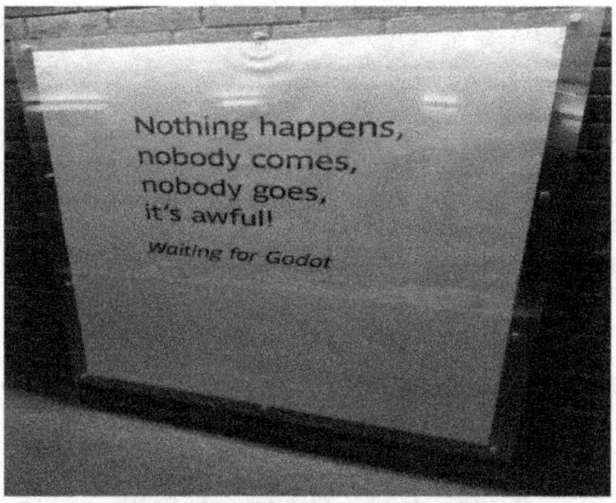

Palmer 教学楼内的室内标语

白骑士校区图书馆内标语墙

白骑士校区图书馆的室内标语

（二）雷丁大学校园标语的使用特点

雷丁大学校园标语的使用有以下几个突出的特点。

1. 在有限的空间使用

虽然在雷丁大学校园中发现了一些标语，但是总体上来看，标语出现的频次和场合是极少的。标语只在白骑士校区的中心地带、Palmer 教学楼的二楼走廊和图书馆走廊中设置；伦敦路校区只在教学楼的走廊上设置标语。雷丁大学校园标语主要设置在校园的关键区域，以校园的总体面积和建筑体量来看标语总体使用少，在校园其他的地点和教学区几乎没有见到。

2. 标语与周围空间协调

从标语的外部形式和设置空间来看，所有标语的设置都经过精心策划，外部空间的标语和室内空间的标语设置明显不同，主要区别是为了达到标语和张贴环境的协调统一。张贴在建筑物外部空间的标语的背景色彩和建筑物外墙对比不明显，张贴在室内墙面的标语以白底黑字为主，标语的白色背景与室内墙面没有对比，标语的背景和书写色彩充分考虑到张贴地点的色彩协调。两个校区的标语内容和形式完全相同，说明雷丁大学的标语宣传在两个校区是统一规划、统一布置的,不同的是针对所张贴的环境,标语的尺寸大小做了相应调整。

3. 标语本身的设计极具艺术感

从以上展示的标语来看,雷丁大学标语的设计极富艺术感,标语的背景色彩和周围环境协调统一,标语文字的内容和颜色与周围环境却有着强烈的视觉冲击,从效果来看,极易吸引人的注意力。一方面,标语的设计极富美感,没有给人生硬和突兀的感觉,作为艺术作品欣赏的同时达到了宣传的效果;另一方面,设计注意标语宣传教育的规律和标语的特点,以极少和浓缩的文字表达思想和观点,并引发思考。

4. 标语的表述以疑问、启发为主,标语内涵丰富

为了说明的需要,我们按照标语针对的对象和想要实现的效果将标语分为欢迎标语、展示宣传标语、号召标语。笔者在雷丁大学访学期间正值雷丁大学的"新生周",这是欢迎新生入学的关键时机,雷丁大学作为一所国际学校,学校也会有国际上的、校际的学术和教学等各类交流活动,但是笔者在偌大的校园内从未发现一张欢迎标语;而雷丁大学布置的以宣传展示、号召为目标的标语,其内容的表述上也以疑问、启发为主,绝无生硬、压制、盛气凌人的口吻,贴近观看者的心理,让人有亲切感、同理感,注重开发人的好奇心、启迪人的思考,这些都加强了校园标语的表达效果。

总而言之,雷丁大学的校园标语的应用注意到了布置和应用的"精简"、设计的"精美"、标语形式的"精确"、标语内容的"精深",从而让人看后产生"精妙"的感觉和感慨。

三、以雷丁大学的校园标语为参照反观我国大学校园标语

没有落伍的工作形式,只有落伍的工作理念和思维。我国高校校园标语曾在我们的宣传教育领域发挥着重要作用,但随着互联网时代的到来,惯常的标语书写和表达形式使观看者感到审美疲劳和心理逆反,有些学者认为标语作为一种宣传教育手段已经落伍了。雷丁大学的校园标语的使用让我们重新认识了这种我们视之为落伍的宣传教育手段,以英国大学校园内的标语反观我国校园文化建设中的标语的使用,让我们更清晰地看到我们在实际工作中存在的不足。

(一)标语形式与标语使用环境的不协调

标语是用简短文字写出的宣传鼓动口号,它所表达的是一种视觉信息,所以标语必须借助于一定的载体,通常以文字或其他符号书写在纸张、横幅、展板上;为了便于视觉接收,往往布置在墙壁、空中或其他支撑物上;为了便于视觉辨识,字体越大越好、色彩对比越鲜明越好,这些都是针对标语的特征而总结的标语发布的一般规律。在实际工作中,我们往往把大学校园看成一个统一体,事实上,教室、宿舍、食堂等不同的校园空间是不同的空间场所,不同的场所需要不同的标语表达,以实现标语和校园环境的协调统一,我们不能一条横幅拉到底、一张展板贴到底。

（二）标语本身往往缺乏艺术感和美感

“唯物辩证法认为，任何事物都有一定的内容和形式，都是内容和形式的统一体。内容和形式之间也是相互作用的，内容决定形式，形式依赖于内容。”标语展示的内容是我们要宣传教育的内容，标语的艺术感和美感涉及标语的形式，标语的外在形式是承载标语内容的客观载体。在实际工作中，我们不能认为只要内容表达清楚就好了，至于标语的艺术性和美感是不用考虑的。事实上，当粗陋、简单地思考标语的形式，把标语的设计、制作、张贴看成是一项没有任何内涵的工作，随便交给一个机构做或沿用以前工作的惯性思维，将口号或想要表达的内容随意地写在横幅或展板上，结果证实，没有艺术感和美感的标语不能吸引人的注意力，也不会达到预期的效果。当恰当、优美、艺术的标语形式适合于内容时，它对内容的宣传起到积极的推动作用；当过时、落伍、粗糙的标语形式不适合于内容时，它对内容的展示和表现则起到相反的或是消极的作用。

（三）标语发布主体与使用对象的不协调

欢迎标语是我国大学校园中非常常见的标语形式。欢迎标语通常针对不同的特定人群，频繁地更换、布置这些与校园主体——学生、教工无关的标语会造成资源的浪费和宣传的失效。标语作为一种宣传教育手段，更多的是为了引发学生的思考，并通过标语实现一种价值的认同和传递，是要引发接受对象的共鸣和同感，侧重于对接受对象的教育、影响和引导，因此必须要在标语的内容上慎重和斟酌。校园的目标群体不同，标语的书写和张贴方式也应不同。在实际的标语表达中，我们经常缺乏对标语的目标群体的细致划分。

四、改进校园标语的使用，切实加强我国高校校园文化建设

（一）重视标语的使用，尊重标语宣传规律

在中国特定的历史时期，标语在宣传教育中发挥了不可替代的重要作用。在多媒体、网络化的今天，标语的使用仍旧没有过时，过时的是落后的理念和思维，是那种不尊重学生身心发展规律、社会发展规律的僵化的思维模式。标语作为一种视觉宣传，在今天仍然有其独特的意义和价值，但是标语的使用有严格的限制条件。

在高校校园中标语的使用应该注意几个原则：一是尊重受众群体心理的原则；二是与环境协调的美学原则；三是宁缺毋滥原则。具体来讲就是不可随意，宁可不用、不可乱用，少而精、精而美，以精美的形式，发挥标语内蕴丰富、简洁的特点，达到美而育人的目的。

标语必须注意措辞，内容要有启发性、有新意、有气氛、有深度，不仅引起兴趣，而且留下悬念、引发思考；形式要有美感，有新的角度和新的设计，给学生耳目一新的感受，让学生体验到美，以此调动学生的认知潜质和审美潜质，利用标语营造高校的审美氛围，从而让学生产生强烈的求知欲和创造欲，对学生有极大的启示和激励作用，促进学生素质的提高。

（二）高度重视校园环境在高校育人中的重要作用

雷丁大学的标语融入了大学校园环境的整体建设中，成为校园文化中一个特色，这些极富美感的标语构成了大学优美环境的一部分。雷丁大学整洁、优美的校园，以及在构建校园整体环境过程中体现出来全体师生对于自然的敬畏、对于人的关怀、对于生命的尊重、对于美的不懈追求本身就体现了教育的内核。

这里我们讲的“环境”是指“自然环境”，我们一定要充分认识到整洁、优美的校园自然环境在整体的思想政治教育中潜在的、无法估量的重要作用。首先，这种作用体现在对自然的敬畏、对美的追求、对人的自身行为限度的理性思考。这种对价值、伦理的思考是我们宣传教育的重要内容。其次，自觉地培养学生维护自然环境的行为习惯是大学生自觉行为规范的内容，是大学进行宣传教育的目标。再次，在不懈地追求美的过程中，培养学生开拓创新、锐意进取、不懈追求的精神。一个融自然美、艺术美、生活美和人文气息的校园环境不仅关系到学生的生活、学习条件，还能使学生对学校产生一种强烈的归属感、责任感和自豪感，更关系到学生能否形成较高的审美、更健全的心理人格，养成健康、文明的行为习惯。

（三）从制度和措施上贯彻落实全方位育人、全员育人的理念

我们虽然在雷丁大学校园中发现了标语，但标语在该校的使用是极其有限的，在雷丁大学访学期间我们从未看到一幅大张旗鼓的欢迎标语。整个访学期间，我们更为深刻地体会到一种全方位育人、全员育人的理念的贯彻和落实，感受到的是一种全方位、耐心、细致的教育管理服务。

（1）从学生管理和服务方面考察。在制度层面，英国高等教育的全部管理都建立在法律的基石之上。一方面，学校在制定与学生事务有关的规章制度时会遵循相关的法律，对于学生个人发展、个人记录、心理咨询、学习指导、宿舍管理等各个方面均有明确的规定，对师生各自的权利、义务界定细致明确；另一方面，英国高校十分重视对学生需求的全面支持和保障，建立了比较完善的育人制度体系。比如雷丁大学的学生学业导师制，学生在校学习期间，学校会为学生配备导师辅助其顺利地在学校学习、生活，导师由各个学部负责选聘；又如，较为完善的学生权益保障机制，独立的学生会主席是校董事会成员，学生在整个学校管理体系中有非常顺畅和完备的交流、沟通和反馈意见的机制。

（2）从服务的内容层面考察。英国高校提供个性化服务体现在学生学习、生活的每一个方面。从大学学习过程看，从注册、住宿、学习、就业等环节都提供完善、细致的服务；从学生工作的横向内容看，涵盖了学业发展、心理咨询、生涯发展、财务管理、能力培训等各方面服务，以满足学生学习、生活的需要；从学生服务的覆盖群体看，无论是残疾学生还是普通学生，无论是全日制学生还是业余学生，无论是本国学生还是海外留学生，无论是已婚学生还是未婚学生，学校都能通过不同的渠道，满足学生多样化的需求，提供迅速、有效、贴心的服务，及时为学生解决实际问题。

（3）从学校公用设施的设置方面考察。学校图书馆24小时开放；学校设置各项方便设施以满足残疾学生的需要；学校照顾到不同国家、族群和宗教信仰学生的需要，为不同学生提供有针对性的服务场所；饮用水的设置；公共场所备有大量有关学业咨询、职业咨询、心理咨询、财务咨询等的免费宣传资料及各类调查表，每逢学校有学生事务的活动，学生会还专门组织人分发这些材料；各类非常便捷、全面的网上信息查询和反馈系统。可以说，学校各种人性化的、注重细节的设施设计充分考虑并满足了学生的不同需求。

英国高校思想引导

服务并传播社会的主流价值观是大学生教育存在和发展的一个重要前提。英国原教育大臣尼基·摩根提出，要把传播正确的“英国核心价值观”的思想政治教育，放在与数学、英语教育同等重要的地位上。近年来，英国的大学事实上越来越重视英国主流价值观为主要内容的思想政治教育。

英国高校的思想政治教育引导有其鲜明的特点，在潜移默化中教育和引导大学生认同英国主流价值观。这体现在各大学的课程设置、导师教育引导、学生事务管理、学生社团活动、社会公益活动、宗教影响等与学生学习、生活密切相关的各个方面，并贯彻大学学习生涯的始终。本部分的内容是研修班学员从自身观察和研究出发，从不同侧面，对英国高校思想引导的具体做法进行了较为系统的调查、梳理和分析，形成的调研成果。希望这些成果能对中国高校学生思想引导有一定借鉴意义。

英国高校的思想引导重点在于营造思想育人的氛围。思想引导不是某些特定教师的专门工作，也不是学生事务管理人员的专门工作，但他们又确确实实承担着思想引导的责任。英国各大学普遍存在着“导师制”这一教育制度，而导师的责任不仅仅是学业的辅导，还应当以“牧师般关怀”为基本工作要求，关心到学生思想、心理等各个方面，帮助学生成为身心健康的人。高校的专业教师也和导师一样承担对学生进行思想引导的责任。高校的学生事务服务与大学生的关系最为密切，中国高校很早就提出“管理育人”的观念。英国高校尽管没有类似的提法，但事实上在学生事务管理服务过程中所蕴含的思想教育引导无处不在。尤其是在英国教育产业化背景下，高校学生事务具有更加鲜明的“服务”的特征，高校学生事务管理人员通过踏实细致如“大公司客服”般的服务，使学生认识到英国社会所秉承的平等、公平、尊重、负责等社会基本价值。无论是新生入学教育、心理健康咨询、职业发展、学生金融服务等都是如此。同样引导青年学生参与社会公益是培育学生责任意识、人文精神的重要手段，也是思想教育引导的重要形式，在英国高校中，公益性学生社团很多，组织活动频繁，参与面广。英国高校高度重视传统新闻媒体和网络新媒体对学生的影响，一方面从经费上支持学生校园媒体，另一方面重视如何在网络新媒体传达各高校所要表达的声音。

近年来，中国高校越来越认识到思想教育引导的重要性，在学生思想政治教育中努力实现刚性与柔性的有机结合。因此,英国高校的经验和做法对其有很大的借鉴意义。当然,我们应当认识到两个国家国情不同,两国高校在学生思想教育引导所面临的问题不同。

导师制中英国社会价值观的观察与思考

湖南师范大学　余英

摘要：教育是促使社会成员认同并内化价值观的重要手段，既能影响也能反映社会主流价值观。本文通过对英国高等教育与社会价值观相互影响的考察，从高校导师制的视角，阐述英国社会价值观在高等教育中的反映，并思考对我国高校价值观教育引导的几点启示。

关键词：英国；价值观；导师制；高等教育

一个国家、民族和社会在长期共同的实践和融合过程中必然会形成一定的价值观念体系。国家和社会需要社会成员普遍认同的核心价值观来维系。不同的国家由于社会历史发展条件不同，价值观的理论基础、内容和实施方略上亦存在差异。尽管国家体制不同，但是教育始终是促使社会成员认同并内化价值观的重要手段。

笔者在英国访学三个月期间，通过对牛津大学、剑桥大学、雷丁大学和布莱顿大学的访问交流，对英国高等教育有了较为直观的了解，无论是教育管理服务的理念构架，还是实践层面的工作方法，无不映射出价值观的教育功能。本文从导师制的视角，阐述笔者对英国社会价值观与高等教育互动影响的体会和思考。

一、英国社会价值观必然作用于高等教育领域

（1）从英国高等教育发展历史看，高校的教育内容和形式始终反映社会基本价值观的要求。始建于12、13世纪的牛津大学（University of Oxford）和剑桥大学（University of Cambridge）是英国历史最悠久、最古老的大学。当时基督教会赋予学校“为学生提供住宿、食物和道德精神的指引”的职责，并写入具有最高效力的皇家特许状，深深地打上了教会和皇权思想的烙印。中世纪时大学教师被称为学生的德育导师，对学生具有道德教育、纪律监督与管理的责任，这种责任被称为牧师般关怀（Pastoral care）。直至今日，雷丁大学的毛拉·奥雷根（Maura O’Regan）博士在讲座中介绍导师职责的第三条依然写的是“to provide pastoral support（给予学生牧师般的关怀）”。到19世纪中期，英国政府制定高校职责的其中一条是“为学生提供学习咨询、健康与医疗服务、思想指引及像学生父母一样给予学生建议与帮助”。20世纪六七十年代后，致力于民主价值理念构建的英国政府强调高校应加强学生“公民”身份意识、权利、责任和思想道德等教育。2003年英国高等教育白皮书明确了高校在经济、民主中的中心地位和作用，指出高校要巩固民主社会的中心价值。因此，在政府宏观引

导,学校高度自治的英国高等教育管理体制下,无论是政府的要求,还是教育的自身功能,都必然将社会价值观投射并作用于大学活动过程之中。

(2)从教育目的看,英国高校既承担着满足学生接受高质量高等教育权利的责任,也担负着为社会培养人才的重任。学生成长成才固然受到社会、文化、政治、情感、心理等多方面因素的影响,然而,学校教育在人才培养过程中的育人功能尤为重要。英国在《1988 年教育改革法》中规定,所有学校都有责任促进学生在校内外的精神、道德、文化、心理、生理等方面的发展,并倡导培养有德行、有礼仪、有学问、有绅士风度的人。英国高等教育素以历史悠久、质量优异、管理严谨而著称,其中,师生的道德和学术水平无疑也是社会评价高等教育成效的重要标志。现今,每六年一次的全英高校评估亦是对人才培养质量的全面检阅。

(3)从课程设置看,英国高校并没有价值观教育的专门课程,其系统课程开设在高中及其以前的普通教育阶段,通过"公民身份和个体教育"(Citizenship and Character Education,简称公民教育)课程进行,内容涉及思想、道德、法制诸多方面。1999 年,这项课程被确定为国家级课程。2001 年,英国政府教育白皮书中再次确认学校有责任对学生进行公民教育。

由此可见,教育始终被看作是社会价值观发展的核心,教育既能影响也能反映多元的价值观,并且通过学校办学理念和教师教育行为表现出来。

二、英国高校导师制的构架与职责

本科生的个人导师制是英国高等教育的一大亮点和特色。每位学生入校后都有一位个人导师,不仅提供学习方面的建议和指导,还对其在校期间道德行为负有一定的监管责任。导师通过言传身教对学生起着具体而直观的引导作用。

(一)导师制的构架

在英国大学中,"导师"(Tutor)分为两种:一种是"学习导师",专门负责辅导学生学习,解决他们在学习中遇到的困难,有些大学在个人导师之外,还设有高级导师或督学,负责监管导师制整体运行;另一种是"生活导师",专门负责解决学生在思想和生活等方面的问题。有的高校只设个人导师,有些高校两种导师兼设。虽然大学之间导师设置和工作效果存在差异,但总体而言,导师制为学生提升学习研究能力和成才成功提供了有力支持。

(二)导师的职责

学校对导师的职责要求是定期与学生会面,了解学生在校学习、生活情况,解答学生提出的问题,帮助学生解决遇到的困难,配合学校有关部门展开关于学生学习、生活方面的调查,为学生写推荐信等。雷丁大学规定个人导师的职责是:①安排辅导会面;②监督被辅导者学习进度;③必要时提供牧师般支持;④鼓励被辅导者提高就业能力;⑤了解可以进一步支持被辅导者的中心服务;⑥根据需要为被辅导者写推荐信;⑦了解最新的大学政策和程序。牛津大学和剑桥大学规定,导师每周必须一对一地和学生见面。雷丁大学和布莱顿大学规定，导师与学生见面的次数每学期至少一次，新生第一学期至少两次，学生有需求可以通过预约增加见面次数。大多数英国高校的个人导师都被赋予了一定的生活指导和监督学生的品行的职能。

（三）导师制的运行机制

学部负责选聘个人导师，除新入职的教师外，教学科研人员一般每年辅导 10 名左右的学生。学校或学院建立导师工作信息反馈机制，每学期对导师的工作进行全面评价，通过学生问卷、随机访谈和查阅导师约谈记录等形式进行检查和督促。具体由高级导师或督学负责对导师的工作表现、工作效果进行监控，当监控报告中出现值得注意的问题后，由高级导师或督学约谈导师，并提出建议或解决问题的方案。

另外，每所高校设有导师培训体系，由高级导师负责指导个人导师如何在学生多元化、需求多样化的条件下开展教育服务工作。培训内容包括了解学生行为习惯、认知态度、情感兴趣、心理问题，培养学生学术诚信、批判精神和法制观念，以及反吸毒、反暴力、反歧视等。综而观之，这些方面的培训也正是英国社会道德和价值观教育范畴的主要内容。

三、导师制实施过程中的实效性观察

高等教育是一项综合工程，不同的人群发挥着各自不同的作用。其中，导师在教育中发挥了主体作用，体现了全员育人的发展方向和设计理念，但基于学校传统、文化背景、价值评判和现实情况等因素，导师制的工作实效性存在差异。

（1）牛津、剑桥这两所世界顶尖大学几百年来为学生提供精细化服务，堪称导师制精英教育的典范。据了解，牛津大学圣安学院本科生有 420 人，设有两类学生导师：一类是专业学习导师，由 60 位教学科研一线教师担任；另一类是生活福利指导导师，由 10 余位非教学科研的教职员工担任，负责学生日常生活和发展指导，两类导师互相配合，共同为学生提供指导和帮助。副院长罗伯特·查德（Robert Chard）博士说："我们尽一切所能，让优秀的学生进入大学，不管家境如何或有残疾，我们会提供奖学金，旨在培养优秀学生。"另外，剑桥大学 2015 年教职员工有 10 345 人，学生有 18 977 人，师生比为 1∶1.8，每位导师所带的学生为 5~7 人，这种精英教育体制下的导师制对学生的思想和学术影响极为有效而深刻。

（2）其他高校每个导师大约带若干个来自不同专业、不同国别的学生，定期和学生预约见面，对学生的问题提供有效的帮助和支持，同时实施学生成长个人记录，这对于帮助学生顺利完成学业和健康成长发挥了重要的作用。导师指导主要以一对一的方式进行，主要目的在于尊重学生个体隐私权，维护学生自尊心，建立师生信任关系。不过，近年来，英国高校扩招后，除了传统的一对一服务方式外，在不涉及隐私和学生自愿的前提下也开始产生和发展小组讨论（Workshop）的帮助形式，不同学科、不同专业背景的学生可以与导师密切交流和沟通，营造了多元文化思想和多元价值观交流碰撞的机会。

（3）导师制对导师职责虽然有明确规定，但更多的是建立在尊重学生主体意愿，学生主动找导师的前提和基础上。除了牛津大学、剑桥大学对师生见面的时间有严格规定外，很多高校的导师与学生的见面指导时间和次数有限。许多学生只有遇到克服不了的困难，才会写电子邮件要求导师增加见面指导的机会，如果导师没有及时约见，很可能错过教育的最佳时机。

特别是随着教育大众化、国际化进程加速，英国高校内部环境发生了重大变化，其突出表现为成人学生、国际学生、继续教育学生增加，学生的情况和特征更加复杂；一部分个性独特、文化背景和学习习惯存在差异的学生，不愿主动向导师寻求帮助。因此，教育者和受教育者双方的能动性和主动性直接影响导师制的效果。

（4）导师对导师制的看法不一，有些导师认为这不属于他们的本职工作，存在一定的排斥心理。高校扩招后，学生规模的迅速增长造成了导师负责的学生人数增加、与学生见面的机会减少等问题。同时，由于学生来源更广，成分更加复杂，需求发生变化，让导师工作难度加大。从对几所学校的调查来看，虽然高校普遍实行了个人导师制度，但是由于教师主要把精力集中在学术研究上，其导师工作的实际效果并不理想。即便是高级导师发现导师有这样或那样的不足，也仅止于对导师谈话提醒，没有严格的条规约束。

（5）雷丁大学的一位国际学生在评价导师制时说："我们来到一个陌生的环境，但你会知道已经有一位个人导师在那里，你需要导师理解你的困惑并帮助你达成一些事……现在人际交流的方式主要通过电子邮件，从中你看不到他的身体语言，但是身体语言表达更多的信息，如果你没有当面见到是不会知道的。如果和导师面对面的交流，你可以从他的眼睛和身体语言中明白你某些事也许是做得不对的。"从这位学生的话语中我们更能体会到"言传身教"的重要意义。换言之，我们也可以认为，如果导师与学生直接交流太少，对学生的影响必然大打折扣。

四、对我国高校开展价值观教育的思考

与英国高校相比，我国高校在价值观主动引领等方面处于领先地位。我国现在的高等教育学生个体日渐多样、学生需求多元化等各方面与英国高等教育有相似之处。通过考察导师制中体现的价值观，可以对我国高校开展价值观教育有所启示。

（一）弘扬中国传统文化，注重以文化人

以文化人是指要重视人文教育，主张潜移默化、润物无声。我国高校作为文明传承之所，更要弘扬中国优秀传统文化，担当以文化人的责任和使命。高校要将社会主义核心价值观融入到校园人文环境和学生活动之中，积极倡导文化育人，不断深化爱国精神、民主意识和诚信观念等价值观教育的内容，在高校营造长期稳定有效的育人文化，引导学生正确价值观的形成。

（二）强化全员育人，教书育人

我国高校有着良好的传统，为了保证全员育人的效果，各高校可以进行顶层设计，在教育的各个环节实行社会主义核心价值观的引导，进一步加强师德师风建设，明确教书育人的职责规定，提升教师育人的能动性。通过制定相关制度和考评规定有效实施导师制，让专业教师和学生辅导员一起成为学生学业和道德进步的领路人，形成价值观教育引导的合力。

（三）注重在专业课程中渗透价值观教育

我国高校由于有专门的思想政治教育理论课，因此不少教师在开设专业课时常常忽视对学生开展价值观教育。在英国，导师通过专门的课程向学生进行学术伦理教育，促使学生认同学术领域占主流地位的价值观和道德规范，而我国学术伦理方面的教育则较少。因此，我国高校应当进一步高度重视专业课程中的主流价值观教育，不但要增加相关课程的课时，而且还要在课程中潜移默化地渗透价值观教育的内容。

英国学生参加社会公益活动的考察与思考

大连理工大学　杨晓英

摘要:大学生参加社会公益活动是高校思想政治教育工作的有效载体,对提升学生的感知能力和社会责任感具有重要意义。本文以英国学生参加社会公益活动的现实状况和具体特点出发,根据笔者在英国访学期间的调研、走访结果,期望了解英国高校对学生价值观的引导,尤其是对学生社会责任感的培养,并结合我国大学生参加社会公益活动的现状提出个人思考和工作建议。

关键词:英国;公益活动;价值引导

2013 年笔者到英国访学,在英期间感触较深的是英国高校的价值引导,尤其是在英国的慈善文化方面。任何一个国家都有自己的发展愿景,对本国国民尤其是青年大学生群体都有着较高的期望,虽然外在形式不尽相同,但都进行着爱国主义、政治制度和道德伦理等方面的价值引导,英国也不例外。可以说,英国高校的思想政治教育与我国大不相同,思想政治教育的价值引导大多以隐性形式呈现出来,如影随形地充斥着学生生活的方方面面,如学生预约体育场馆的守时要求、学生的学术诚信要求、学生参军的鼓励和对学生组织社会公益活动的支持等。本文仅以对英国学生参加社会公益活动情况的考察作为切入点,来探索英国高校对学生参加公益活动的价值引导以及对我国高校相关工作的启示和思考。

一、参加社会公益活动对大学生成长的重要意义

公益活动是个人或团体为了给社会公众创造更多的公共产品而组织起来,自愿以做好事、行善举的方式开展的联合行动[①]。大学生的公益活动多指不以营利为目的,自愿地奉献时间、精力等为社会和国家发展做出力所能及的付出和努力的活动,包括帮扶贫困、义务支教、社区服务、慈善捐助、文化艺术活动展演等。参与公益活动的人是具有公益精神的,是愿意为改善"公域"部分而奉献努力的精神。目前世界各个国家都倡导公益精神,鼓励各自的公民参加志愿服务活动和慈善活动,这是对公民的一种价值引导,尤其是对青年人。

---

① 钟一彪. 大学生公益活动的功能定位 [J]. 北京青年政治学院学报,2013(4):32-35.

(一)参加社会公益活动可以提升学生的感知能力

学生的成长不仅是知识的积累,更是情感的培养,只有有着丰富的内心世界,才能拥有感受美的眼睛和心灵,才能更好地感知周围的世界。但学生的感知能力不会随着时间自然生长,而是需要个体更多地去经历、去体验。参加社会公益活动是增强对社会了解的最好渠道,不仅因为公益活动是奉献和付出,更因为公益活动贴近群众的生活,很多活动中真实的状况是学生们平时在家和在校都难以接触、难以想象的,参加这样的社会公益活动不仅能增加学生的阅历,更能触及学生的心灵深处,提高学生对社会的认知和感知。

(二)参加社会公益活动可以培养学生的社会责任感

学生责任感的培养不是一句空话,而是要让学生感受到社会发展的优劣势,真切地感受到自己被需要。当下众多独生子女家庭条件优越,从小娇生惯养,对他们而言享受生活是天经地义的,如果没有现实的场景摆在面前,很多学生难以想象社会上还有很多需要帮助的人和事。正因为如此,参加社会公益活动,学生们可以接触到平时接触不到的人和事,思考未曾思考过的问题,感受社会对个体的需要,能够在公益活动中找到自己的价值和使命,有了这样的使命感,他们自然会努力让自己变得更强大、更有能力去改变和推动社会的发展。

二、英国学生参加社会公益活动的特点

笔者在英国访学两个多月,通过学习、观察和调研,深刻感受到英国慈善公益工作开展的诸多优点,英国的学生也都非常乐于参与社会公益活动,家长也认为孩子参加社会公益活动是培养孩子热爱生活、提升自信、增强责任感的有效方式。总结英国学生参加社会公益活动的情况,主要有以下三个特点。

(一)英国学生参加公益活动重视幼儿时期的启蒙教育

通过对雷丁地区一些当地家庭的走访,几乎每个孩子从小就参与公益或慈善活动。有的家庭鼓励孩子参加“圣诞鞋盒”活动,就是小孩子把自己的玩具、零用钱存在一个鞋盒子里,然后去参加义卖,并把卖得的钱捐赠给贫困家庭。有的家庭倡导孩子参加公益长跑,为一些公益组织进行募捐。还有的中小学组织学生远足、卖咖啡等活动。有的学校组织学生收集废钢铁,用这部分资金买做蛋糕的原料,做了蛋糕再去进行义卖、捐助等。有些学校每学期都会定期组织全天的志愿服务活动。英国家庭希望孩子从幼儿时期就参与各种公益活动,培养他们对弱势群体的关爱和理解。

(二)英国学生参加公益活动注重学校、家庭、社区合力

通过交流、访谈,笔者了解到,英国学生参加社会公益活动是学校、家庭和社区一致鼓励的,三方以不同的形式鼓励学生参加社会公益活动,并协调一致地培养学生的公益精神。有

些地方发生自然灾害时学校会组织学生捐款及社会上劝募。家庭鼓励学生从小处着手，例如收养流浪小动物等；部分家长会在脸谱网（Facebook）及其他网络媒体发布学生的爱心行为，以鼓励和表扬其慈善行为。社区则组织慈善商店及其他慈善活动。总之，各方一致的目标就是培养学生的公益心，在这种全方位的价值引导下，学生们极其容易认同主流价值文化，就犹如道德的形成过程一样，总是由他律向自律发展。

（三）大学生参加公益活动提倡学生自发、自主、自愿行为

英国的大学校园里是看不到学校对学生参加社会公益活动的宣传和倡导的，几乎没有条幅、海报这样的宣传品，而是提倡学生自发、自主、自愿地参加公益活动。以雷丁大学为例，学生组织中，5名专职学生官员中会设置一名社区发展学生官员，负责社区、慈善机构和学校之间的沟通。学生在大学里参加的社会公益活动都是主动组织、策划的，他们根据自身情况，主动去发现周边社区和社会的需求，自主、自愿地组织各项活动。他们不仅在社区需要帮忙的时候承担修剪草坪、从事心理咨询等社区服务，还为慈善机构提供相应的服务，最主要的是他们主动关注社会，并有服务精神。

三、对引导学生参加社会公益活动的思考

大学生参加社会公益活动，是培养学生社会责任感的有效途径。访学期间笔者发现，英国的高校虽然从不主动强调培养学生的社会责任感，但在实际工作中潜移默化地倡导着慈善事业。以雷丁大学为例，虽然学校不做动员学生参军的工作，但他们十分重视学生参军的宣传；虽然学校不号召学生参加慈善活动，但对于从事慈善事业的机构来校招聘，从场地到宣传都给予方便。通过对英国学生参加社会公益活动的了解，笔者对我国高校如何引导学生参加社会公益活动有如下几点思考。

（一）情感体验，社会公益活动的价值引导要自我澄清

学生参加社会公益活动首先要重视情感体验。所谓“体验”，简而言之是指通过实践来认识事物。这里的“体验”至少应包括两个层面，即行为体验和内心体验。行为体验是一种实践行为，是亲身经历的动态过程，是学生发展的重要途径。内心体验则是在行为体验的基础上所发生的内化、升华的心理过程①。学生参加志愿服务、义工等活动，要先动情，然后才是愿意付出努力去做，在参与的过程中一定是通过亲身的经历促进内心的变化。不管是同情还是感动，都是参与者的情感经历，只有对自己内心有所触动，才能内化并升华为行动。

我们期望的是通过社会公益活动引导学生养成关爱他人、奉献社会的主流价值观。但个体价值观的形成不是知不知道该怎么做，而在于能否自觉、自愿去做。我们现行的工作很多时候忽略了学生自我澄清的过程。所谓“澄清”，就是要引导学生通过自己自由的选择、思考自己愿意怎么做。“价值澄清法的主要任务不是认同和传授正确的价值观，而在于帮助

① 邹家欢. 例谈体验式德育的实践与思考 [J]. 成才，2015（2）：20-22.

学生澄清自身的价值观，这样，这个学生就可获得最好的适合他的环境的价值观；同时，他可以调整自身去适应变化着的世界，能够在影响世界变化的方式中扮演一个理智的角色。”① 因此在学生参加社会公益活动中，要重视学生的内心体验，并使这种体验感情升华为一种社会责任感，从而在日后的生活中能自觉自愿地参加公益活动，使公益精神成为一种价值选择。

（二）贴近生活，社会公益活动能够随时随地参加

英国学生参加社会公益活动的种类很多，有捐赠玩具、参加慈善长跑、慈善义演、帮助社区修剪草坪、收集废铁等。容易做的事情参与的人就会更多，如果想要让参加公益活动成为学生的一种习惯选择，那公益活动一定要在身边。现在我们有些学校或学生社团组织的一些公益活动都很“大”，参与和组织成本较高，这样的志愿活动不是经常性组织的。当然也有一些公益活动就是关注身边的人、身边的事，例如学生给学校周边社区的空巢老人送牛奶等生活物品、帮助老教授整理书稿、每周末去福利院陪孩子玩等，这些活动形式灵活，时间宽松，学生参与方便。

参加公益活动应该是一种社会习惯，既不是有钱人对穷人的施舍，也不是有能力的人对弱者的一种怜悯，而是每个人都可以养成的一种社会性习惯，互帮互助才可能形成公益文化并代代传承，因此我们高校工作不能只宣传影响力大的公益活动，而是应该引导学生关注身边的生活。慈善不分大小，关键是培养一颗关爱他人的心和看到就能身体力行的习惯。

（三）自觉自愿，培养学生主动参与社会公益活动的习惯

英国的大学生，不管在学习上、还是在生活上主动性更强一些，参加公益活动也是一样，他们会主动去发现社区和他人的需求，然后策划项目、组织周围的同学一起去做。不可否认，我们的学生中也有一部分是自己积极筹划组织公益活动的，但是绝大多数学生仍然希望自己能够参加别人策划好的项目，尤其是看起来社会意义更大的项目，往往主动性较弱。

我们引导学生参加社会公益活动，应该重在培养学生的公益精神，而这种公益精神应该是学生自觉自愿的一种价值选择，因此落脚点应当放在培养学生主动发现并积极行动的能力和态度上。随着社会的发展，当下高校学生参加社会公益活动的积极性却是很高，不管是奥运会志愿者还是汶川地震捐款，当代大学生都积极参与其中，其实学生不缺爱心，但美中不足的是学生们还没有能自觉行动起来，为周围的人、周围的社会去做些什么，这应该也是我们在今后工作中努力的方向。

公民的社会公德和公益精神，是一个社会发展水平的体现，我们国家现在不管是大学生还是成年人，参与公益活动的越来越多，但相比于英国的慈善文化，我们还有一定的差距。本文写到此，笔者呼吁我们国家全社会都要参与到公益精神的培养，而且公益精神要从小培养，要从身边小事培养，我们不能仅关注一两次的行为，而是要关注对人的培养，因为我们需要培养的是具有公益精神的灵魂。

① 冯增俊. 当代西方学校道德教育 [M]. 广州：广东教育出版社，1993.

参考文献:

[1] 张珂. 多元文化影响下大学生价值取向的分析与引导 [D]. 上海:华东师范大学,2012.

[2] 王春秀. 体验性思想政治教育研究 [D]. 济南:山东师范大学,2008.

[3] 陈平. 价值澄清学说及其兴衰原因探析 [J]. 中国矿业大学学报(社会科学版),2009(1):105-109.

[4] 沈燕明,张思思,许勇. 体验式教育融入大学生思想政治教育的思考与实践 [J]. 思想理论教育导刊,2015(10):118-119.

[5] 钟一彪. 大学生公益活动的功能定位 [J]. 北京青年政治学院学报,2013(4):32-35.

英国大学校园媒体价值引导作用研究

南京大学　蒋恩铭

摘要：本文以英国雷丁大学传统媒体以及牛津大学新媒体账号为对象，分析其在价值观引导上的功能及实现。

关键词：校园媒体；英国价值观；价值引导

一、问题的提出

在英国的教育体系中，英国价值观教育在不同的教育阶段有着不同的特点。在中小学阶段，是刚性教育与柔性教育的结合，既有课程学习等刚性的教育手段，也有家庭、学校、社会通过各种活动参与以及氛围熏陶等柔性方式。而在大学阶段，则更多的是通过柔性的方式对青年学生进行引导和塑造，这些柔性的方式很多，包括导师的作用、讲座报告、宗教活动、志愿服务、学生社团等。

青年大学生的价值观塑造受到多种因素的影响，其中新闻媒体，尤其是校园媒体发挥着不可替代的影响。校园媒体以青年学生为受众，它们贴近学生的学习和生活，了解大学生的所思所想。因此，校园媒体所选择传递的新闻资讯、所作的评论，其背后所蕴含的价值观念，对青年学生都会起很大的引导作用。

因此，对于英国大学校园媒体进行研究分析，了解其如何以一种柔性的方式，传播英国价值观，塑造舆论氛围，对于中国高校广泛存在的校园媒体如何更好地宣传社会主义核心价值具有重要的参考价值。

二、研究方法和思路

（一）基本概念的界定

1. 校园媒体

随着新媒体时代的到来，媒体概念的内涵和外延正在发生着深刻的变化。尤其是自媒体的兴起，颠覆了公众对于新闻媒体的认知和判断。媒体在一定程度上不再是媒体机构的专利，社会公众也可以利用各种传播平台传播信息和作出评论，但由于缺乏专业知识和背景，公众往往只是提供新闻线索，专业的报道还是需要依靠专业的机构和专业的记者完成。

因此，本文所指的媒体是一个中观概念，既不是狭义的新闻专业机构，也不包括单人的自媒体，而是指有固定编辑方针和运行组织的媒体形式。而校园媒体则是以校园和学生为主要受众的媒体，既可以是学生社团举办的媒体，也可以是大学校方的传播平台。

2. 英国价值观

英国社会公众对于英国主流价值观的理解不完全一致。前教育大臣尼基·摩根则认为，“年轻人需要学习英国核心价值，如民主、法律、个人自由、包容与尊重——因为这些英国价值本质上就是优良品质。”2014 年，英国政府公布的“大不列颠基本价值”则包括自尊自爱、明辨是非、尊重英国的民事与刑事法律、积极主动、承担责任、尊重多元文化、尊重他人，以及尊重作为英格兰立法与司法基础的民主价值，鼓励民主参与。本文不对英国价值观具体内涵进行界定和探讨，而是将之作为整体的概念使用。

（二）研究方法

本文采取文献研究、个案研究、深度访谈等方式。通过文献研究，对于整个英国高校的校园媒体的特点有了整体认识，通过量化研究和深度访谈，对于英国高校校园媒体在价值引导方面的具体作用进行调查研究。

（三）研究思路

本文分为两个方面：一是以雷丁大学的校园媒体——主要报纸《SPARK》为样本，分析校园传统媒体在价值引导方面的作用，重点考察雷丁大学校园报纸《SPARK》和校园电台“junction11radio”的内容倾向、编辑方针和运行机制，以及学生的受众反馈。二是以牛津大学的新媒体为研究对象，对该校在脸谱网的官方账号发布的内容以及传播效果进行分析研究。通过该校从 2015 年 10 月 1 日到 11 月 30 日通过脸谱网发布的内容，分析这些内容与价值引导之间的关联。

三、英国大学校园媒体价值引导作用分析

（一）大学校园传媒媒体价值引导分析

1. 概述

英国绝大多数大学都有报纸、电台、电视台等校园传统媒体，一般都是由学生负责运营。雷丁大学学联设有史蒂芬 • 劳伦斯学生媒体中心，该媒体中心下设三家媒体：报纸《SPARK》，该报纸创办于 1934 年，有着比较悠久的历史，该报纸还创办了新闻网站，网址为 http://sparknewspaper.co.uk。校园广播电台“junction11radio”，该电台的网站为：http://www.junction11radio.co.uk。电视台“RU：ON TV”，该电视台的主要播出平台为美国视频网 You Tube。本文以报纸及其新闻网站为主要对象，分析其运行及内容倾向，研究英国主流价值观在其采编方针中的作用以及在所呈现的内容中的投射。

这些校园媒体得到雷丁大学学联的全额资助，包括印刷报纸的成本大约每年 8 000 英镑，电台的执照费大约每年 1 000 英镑，设备更新费用大约每年 2 000 英镑以及培训费用大约每年 1 000 英镑 。学联也从大学校方获得赠款去采购一些大型播出设备，大约每年 5 000 英镑。

雷丁大学学联为学生媒体专门聘请了社会与媒体协调员（Society & Media Coordinator），这些协调员按照社会媒体的标准指导校园学生媒体的运行。大学学联有专门经费为学生媒体记者和编辑提供专业知识和技能的培训。因此，尽管雷丁大学没有新闻学和传播学的专业，但经过培训，这些学生都能很好地胜任工作。以报纸及新闻网站的编辑队伍为例，目前有 12 位同学，主要来自英国语言文学、法律专业以及心理学专业。

2. 校园传统媒体的价值引导功能分析

从《SPARK》报纸近两年 24 期的内容以及新闻网内容看，以报纸及新闻网站为代表的英国大学校园传统媒体呈现以下四个特点。

（1）主流价值观影响无处不在。

雷丁大学校园媒体以英国记者联盟（NUJ）的行为准则作为采编基本方针。以雷丁大学为代表的校园传统媒体并不直接阐释“英国价值观”。该报纸负责人认为“英国价值观”是非常广泛的，并且可以从许多方面进行解释。校园报纸的学生编辑、记者们希望得到来自不同背景和文化背景的学生认可，尤其是像雷丁大学这样国际化程度较高的大学，多文化和多样化是校园学生媒体的重要价值标准，而这与英国价值观并不矛盾。

（2）媒体内容健康正面，积极向上。

尽管报纸所聘请的协调员只是对学生的采编能力进行指导，并不对报纸内容进行把关，但雷丁大学学生媒体的内容与雷丁大学校方的立场完全一致。从最近两年的报纸内容来看，没有发现批评校方或英国政府的言论或内容。

事实上，从 2008 年欧洲金融危机以来，英国政府大幅度削减对大学的投资，并大幅度提高大学学费，从原先的每人每年 3 000 英镑提高到 9 000 英镑。由此引发的学生抗议此起彼伏，但校园媒体都没有涉及这些话题。在近两年 24 期报纸中，没有一篇对雷丁大学工作的批评性报道，包括带有建议性质的批评报道也没有。

相反，在《SPARK》报上有很多对大学的正面报道。例如，2015 年 10 月 23 日的报纸头版头条大篇幅报道在 QS 世界大学排行榜上，雷丁大学的排名上升到历史性的高位。2015 年 9 月 21 日报纸头版整版登载雷丁大学副校长对新生的欢迎词。

报纸和新闻网站更多地关注学校的科研进展、学生就业实习的机会，包括对于聋哑、残疾学生的关心。如 2015 年 10 月 23 日的报纸第 12 版整版介绍了学生的两个志愿服务活动。

由此可见，雷丁大学校园媒体的价值引导都与英国主流价值观是完全一致的。在大学校园，学生媒体积极引导学生学习，倡导健康向上的学习和生活方式，已经自觉和不自觉地成为英国价值观的宣传者和倡导者，事实上成为英国高校学生思想教育引导的重要组成部分。

（3）内容呈现丰富多样，贴近学生。

学生媒体内容丰富，尤其是报纸媒体。雷丁大学的《SPARK》报每月出版，目前有 48 个版，包括新闻、学生生活、娱乐以及运动 4 个板块。每个板块大约有 12 版内容，每个板块的内容都比较丰富。新闻板块关注英国或世界一些重要新闻、雷丁大学的新闻、学生中有正面引导意义的新闻以及当地社区的新闻。生活方式板块则更显轻松，涉及时尚、美食、历史、文化、传统等各个方面。如 2015 年 9 月 21 日报纸，由于适逢新生开学报到的“新生周”。生活方式板块较为全面地介绍了在雷丁大学和雷丁镇的衣食住行的全面攻略，其中还有一些老生的经验之谈，例如如何平衡学业与兼职的关系，甚至欧洲的旅游体会。娱乐板块很少涉及明星八卦，主要刊登电视、音乐、电影以及 Yik Yak 社交活动。很多都是站在学生视角对热门影视、音乐作品的评论。而运动板块则是大学内的体育活动与热点体育活动介绍的结合。

报纸内容文笔轻松，贴近学生。例如一篇关于指导如何学习的文章标题就是“Reading at Reading”。在报纸各个板块中，编辑记者尽管不一定有明确的思想指导，但事实上以一种轻松愉快的且潜移默化的方式，倡导对英国主流价值观的认同和践行。

（4）编辑记者群体自觉遵循英国主流价值观，主动性强。

雷丁大学《SPRARK》报编辑记者群尽管可能没有受过系统的新闻专业训练，但是他们都会自觉成为英国主流价值观的传播者，并且清楚地知晓在新闻报道中对待民族、宗教、性别等敏感问题的基本态度。

由于大学校园的传统校园媒体基本上由学生负责，大学以及社会机构基本上不做干预，学生的自主权很大，并按照社会化媒体的方式运行。例如，校园报纸自主确定自己的采编方针，能够对外承接广告。校园电台甚至申请了英国政府的广播执照，并每年支付执照费。因此，校园媒体的学生编辑记者队伍有较高的自主性，并将之作为提升自身能力的重要渠道，能够以更加积极主动的姿态投入校园媒体的实践中。

3. 校园传统媒体的受众反馈

雷丁大学校园媒体没有做过受众调查，所以在受众反应方面缺乏相应的数据。从学联的三个媒体来看，情况不尽相同。电视台是网络电视台，有点击数据可见，电视台本身内容不够丰富，点击量一般，以最新一期校园新闻节目（2015 年 11 月 25 日）为例，三天时间点击量为 1170，其中点赞 8 次，回复帖子 4 次。

《SPARK》报纸与中国大学校园报纸一样属于免费赠阅，通常放在学校图书馆、学联办公室、校园超市等地由学生自取。一般不到一周大部分报纸会被取走。从随机访谈雷丁大学在校学生情况看，校园报纸还是很受欢迎的，学生看到新的《SPARK》报出版一般会取走阅读，对于时政和校园新闻都会感兴趣，男生还会关注体育版内容，女生则会关注时尚及娱乐方面的信息。由此可见，雷丁大学的《SPARK》报应该有一定的传播效果，其传播的价值取向相应形成影响。

（二）英国大学校园的新媒体价值引导分析

1. 概述

新媒体一经出现即受到各国大学生的追捧，英国也是如此。学生们的手机上下载了数量众多的APP。这些APP五花八门，包括新闻资讯、社交活动等很多方面。为适应这一现状，各大学纷纷推出以各类学生为对象的手机应用，发布各类新闻与咨询。有些学生甚至自己推出校园手机运用。

在各类传播平台或运用中，学生更欢迎的还是脸谱网以及推特（Twitter）等社交平台，这些社交平台能够实现学生新闻、咨询、社交、娱乐等多种功能。因此，牛津大学、剑桥大学等各大学都纷纷在脸谱网以及推特（Twitter）这两个重要社交平台设置官方账号。这些大学的官方账号，尤其是著名大学的官方账号吸引了本校学生以及其他高校学生的关注。截至2015年11月30日，牛津大学在脸谱网的内容点赞者为1 423 172人，在推特上的关注者为25.7万人；剑桥大学在脸谱网的内容点赞者为2 559 544人，在推特上的关注者为22.4万人。

从现实的影响和功效出发，本文在考察传统校园媒体的价值引导功能时，以学生占主导地位的报纸为重点考察对象，而在考察校园新媒体的价值引导功能时，则以大学官方主导、在热门社交账号传播的内容为重点考察对象。本文将以牛津大学在脸谱网的官方账号为对象，分析其价值引导功能的发挥。

2. 校园新媒体价值引导的特点

牛津大学等英国高校越来越认识到对青年学生进行价值引导，防止受到极端思想侵蚀的重要性。尤其是在经历法国《查理周刊》事件以及伯明翰学生骚乱等事件之后，整个英国社会越来越重视英国主流价值观的宣传和引导，这也包括承担重要社会功能的大学。大学的官方媒体账号责无旁贷地承担着这样的功能任务。通过分析牛津大学在脸谱网的官方账号（以下简称牛津官方号）2015年9—11月发布的内容，该新媒体账号在主流价值观引导上呈现以下四个特点。

（1）价值引导与大学历史传承相结合。

牛津大学建校于1167年，为英语世界中最古老的大学，也是世界上现存第二古老的高等教育机构，被公认为是当今世界最顶尖的高等教育机构之一。牛津大学官方号非常善于结合其光辉的历史资源和文化传统进行信息传播，尤其是该校培养了众多社会名人，包括26位英国首相、69位诺贝尔奖得主以及多国的领袖与政治要员等数量巨大的著名校友。而且在一定程度上看，近现代英国的发展和进步也是和牛津大学、剑桥大学这些世界名校的发展和人才培养紧密关联，这些名校的历史文化传统和著名校友所展现的精神气质无不契合英国主流价值观，无一不根植于英国的自由主义传统。而传播这些历史文化传承，对于塑造柔性思想教育的氛围，不知不觉中教育和引导青年大学进一步认同和践行英国主流价值观念，效果明显。

查尔斯·路特维奇·道奇森是牛津大学著名校友，毕业于牛津大学基督学院，是一位数学家、逻辑学家、作家。他的儿童文学作品《爱丽丝梦游仙境》是最具影响力的童话作品之一。2015 年 11 月 27 日，牛津官方帐号发了插图以及一段文字以纪念这位杰出校友。11 月 11 日，牛津官方帐号发简讯庆祝大学图书馆拥有 1 200 万本印书图书，并配发著名诗人雪莱出版于 1811 年的诗集的封面。这些内容都得到受众的欢迎。前者点赞数为 2 649，转发数为 147 次；后者点赞数为 2 843，转发数为 297 次。11 月 15 日，牛津官方帐号发布了成立于 1478 年的牛津大学出版社宣传片，有高达 4 万的点击量。这些信息对激发学生以杰出校友为榜样，以学校光辉历史为荣，增加对大学和国家的认同，为人类发展尽力，无疑会起到积极作用。

（2）价值引导与大学发展及使命相结合。

大学的发展应当依靠科学研究的进步以及人才培养的成绩。牛津大学作为学术和科研重镇，新的科研进展不时出现。牛津官方帐号发布最多的内容是该校的科研进展和学术报告信息，但是该校这类信息的发布不是简单的短讯，而是能够将之置于一定的话语体系或背景之中，既能够引发学术的兴趣，更能够引发学生对于社会或人生的思考。

2015 年 11 月 14 日和 15 日，牛津官方帐号以“梦想的尖塔”为引语，分别配以图片和视频短片，展现牛津人追求梦想、献身科研与进步的情怀。视频只有短短 30 秒，但拥有 4 万的点击量、2 016 次点赞以及 207 次转发。11 月 23 日，牛津官帐方号介绍了该校一项癌症研究的重要进展，以一种特别励志的方式，展现科学家的坚持和努力以及献身科学的情怀，给青年学生留下深刻的印象。

2015 年 11 月初，牛津官方帐号推出了一系列招生宣传的视频介绍，视频内容简短，紧扣人类社会面临的迫切问题，例如环境污染、气候危机等，体现大学精神以及大学的责任与使命。在介绍该校一所学院建筑时，突出引用该学院的口号：“The Way, the Truth, the Life”（道路、真理、生命），发人深省。

（3）价值引导与社会热点问题相结合。

与学生主导的传统媒体不同，以牛津大学为代表的官方新媒体不直接对某一具体新闻事件进行评论，而是对于更大范围的社会热点问题予以关注，以一种更为柔性的方式引发受众进行思考或行动。

2015 年 11 月 12 日，牛津官方帐号发布了一张牛津大学庆祝印度排灯节（Diwali 2015）的图片。该则内容得到 11 308 次点赞、545 次转发。英国已经是多族裔国家，而印度裔是人数众多的族群。推送这样的信息清楚地表明该校尊重各民族信仰，支持多元文化的价值倾向。

（4）价值引导与学生兴趣特点相结合。

牛津大学官方帐号非常注重传播规律以及青年学生的心理特征，积极寻找比较合适的传播方式。尽管是官方号，但能够用简短清新的方式表达尽可能多的信息。内容多以照片或短片的方式发布，更加符合青年学生的阅读习惯。2015 年 10—11 月发布的视频的点击量都在 1.5 万以上，最高达到 11 万。可见，牛津大学官方帐号以青年大学生更愿意接受的方式传播，自然提高传播的到达力和效果，容易引起学生的心理共鸣。

3. 校园新媒体的价值引导效果分析

牛津大学在社交平台的官方账号取得了比较好的传播效果，而其中的价值引导功能也得到比较好的实现，尤其是对于有严肃价值意义的话题，青年学生不仅不反感，而且能够积极参加讨论。例如 2015 年 11 月 24 日，剑桥大学在脸谱网的官帐方号关于解决低收入群体住房问题的讨论就引起大家热烈讨论。学生们的讨论理性且具有建设性。

基于学生事务管理视角谈英国高校服务育人体系

中南财经政法大学　吕宗瑛

摘要：本文介绍了英国高校“以人为本、需求导向”的服务育人理念，通过为学生提供服务支持的相关组织机构，构建起“发展性、保障性、信息化”的服务育人体系。

关键字：学生事务；服务；育人

英国众多高校和学院，尽管其建校时间、知名度、规模相差很大，但他们在学生事务管理方面都有着相同和相似之处，都是倡导和贯彻以人为本、以学生为中心的办学理念。学生工作部门把学生当“顾客”，淡化“管理”的概念，更突出的是为这些“顾客”提供他们所需要的“服务”，甚至如学生服务中心（Student Services Centre）、心理辅导服务处（Counselling and Psychological Services）等部门都直接以“服务”来命名。高校在学生事务处理中充分尊重学生的自主权，让学生自主选择学习、生活的方式，通过服务来实现有效的管理，通过服务对学生进行积极的教育引导，从而达到人才培养的目的[①]。

一、服务育人与学生事务

以学生为中心，尊重学生的独立性和自我意识是英国高校学生事务服务的基本理念，使学生更为便捷地获得服务是学生事务运行机制设计的基本目标。英国高校非常重视学生的活动及其体验，使学生在活动和体验中感受和形成社会主流价值观[②]。英国高校学生事务服务的制度安排、机构设置、运行机制、具体内容既是英国社会自由平等、民主法治、开放包容、文化多元等主流价值观的体现，又是这一价值观潜移默化的影响和渗透渠道。通过具有实践性、生活性、社会性、全面性的体验式教育，英国社会的价值观和各种文化有效地传递给学生。

英国高校将学生事务定义为：为英国大学国内外的学生在课堂之外的学习生活所提供的各类服务，即围绕大学生大学阶段的专业学习和发展，针对学生的学习、生活等各方面的需要而提供各类服务、管理、支持等，充分体现了个性化发展的人本思想。在此过程中，服务

① 张文珍. 英国高校学生事务“一站式服务”的情况与启示 [J]. 教育教学论坛，2012(108)：26-28.

② 苗笛，何海燕. 英国高校学生事务服务中的价值观渗透——以英国里丁大学为例 [J]. 高校辅导员学刊，2010(2)：96-100.

理念、法治理念、成人理念、专业化发展理念等得以体现,合作理念、广泛参与、奉献社会等价值取向得以彰显。

为学生提供支持服务,通常又被称为"牧师般的关怀"(Pastoral Care),这种传统始于牛津、剑桥大学建校之初并延续至今,成为各类高校共同的学生服务模式。它基于专业化、专家化的工作理念,通过建立集中、综合化的学生服务机构,雇佣具有专业技能的专业人员,面向全体学生开展顾客式服务的支持模式。在英国,学生事务管理没有一个固定的模式,也没有支持服务范围的规定。一般来说,学业指导、住宿、职业指导、心理咨询、健康关怀、经济资助和残疾人服务已确认为学生支持服务的核心服务。由于学校的管理模式不同,各高校的学生支持服务模式也不尽相同。

学生事务部门在提供服务过程中,以尊重学生为工作前提,发挥学生的主体作用,把学生作为独立的成年个体,充分尊重学生独立的人格、个性和权益,将学生视为有效开展学生事务工作的重要合作者或伙伴,确信学生自我教育在自我发展能力素质培养中的重要性。管理者认为他们有责任为学生创造良好的学习条件,提供高质量的服务,在对学生的正常管理上更多地应是协商而不是命令。

随着英国本国学生缴纳更加高昂的学费,他们也更看重学位的质量和学校是否能够提供物有所值的服务。在这种背景下,高校更加重视学生事务工作,学生的支持服务变得越来越强调以学生为中心,注重解决学生的问题,积极解决学生、雇主和机构所提出的问题,服务也从被动式向主动式转变就不足为奇了。

二、有关学生事务的组织机构

目前英国高校的管理体制主要有两种模式:垂直式与矩阵式。前者是大多数大学的模式,采取校—学部—院—系垂直式管理,后者以牛津、剑桥大学为代表,采取校—学部(院)矩阵式管理(也就是我们通常理解的书院制)。

剑桥、牛津大学的学生事务管理工作全部由各个学院主持,院长全面负责学生事务,由一位分管行政和办公室的副院长具体负责学生事务,直接的学生事务职能机构是各学院的导师办公室,负责处理与本学院学生相关的一切具体事务。

对于垂直式的高校,学生事务管理机构设置和权限分配只在学校层面进行,由学校直接面对学生,在院系一级基本没有对应的组织和分工要求,不设专职人员负责学生事务。以雷丁大学为例,学生体验委员会(Student Experience Committee)是学校下设的5个专门委员会(审计委员会、薪酬委员会、战略财务委员会、委任委员会、学生体验委员会)之一,学生事务部则是委员会指导下的具体行政管理机构。雷丁大学学生事务部根据服务对象和服务内容设置办公室,具体有:学业注册办公室(Academic Registrar's Office)、住宿服务处(Accommodation Service)、心理辅导服务处(Counselling and Psychological Services)、残疾人事务办公室(Disability Office)、学生财务支持办公室(Student Financial Support Office)、国际事务办公室(International Office)、就业指导处(Careers Advisor Service)、考试办公室(Examinations Office)、学部办公室(Faculty Office)、学生信息集成系统发展与支撑处(RISIS Development and Support)、学生事务服务处(Student Services)、招生及学校联络处(Student Recruitment and Schools Liaison)、扩大高等教育参与面办公室(Widening Participation Office)、音乐处(Director of Music)等。学生事务部对学生生活的整个过程进行参与和管理,服务面对全体学生开放。以心理咨询和学习指导服务为例,他们以工作坊、讲课、小组讨论、朋辈辅导、一对一咨询等方式覆盖到全体学生。

学生的自我管理和服务通过学生联合会来实现。学生会独立于学校,受学校和政府的承认,代表和维护学生的利益,参与学校各种事务的决策。学校各专门委员会都有学生会的成员,代表学生利益参与制定学校章程、处理事务、维护学生权益。另外学联部门功能划分也是按服务学生的原则进行,分别有负责学习、交流、福利、个人发展、特殊需要人群等的副主席。

英国大学学生事务方面的行业协会很多,是英国学生事务的一大特色。随着英国高等教育规模的不断扩大和专业化程度的日益提高,英国高校招生委员会、学生贷款公司等非营利中间机构等对于高等教育的正常运转所起的作用也越来越大。

三、服务育人具体内容

根据英国高校为学生提供服务的性质和内容,可分为发展性服务、保障性服务、信息化服务。这些服务都是以学生的需求为牵引,内容不断地丰富与完善。

(一)发展性服务

发展性服务是指专门针对学生的学习提升、生涯发展、心理成长、个性养成、能力培训等方面提供的服务,以满足学生成长成才的直接需要。

学生个人导师制是英国高校学生支持服务的典型特征,14 世纪始创于牛津大学,虽未在英国高校普遍实施,但却颇富成效。导师的工作内容分为两大类:一类是学业方面的指导,包括如何解决学业的困扰;另一类是“牧师式”关怀,主要针对学生的日常生活、身体状况、思想情绪等具体问题提供帮助[①]。师生之间的关系有赖于学生与导师之间定期接触与相互信任。实行导师制的学校要求所有教授和讲师都必须担任学生的导师(所有教研人员及相关人员都有资格做导师),根据校情,每人指导数名学生不等(包括本科生和研究生),通常每学期和学生至少见面 1 次。

在学习上为学生提供的支持除了导师制外,主要是课外提供的学习指导,通常学习指导归入心理咨询的范畴。雷丁大学是英国较早设置学习指导咨询和心理健康咨询的大学,咨询服务中心共有 20 名左右的咨询师,面向全校两万多名学生和全体教职工开展咨询服务。中心工作人员由心理咨询师、学习顾问、心理健康顾问、朋辈支持顾问、国际学生事务顾问、

---

① 苗笛,何海燕. 英国高校学生事务服务中的价值观渗透——以英国里丁大学为例 [J]. 高校辅导员学刊, 2010(2): 96-100.

协调人员和项目官员等组成。在校图书馆还设有学习咨询室，提供一对一单独指导，开设学习技能工作坊，制作并发放学习指导手册。咨询室有专、兼职老师为主动前来求助的学生提供学习方法和技能的指导，他们不主动找没有明示困难的学生，旨在培养学生独立自主的能力；学习内容上集中在论文写作技巧和语言表达障碍上，主要是针对学业障碍的学生[①]。

除学习指导外，心理咨询的内容与国内高校没有多大差别。为全方位地做好学生的心理健康保障工作，咨询中心对取得从教资格的教师进行上岗前培训，旨在提高教师在心理知识方面的认知水平。对管理人员两周培训一次，内容以减压为主。咨询中心人员的专业化水平很高，每年前往咨询的教师也有近百人。学生毕业时，咨询中心将长期需要咨询的学生名单提供给国民保健局，使学生走上社会后仍能持续得到心理咨询，这种职业精神和责任感值得借鉴。心理咨询有严格的保密制度和管理制度，不能向任何人透露。

"同伴教育"也叫"朋辈支持"（Peer Support），最早始于牛津大学，是指一些学生对另外一些学生所提供的支持与帮助，其基本理念是人们遇到问题往往倾向于优先寻求朋辈支持，因此应把学生之间的相互支持作为学生支持服务的重要资源。担任朋辈支持的学生志愿者经过挑选后需接受高质量的综合培训以及培训后的指导，以确保这种支持便利、安全、有适当的界限并得到专家指导，同时也保证担任朋辈支持的学生有能力充当该角色。培训之后，他们便可在规定的时间接待其他学生，应用培训期间所获得的技能尽可能地帮助那些寻求帮助的同学[②]。通常轻微的心理问题可以通过此渠道缓解。

就业指导服务中心的工作内容与国内高校基本一致，不同之处主要是毕业生就业去向要统计两次：毕业后半年内、毕业5年后。统计不仅包括各个层次的就业率，也包括就业的性质、层次、薪水等。高校就业排名主要是体现在就业面和就业质量上。此外，社会就业指导服务机构广泛参与是英国高校毕业生就业指导服务的一大特色，尤其是非营利性民间机构发挥了重要作用：调查研究各部门对劳动力和人才的需求，进行行业性人才需求调研、就业趋势分析、毕业生需求预测、毕业生就业市场信息收集、职业介绍和就业指导。最具代表性的就是大学生就业指导服务协会，于1967年成立，有130多个会员，全英大学和有学位授予权的学院都是其会员。就服务手段方面，就业指导服务中心定期编辑就业信息和刊物，并摆放到食堂、图书馆和教室供学生自由翻阅，提供诸如就业讲座、招聘活动等最新信息，有关服务信息遍及校园各个角落。

学校与政府、社会、企业分工合作，除专题讲座、组织实习实践外，多参与就业管理技能培训活动的合作，如参与课程内容的设置、丰富培训的形式等，保证了大学生职业生涯教育理论与实践的高度统一，以及大学生的职业选择与劳动力市场的需求有效衔接。学校还与大学市场营销部门合作，根据其建议改进服务与宣传策略，并就课程计划等问题进行讨论，开设专门的就业指导课程并聘请专家授课，定期举办就业指导专题讲座和模拟招聘会。

针对大学生可转移技能的提升，英国高校普遍开启课程模式。课程模式是基于通过课程提升学生生活技能的教育观念，它是20世纪80年代末、90年代初发展起来的通过学生

① 冯刚，赵锋. 走进英国高校学生事务管理 [M]. 北京：中国人民大学出版社，2008：106.

② 李永山，李大国. 英国高校学生支持服务的历史演进及其特点 [J]. 比较教育研究，2008（9）：62-65，71.

所选课程提供学生支持的一个模式。英国高校通过课程本身给学生提供支持与帮助,其目的是发展学生的学习技能、反省他们的学习过程、理解他们自身的优势与弱势①。典型的实例有新生研讨课和课堂教学中围绕课程指导而非咨询开展的学生支持。这种通过课程本身建立学生支持,与传统的学生支持形成鲜明的对比。无论这种模式是由教师,还是由专业人士实施,其本质都是课外模式。

大学的公共场所常常备有大量的有关学生学业咨询、职业咨询、心理咨询、财务咨询等的免费宣传资料及各类调查表,每逢学校有学生事务的活动,学生会还专门组织人分发这些材料,且在网上公布以供学生随时查询。

(二)保障性服务

保障性服务是指为保障学生在校能平等、便捷地学习和生活而提供的支持。

为保障各类人群的利益与话语权,学生会设有专门的机构为亚非裔、国际生、女性、成年学生、残疾人、特殊需要人群、同志等提供服务,学生事务部门也有专人为国际生提供帮助,例如:学校设置各项方便设施以满足残疾学生获得平等受教育权利的需要。

学校改进服务设施与流程,方便服务学生。雷丁大学 2005 年开始实行一站式服务(One-Stop-Service),进行业务流程重组,把与学生学习生活相关的服务项目集中到一栋楼内。2008 年启用了学生事务"一站式服务"大楼(Carrington Building Student Services Centre),大楼位于主校园中央,学生容易找到,在功能上把没有合作的部门更好地融入一起,规划当中把学生的需求作为首要因素来考虑。经过整合后,进入"一站式服务"大楼集中为学生提供服务的内容主要有 10 个方面:前台问询处(包括学生住宿、注册、学生卡、财务、福利等)、学业注册办公室、残疾人事务服务处、就业指导处和工作区、职业管理技能服务中心、学生随时来访建议服务、国际学生事务办公室、朋辈支持协调员、学业建议团队服务、无线网络服务区等。"一站式服务"大楼的前台收集了学生经常提问的问题为学生做参考。学生提问之后系统会自动弹出相关类似问题和解答,学生若能直接在这些解答中找到自己要的结果,就不需要再提问,若不能找到,问题会自动上传,前台人员收到后会立刻给予解答或与相关人员联系给予解决②。

大楼在硬件设计上充分考虑了到此寻求帮助和服务学生的需求,大楼每一层都有学生专属的休息区(包括沙发、有价值的阅读资料、小折页等)和非常醒目的有关学生事务服务的标识系统,在一楼有专区可以无线上网,采暖全部利用非常环保的地热。对于残疾学生,有他们的专用通道,同时大楼也充分考虑空间和职能方面的协调,如将残疾人事务办公室和职业指导处靠得比较近一些。

为了保障学生不因经济问题而休学退学,学校开展各项资助工作,提供兼职工作信息以满足学生获得经济支持的需要。新生或在校生可通过贷款来缴纳学费,毕业后年收入低于 21 000 英镑的可暂时不用还款,高于 21 000 英镑用超出部分乘以一定比例还款, 25 年还没

① 李永山,李大国. 英国高校学生支持服务的历史演进及其特点 [J]. 比较教育研究,2008(9):62-65,71.

② 张文珍. 英国高校学生事务"一站式服务"的情况与启示 [J]. 教育教学论坛,2012(108):26-28.

有还清的免除剩余贷款。

（三）信息化服务

信息化服务是指为更为有效的沟通与信息传递，利用互联网开展与提供的服务。

在英国高校，无线网络信号几乎覆盖校园所有角落，一所高校的 ID 在所有高校都可以通用。

在雷丁大学，教学环境与信息资源合二为一。凡是提供学习资源的场所（包括图书馆、实验室、教室、活动室等）都实现了网络连接，无限的网络学习资源空间使得在线学习已经成为现实。日常公告、学习资源、就业信息、专家支持和管理服务等所有信息都会在网上公布，学生通过网络平台与教师、同学保持联系（学生与教师交流的正式渠道是电子邮件）。与学生学习有关的事务基本通过线上完成：如选课、学习范围的各种预约、交作业等。业务流程的网络化节约了人力资源，精简了程序，提高了效率。信息渠道的畅通保证了学校对学生的需求做最快速的处理，学生提出的问题通常在两个工作日内就能及时得到反馈[①]。

英国高校校园网的信息量非常巨大，网络平台的运用从形式到内容完全从学生的角度考虑，只要点击进入，就能根据需求很快找到你所需要的服务内容，易于获取，便于操作。以雷丁大学为例，因需求不同，进入主页可分别以学生、教员、校友身份进行浏览。学生页面内容有：Study、Student life、Accommodation、Support & development、International & EU，涉及学生学习生活的 5 大部分，每部分涉及若干内容，逐步深入、具体，以需求为导向的设计思路值得国内高校学习，这可方便学生自主获取信息并力所能及地解决问题，以培养学生的独立意识。

---

① 苗笛，何海燕. 英国高校学生事务服务中的价值观渗透——以英国里丁大学为例 [J]. 高校辅导员学刊，2010（2）：96-100.

国内外大学新生教育的比较及启示

——以英国雷丁大学个案为视角

华中科技大学　周智皎

摘要：本文以英国雷丁大学设置的新生入学教育为例，其入学教育在入学前、迎新周末、欢迎周、欢迎周之后，一直贯穿至第一学期末，通过对比分析国内外大学在新生教育问题的差异，借鉴国外高校新生教育的模式与特点，为我国高校新生入学教育的研究和实践提供参考。

关键词：雷丁大学；新生教育；教育体系；新媒体

大学第一年是学生社会生活和学术生活的重要转折期，也是人生阶段的关键时期。大一新生对于新的环境既有探索求知的热情，也有对陌生环境的茫然甚至恐惧。从中学到大学的转变是一种艰难的社会化过程，无论从教育环境、学习方式、管理制度、人际交往、生活方式等方面都发生了显著变化。面对新环境，新生在思想上、生活上、心理上都会产生各种困惑，没有形成适应大学的学习习惯，学术基础薄弱，分析研究问题的能力较差，加之专业和职业选择的不确定性等，都可能导致在这段时间出现各种各样的问题。

随着我国高等教育向大众化阶段转型，高等教育形势也发生了重大变化，随之而来导致大学新生教育的问题越来越突出，大学应该利用这段关键时期对新生开展有效的教育，提供有效的帮助和有效的支持。这从某种程度上讲影响到学生是否能够尽早地融入大学、适应大学生活，影响到学生的潜力能否尽早地被激发出来，影响到学生是否能尽快地明确自己的发展方向。这对新生来说无疑会影响其一生。

国内外众多高校都在尝试解决这类问题，使新生更快地适应大学生活。以英国雷丁大学为例，该校设置的入学教育是新生了解大学的一个很好的机会，它集合了各种各样的活动帮助新生适应新环境、结交新朋友，为第一个学期做好准备。

一、以英国雷丁大学个案为例的国外新生教育特点

（一）活动类型

雷丁大学新生入学教育内容很多，有一套脉络清晰的体系，分为四大项：入学前（Before You Arrive）、迎新周末（Arrival Weekend）、欢迎周（Welcome Week）、欢迎周之后（Beyond

Welcome Week),其入学教育从入学前一直贯穿至第一学期末。

1. 入学前(Before You Arrive)

新生在到校之前,通过学校搭建的一个基于新生的网络交互平台,就可以办理住宿选择和财务缴费等手续,并进行注册。除此之外,学校还通过发送各种信息、回答新生的问题,来提高新生对大学生活的关注度。新生还可以通过学校统一管理的社交平台,在入学前就可以申请一对一的高年级 STaR 导师,与之通过邮件进行充分的交流互动,了解自己未来的宿舍环境和生活场景。STaR 导师在新生到校前、欢迎周和整个秋季学期都将为新生服务,并通过见面和邮件的形式,帮助新生成功开启大学生活。

2. 迎新周末(Arrival Weekend)

新生的迎新活动是新生融入新环境的重要环节,笔者在到达时就亲历了这两天的活动。整个活动可以归纳为 5 个层次:大学志愿者和学生会“新生天使”、免费午餐和校园嘉年华聚会、现场咨询服务、学生会和社团活动、社区专题活动。志愿者的各类服务让你倍感亲切,在迎新期间,志愿者到处都是,他们统一着装、佩有统一的标志,按照各自分工在学校报到现场、各个教学楼、草坪和路口等各个角落,扮演不同角色。志愿者们有的引路,有的答疑,还有的将学校的一些信息资料或免费餐券分发给路过的新生和来访者,让人感受到学校的热情,增强对学校的感情。免费午餐会和持续两个下午的校园嘉年华聚会,为新同学提供了社交的机会,通过在这期间的交流,许多同学建立了在新环境中的首个社交圈,消除对校园的陌生感,为今后的社交生活打下基础。现场咨询服务由学校相关单位在学生集中的大楼设立专门的咨询服务点,为新同学提供办理校园卡、提供咨询并解答问题等现场服务。图书馆、学生服务中心、学术发展中心等也会在现场发放针对新同学的相关辅导课时间表等资料。学生会也在户外集中进行社团展示和介绍,形式生动活泼,充分展示了大学的校园文化。专题活动主要由各个学生社区组织开展,雷丁大学要求第一年学生全部住在学校的宿舍,并非常重视学生住宿社区的建设,每一个社区都有自己的网站,并对社区的各项设施、服务管理团队、学生宿舍委员会、社区活动和生活起居细节等方面进行了详细的介绍,努力为新生提供一个安全、积极、健康的环境。在迎新周末,重点是组织新生与宿舍服务管理团队、学生宿舍委员会的见面会,以及讲解防火、安全等生活所需的基本技能,以帮助新生过渡到一个独立生活的环境。

3. 欢迎周(Welcome Week)

欢迎周的活动在迎新周末活动结束后持续一周进行,目的是帮助新生更全面深入地了解大学,为即将开始的忙碌的学习生活做好准备,并进一步建立社交关系。每一位新生都会收到一份活动课程安排表,以便他们顺利地参加各项活动。尽管只有一周时间,但活动安排内容丰富,形式多样,共分为 5 个方面的内容:由校长、学生会主席和各院系分别带来的欢迎会;学生会、志愿服务、社团和体育俱乐部的各种展示会;图书馆参观和图书资源利用工作坊;学业支持中心介绍、网络使用方法和大学学习方法的介绍课;雷丁体验日(Reading Experience Day)。从时间安排来看,其重点在于图书馆、学业指导和体验日这 3 个活动。雷丁大学非常重视学生对图书馆资源的利用,在欢迎周的 5 个工作日时间里,每天安排 4 场工作坊,并在接下来的一周时间内,每天安排 3 场工作坊,持续供学生通过网上预约参加。工作坊的地点就在图书馆内进行,为新生介绍本校图书馆的馆藏资源,并进行现场操作练习,为他们今后学习中大量利用图书馆资源打下良好的基础。关于学习方法和相关支持资源的介绍也是这一周的重要内容,并由学校学业指导中心和院系共同完成,除了授课的形式外,学业指导中心还在网站中为新生制作了专门的网页,学生可以在线学习时间管理、高效阅读方法、写作方法、如何做笔记和批判性思维等非常具有实际指导意义的学习方法。雷丁体验日则旨在通过让学生现场集中体验由学校、社区、企业提供的职业规划和实习项目、社区志愿服务项目和兼职工作岗位,来帮助学生了解和寻找职业能力提高、志愿服务和慈善精神发展、兼职工作岗位获得的各种机会。

4. 欢迎周之后(Beyond Welcome Week)

欢迎周之后的活动旨在帮助新生进一步了解和探索在欢迎周接触到的各种学习指导、发展指导、心理咨询和实习活动等资源。在这部分活动中,学校主要通过在公共场所摆设大量有关学业咨询、职业咨询、心理咨询等方面的免费宣传资料,并通过专门网站进行推送,来加强对学生的人文关怀和周到细致的服务。例如,结束欢迎周之后,新生的 STaR 导师和个人导师继续为其提供帮助和指导,学校学生事务工作部门也在各自工作中专门开辟新生专题工作,并通过网络对新生进行指导和教育。例如,职业指导中心采取了一些新的活动,将就业职业嵌入到四年学习中,从新生开学时就让他们知道就业的重要性。学业指导中心和图书馆等部门设置了新生自助式的咨询服务,新生可以在线预约咨询,包括学习建议的清单,还有一些视频可以观看。通过这些工作最大限度地发挥了新生的主观能动性,建立起独立学习和解决问题的能力。

(二)实施特点

纵观雷丁大学的新生入学教育,我们可以感受到其专业化和人性化,综合国外其他高校的一些做法,具有以下几个鲜明的共同特点。

1. 强有力的统筹协调,入学教育全员发动

入学教育是全员工程,从学生到教师,从员工到领导,以及学校图书馆、学生社区、学生事务等部门,都要参与,从不同角度为新生提供服务。例如牛津大学,新生第一天到校时,每 4 个本科生有 1 个志愿者,并会有一整周的始业教育。学院所有主管包括院长、副院长、高级导师和导师都会与学生做交流。部分国外大学设立专职机构,全面负责新生入学教育的各项事务。如美国北卡罗来纳大学教堂山分校为了做好新生入学教育工作,专门设立了新生及家长项目办公室,在新生入学报到时就与家长建立起联系,帮助学生一起完成学业;美国耶鲁大学在院长办公室下设立新生事务办公室,专职负责新生工作。当然,在学校专职部门的统一协调下，其他职能部门、各院系以及各学生组织都在入学教育过程中积极参与，发挥自己的作用，全力为新生服务。

2. 充分考虑学生学术和发展需求，针对性、规划性强

英国高校学生事务管理在其历史发展的基础上，形成了“以学生为中心”的理念[①]，并鲜明地体现在新生教育的实践中。雷丁大学的学生事务工作明确把学生当作顾客，在其新生教育的四个阶段，每个阶段都服务于学生当前的需求，在目的上始终以推进学生的学习和全面发展为中心，并规范地计划和实施，通过一个学期的时间，帮助新生完成从高中到大学的过渡。美国新泽西大学明确阐述了新生头年计划的使命：“我们将领导和支持，努力创造一个安全和健康的生活学习型住宅社区，促进学生学术的成功和个人发展。”这里我们可以看到国外入学教育注重与学术和个人发展相结合，具有很强的针对性。

3. 各种形式综合利用，提高教育效果

雷丁大学等许多国外高校为做好新生入学教育工作，精心开设专门的入学教育网站，详细介绍入学教育的内容。入学教育活动的方式包括志愿者活动、午餐会、嘉年华、咨询辅导、专题讲座和现场体验等。形式多样的教育活动让大学新生快速全面地感受到大学的文化氛围，为他们摆脱对大学的陌生感、尽快融入大学生活发挥了很大的作用。

4. 充分利用新媒体，发挥学生主观能动性

在雷丁大学的入学教育中，网络的利用是一个重要的内容，其迎新网站首页含有学校校长的欢迎词，让新同学认识入学教育的意义和感觉到学校的关怀，其主菜单包括入学教育的四个阶段内容，在它的下级页面中给出了各种详细安排和各种资源的链接以及调查问卷等，这样一个网站为学校的整个入学教育工作提供了便捷的交流平台。除了指导和简化入学流程，最大的作用是帮助新生在大学生活中逐渐建立起自己的社会支持网络，培养学生积极进行有效互动的内在动机。通过互联网的线上和线下的联动，帮助学生在真实生活情境中优化整合资源，培养和建立有效利用各种资源的特点，尽快适应大学生活。

二、国内大学新生教育

近年来针对国内大学新生教育的研究工作在相关领域内受到越来越广泛的应用和重视，其对于指导大学新生教育具有极高的指导意义，也对树立以学生发展为中心的理念具有促进作用。

（一）教育模式

与雷丁大学较为相似的是，国内高校新生入学教育长期以来采用“新生入学教育周”的

---

① 英国高等学校事务发展经历了“替代父母”（In Loco Parentis）、专业化（Specialist Provision）、集成（Linked Integrated Provision）和伙伴关系（Partnerships）四个阶段。

模式,即学校在新生入学后用大概一星期左右的时间对新生开展入学教育。进入21世纪以后,国内高校普遍逐渐延长新生入学教育的时间,在新生入学教育模式上进行了一定探索。例如有些高校将每年新生入学的9月份确定为“新生入学教育月”,并在这个基础上,把教育月转化成为期一学年甚至更长的一整套教育计划。

(二)教育内容

国内高校在对于新生入学教育内容上虽然各有不同,但整体来看各高校会根据自身的实际情况,在学校校史介绍、校规校纪教育、校园环境和适应性教育、专业课程和学习指导等项目中权衡,通过一定的组合协调安排入学教育的内容,以达到学生入学教育的目标。比如某些高校把入学教育内容分成校纪校规和学校管理制度学习、学校介绍及校园生活适应与培训、学分制及选课知识培训、大学生涯规划教育、班级管理与党团活动等几大模块,对新生教育基本都已体系化。

(三)教育形式

近年来高校招生人数持续增长,国内高校每年入学的新生人数规模庞大,这使得原本有限的学校资源、师资力量等在新生教育上压力更大。因此,很多高校尝试多种新生教育工作开展形式,组织新生读书活动、新生入学团队辅导、家长报告会、安排各项目教育系列讲座、校史教育、社团展示、组织观看学生活动节影片、本科生创新成果及各项大赛获奖展等专题片,通过丰富教育形式使新生教育效果显著增强。

(四)教育实施主体

国内高校新生入学教育的实施主体呈现多元化的趋势,新生的入学教育工作通常是由学校和院(系)共同承担,以院(系)为主。近年来,许多学校邀请学校(院系)领导、社会知名人士、成功校友,遴选高年级的优秀学生或研究生共同参与入学教育,丰富了教育活动的层次,为学生提供了多种教育资源。

三、对国内大学新生教育的启示

(一)建立以学生发展为主线的新生教育理念

针对目前国内大学新生教育的现状以及国外典型案例的参照,我们应根据自身实际情况制定相应的入学教育方案,建立以学生发展为主线的新生教育理念,始终围绕学生发展这一根本诉求,关注学生成长的全过程,主要包括关注新生生活与安全的需要,即新生在大学里的生活问题;关注新生社交与尊重的需要,即社交平台搭建和尊重个性化发展;关注新生求知与自我实现的需要,重视满足学生在求知过程中的需求,以学生发展为中心,实现学生的人生价值。

（二）完善以学生需求为导向的新生教育内容

新生入学教育应与学生需求和发展相结合，通过满足新生的基本诉求和发展诉求，以达到新生教育的目的。同时，应根据高校实际与社会现实需要，分阶段、多层次、全方位地做好新生入学教育，具体可以从以下几个方面着手：新生入学学情教育、思想道德理想信念教育、大学适应能力教育、专业导航教育、学习方法教育、职业生涯教育、公益与志愿服务精神教育等。重点增强新生教育的学术导向，强化学业指导。

（三）强化以教学体系为策略的新生教育实施

大学新生的入学教育是大学教育的第一课，是引导大学生和谐成长与健康成才的基础。明确了新生入学教育内容后，更为重要的是改进原本零散、不成体系的教育培养方式，建立起良好的课程体系。通过课程内容设计将新生入学教育内容课程化，建立适应大学学习与生活的公共必修课程，安排必修学分。同时，改进和创新教育教学方式，形成以课堂教学为主要渠道，以课外教育指导为基本环节；以网络教学为创新环节的教学格局，从而进一步明确教育目标，增强新生教育的延续性，最终引导学生成人成才。

（四）运用以新媒体为手段的新生教育方法

入学教育还应创新工作方法，而新媒体的蓬勃发展给新生入学教育带来了极大的改变。从单一的灌输式教育转变为双向互动式教育。通过充分运用微博、微信、QQ 聊天等新的互联网媒体跟学生交流互动，搭建学生社交网络平台，深入到学生中间，了解和掌握新生的真正需求以及他们所面临的实际问题，可以高效地开展新生教育工作。

（五）以学生为主导整合新生教育资源

学校通过平台搭建，引导学生发挥主观能动性进行资源的整合，增强新生调整和适应大学生活的积极性和主动性。通过宣传各种专业学习群体、兴趣小组、发展论坛、空间等，让新生广泛了解各种学习和职业发展信息，扩展信息资源，并加强新生对学习信息的搜索、甄别、整理、储备和提取的能力的培训，使新生学习时的认知加工的深度、广度得到增强，真正培养学生的内在自主性，实现新生教育与学生发展的良性互动。

参考文献：

[1] 夏坤，沈鹏. 新生头年计划：美国高校入学教育的有效途径——新泽西大学的个案分析 [J]. 贵州教育学院学报，2008（11）：1-4.

[2] 杨蕾，周文. 大学生入学教育的路径探索——关于职业生涯规划 [J]. 考试周刊，2010（28）：199-201.

[3] 巩少媛. 大学新生教育体系及运行机制研究 [D]. 石家庄：河北科技大学，2013.

[4] 王文娟. 马斯洛需要层次理论在新生入学教育中的应用探析 [J]. 云南民族大学学报（哲

学社会科学版),2012,29(4):116-119.

[5] 童静菊. 英国高校学生事务的特点及启示 [J]. 高等教育研究(武汉华中科技大学),2009,30(1):106-109.

[6] 滕国鹏,金盛华,马莹华. 新媒体对大学新生入学适应的影响及教育策略 [J]. 东北大学学报(社会科学版),2015(3):288-294.

后　记

本调研报告集的完成首先感谢教育部思想政治工作司、国家留学基金委的项目设计，感谢雷丁大学李大国教授、Carrie Zhang 老师作为项目负责人的统筹运作，感谢雷丁大学亨利商学院唐银山教授、剑桥大学的袁博平教授和雷丁大学、牛津大学、剑桥大学、布莱顿大学其他诸多英方教师的倾力相授，感谢翻译人员对我们的帮助！

综合组的吕开东、王勇、陈森、孙玫贞、余英、胡军、祝伟华、杨晓英 8 位同学对研修报告的撰写思路、研修报告的提纲及研修报告的完成进度进行了多次的讨论与修改，管立国、王勇、高平发、陈森、蒋恩铭 5 位研修组长具体组织各研修组进行实际调研、考察及研修报告的协作，最终全体学员共同努力完成本调研报告集，感谢大家的辛勤付出！尤其感谢祝伟华同学对报告集最终的统稿与校对！

我们在研修期间，也得到了英国房东、学员家属的亲切关怀和大力支持，在此一并表示感谢！

全国第十三期高校学生工作骨干英国研修班

2021 年 11 月